슬벗한국학총서 7

조선시대
우주관과
역법의 이해

정성희

지식산업사

조선시대 우주관과 역법의 이해

초판 1쇄 인쇄 2005. 12. 16
초판 1쇄 발행 2005. 12. 21

지은이   정성희
펴낸이   김경희
펴낸곳   ㈜지식산업사
           서울시 종로구 통의동 35-18
           전화 (02)734-1978(대) 팩스 (02)720-7900
           한글문패   지식산업사
           영문문패   www.jisik.co.kr
           전자우편   jsp@jisik.co.kr
                    jisikco@chollian.net
           등록번호   1-363
           등록날짜   1969. 5. 8.

책값   19,000원

ISBN 89-423-1090-7   94910

이 책을 읽고 지은이에게 문의하고자 하는 이는
지식산업사 전자우편으로 연락 바랍니다.

책을 펴면서

과학사를 전공하면서 가장 많이 받은 질문 가운데 하나는, 어떻게 과학사를 공부하게 되었는가 하는 것이었다.

"혹 대학을 이과 쪽으로?"

"아니면 특별한 사연이라도?"

대개 이런 질문들이지만, 필자의 대답에 그들의 기대감은 여지없이 실망으로 이어졌다. 사실 거창한 사연은 없기 때문이다.

오래전에 한 신문을 보다가, 평소 존경하던 모 학자님의 인터뷰 기사를 읽게 되었다. 기자는 노학자에게 어떤 계기로 학문의 길에 들어섰는지 물었다.

"뭐 우연이지요. 하지만 인생을 지배하는 것은 필연보다 우연일 때가 더 많은 것 같습니다."

세상을 깜짝 놀라게 할 학자가 되겠다! 뭐, 이런 특별한 계기가 있으리라고 짐작한 필자에게 그분의 답은 정말 의외였다. 하지만 그 무렵, 인생이 뜻대로 움직이지 않아 항상 불만이던 필자에게 '우연'이라는 말은 정말 위로가 되었고, 반전의 감동을 주었다.

　과학사를 전공하게 된 계기가 전혀 없었던 것은 아니다. 대학을 졸업할 무렵 기독교에 심취한 필자는 석사과정에 진학한 뒤 한국의 가톨릭 전래사를 연구하려고 했다. 며칠 끙끙거리다가 가톨릭 전래사로 논문계획서를 작성해 지도교수인 이성무 선생님을 찾아뵈었다. 선생님은 필자의 연구계획서를 보다가 웃으시며 "웨스턴 임팩트(western impact)에 가톨릭만 있는 것은 아니지……"라고만 답하셨다. 결국 한 학기를 헤매다가 조선 후기의 천문학자이자 유학자인 황윤석의《이재난고》라는 일기 자료를 알게 되었다. 이후 일사천리로 황윤석의 과학사상에 대해 석사논문을 썼고, 그러다보니 자의반 타의반 과학사 전공자로 불리게 되었다.

　석사학위를 받았던 1991년도 즈음, 필자는 장님 코끼리 만지듯 과학사라는 생소한 학문 세계에서 여전히 헤매고 있었다. 계속해서 과학사 공부를 해야하는지 고민도 했다. 그러다가 지금은 작고하신 고 유경로 선생님을 만나뵙게 되었다. 마침 유경로 선생님은 젊은 후학들과 함께 세종대의 역법서인《칠정산내편》을 읽고 계셨다. 첫만남부터 선생님은 선뜻 함께 공부하자고 하셨다. 과학사를 독학으로 섭렵한 필자로서는 그 제안이 한줄기 빛처럼 다가왔다. 세월이 흐른 지금 그 시절 선생님께 배운 내용은 가물거리지만, 젊은 후학들을 앞에 두고 하신 한 말씀은 15년이 지난 지금도 여전히 필자의 좌우명이 되고 있다.

　"학문은 올림픽 금메달 경쟁이 아니야. 혼자 움켜쥐면 안돼. 자료도 공유하면서 서로 도와야 돼."

이 책은 필자의 박사학위논문인 〈조선 후기의 우주관과 역법〉을 수정·보완한 것이다. 이 가운데 일부는 이미 논문 형태로 발표하기도 했다. 사실 박사논문에 미흡한 점이 많아 시간을 두고 다듬어서 출판할 계획이었으나 뜻대로 되지 못했다. 이런 이유로 출판이 망설여지기도 했다. 하지만 더 늦기 전에 한 권의 책으로 마무리짓고 싶은 마음도 간절해, 부족한 부분은 앞으로 더욱 보완하겠다는 다짐을 하면서 용기를 내었다.

천문학은 전통시대 한국에서 매우 중요시한 분야이다. 사람들은 천문학을 제왕의 학문이라며 신성시했고, 과학의 대상이면서도 그 차원을 넘어 인격적 속성을 부여하기도 했다. 또한 우주의 실체를 눈으로 볼 수 없었기 때문에, 천문학은 형이상학적 속성도 지니게 되었다. 그러나 17~18세기에 서양 천문학의 전래로 기존 천문학은 형이상학적인 틀을 벗고 근대적인 우주관으로 탈바꿈하면서 새로운 세계관을 형성했다. 그렇다면 서양천문학의 전래가 가져다준 변화란 구체적으로 무엇이며, 그것은 역사적으로 어떤 의미를 지니고 있는 것일까? 이 책은 이러한 궁금증을 해소하고 그 답을 구명해보고자 하는 데서 출발했다. 구체적으로는 전통 천문학의 대표 분야라고 할 수 있는 우주관과 역법에 어떤 변화가 있었는지 주목했다.

중앙집권적 관료국가로 발달해온 한국과 중국은 일찍부터 시간의 통일, 즉 역(曆)의 통일을 위해 힘써왔다. 역대 왕조는 관상수시(觀象授時)를 제왕의 중요한 임무로 여겼다. 역법은 해와 달과 행성의 움직임에 대한 정밀한 관측을 바탕으로 한 것으로, 동양에서 역은 정치와 과학이 결합된 영역이었다. 역법은 다시 역서, 즉 달력으로 구체화해 통치의 중요한 영역으로 인식되었다.

치자가 피치자에게 정확한 때를 알려주어야 한다는 관상수시적 천문 인식은 역의 과학적 발달을 불러일으켰으나, 한편으로 역은 국가 의례나 개인 의례와도 밀접하게 연관되어 길흉 예측이라는 비과학적 측면도 함께 결합된 이중성을 띠고 있었다. 이 책에서 필자는 이러한 시각을 바탕으로, 전통시대 역서를 단순한 달력이 아닌 자연과 천문에 대한 사유 체계의 상징물이라는 관점에서 재해석하고자 했다. 이러한 재해석은 궁극적으로 전통시대의 과학적 수준과 아울러 시간과 공간에 대한 사유를 밝히는 작업이기도 하다.

이 책은 모두 2부로 구성되었다. 제1부에서는 서양 천문학의 수용과 그 사상적 배경 그리고 우주관의 변화에 대해 고찰했다. 조선시대 우주관은 17세기에 전래된 서양 천문학의 영향으로 그 이전과는 다른 특징을 띠게 되었다. 서양 천문학이 유입되기 이전의 전통시대 우주관은 개천설과 혼천설로 대표되는 형이상학적 구조론의 한계 안에 머물고 있었다. 그러나 하늘이 여러 겹이라는 12중천설과 지원설로 대표되는 서양의 우주관은 더욱 근대적인 우주관을 형성하는 데 영향을 주었다. 물론, 조선 후기에 전래된 서양의 우주관이 가톨릭의 종교관을 바탕으로 한다는 한계가 있었지만, 천원지방(天圓地方) 같은 전통적인 우주관에서 탈피하는 계기가 되었다.

제2부에서는 서양 천문학의 전래에 따른 조선시대 역법의 변화 양상과 더불어 역서, 즉 달력에 대해 고찰했다. 서양 천문학에서 비롯된 우주관의 변화도 물론 있었지만, 이로 말미암아 역법에도 커다란 변화가 있었다. 서양력을 근간으로 한 1653년의 시헌력을 바로 그 예로 들 수 있다. 시헌력은 이전과는 다른 절기 계산법을 사용했기 때문에 기존의 대통력에 익숙한 사람들에게는 거부감을 일으키기도 했다. 그러나 시헌력은 일식과 월식의 예보에서 훨씬 더 정확성을 발휘하여

과학적 경쟁력을 갖추고 있었다. 이러한 과학적 우수성 덕에 시헌력은 결국 초기의 거부감을 없애고 조선시대의 역법으로 자리를 잡게 되었다.

역서는 과학적인 의미도 중요하지만, 일상생활에서도 필수품으로 쓰였음을 지나칠 수 없다. 따라서 조선시대 사람들의 생활과 의식을 살펴보는 데 중요한 자료라고 생각한다. 이 책에서는 조선시대 역서의 종류와 간행·배포 과정을 살펴봄으로써 조선시대 사람들의 생활양태와 의식의 흐름을 재음미하고자 했다. 1896년부터 시행된 태양력은 태음태양력 체재에서 태양력 체재로 바뀜을 의미하는 것으로, 태양력의 사용이 어떤 의미를 지니는지 또한 밝혀보고자 했다. 특히, 대한제국기에 발행된 역서는 기존 체재에서 벗어나 근대적인 역서 체재를 완성하는 데 영향을 주었음을 확인할 수 있을 것이다.

대학원에 입학해 지금까지 공부하면서 여러 훌륭한 선생님을 만났고, 많은 가르침과 격려를 받았다. 특히 지도교수와 제자로 만나는 일은 특별한 인연이라고 생각한다. 이 자리를 빌어 그분들께 감사드리고 싶다. 학부 지도교수님 정현재 선생님, 정년퇴임을 하셨지만 더 왕성하게 활동하시는 석사 지도교수님 이성무 선생님, 그리고 박사 지도교수님 정구복 선생님, 이분들의 가르침이 없었다면 이 책은 나오지 못했을 것이다. 부족한 논문의 심사를 맡아주시고 역서를 공부하도록 이끌어주신 과학사학계의 나일성 선생님과 박성래 선생님 두 분께도 깊이 감사드린다. 아울러 지금까지 오랜 시간 이끌어주고 관심을 가져주신 최진옥 선생님을 비롯해 한국학대학원 역사과의 여러 선생님께도 감사드린다.

한국학대학원에서 역사를 공부하면서 기나긴 시간을 떠나지 않고

8

머물렀다는 생각이 든다. 오랜 시간을 보낸 만큼 좋은 선후배와 동료들을 만났으며, 그들과 함께 쌓은 추억은 평생 잊을 수가 없다. 힘들 때마다 큰 힘이 되어준 나의 사랑하는 가족들, 그리고 오랜 친구 미영에게도 이 책이 조금이나마 기쁨이 되어주기를 바란다.

마지막으로 필자의 논문을 솔벗총서로 선정하고 출판에 도움을 주신 솔벗재단 이사장님과 한 권의 책으로 나올 수 있도록 애써주신 지식산업사 편집부 여러분께도 감사드린다.

2005년 12월
정 성 희

제2부 역법과 역서

시작하며

전통시대 한국에서 천문학(天文學)은 제왕지학(帝王之學)으로, 정치·사회·사상 면에서 매우 중요시한 분야이다.[1] 특히 고대 중국의 천문사상인 이른바 천인합일사상(天人合一思想)의 영향을 받아, 천상(天象)의 변화는 단순한 자연현상의 차원을 넘은, 인격적 속성을 지닌 하나의 실체로 인식되었다. 이에 따라 우주와 천지자연에 대해 관심을 집중하기는 했지만, 우주의 실체를 정확히 파악할 수 없었던 전통시대에 우주관은 형이상학적인 구조론이라는 한계를 지니고 있었다. 그러나 17세기 초 서학(西學)[2]의 전래로 조선시대 우주관은 형이상학적인 틀을 벗고 더 근대적인 우주관을 형성하게 되었다.[3]

---

1) 전통시대 천문학은 오늘날의 천문학(astronomy) 개념과는 차이가 있다. 전통시대 천문학은 천상의 변화가 인간 사회의 질서 체계에 영향을 미친다고 하는 점성학적 범주를 포함한다. 이 책에서 말하는 천문학이란 오늘날의 천문학 범주가 아닌, 천인합일의 의미를 담고 있는 천문학을 가리키는 것이다.

2) 서학의 일반적인 개념에 대해서는 李元淳,《朝鮮西學史研究》(일지사, 1986)를 참조하기 바라며, 앞으로 이 책에서 서학의 개념은 서양 천문학에 한정해 사용하기로 한다.

17세기에 전래된 서학은 조선의 정치·사상·종교·과학 등 다방면에
걸쳐 영향을 끼쳤으며, 그 영향력은 우주관(宇宙觀)과 역법(曆法)에서
도 예외가 아니었다. 조선의 우주관은 17세기에 전래된 서양 천문학
의 영향으로 그 이전 시대와는 다른 특징을 띠었다. 서양 천문학이
유입되기 이전, 전통시대 우주관은 개천설(蓋天說)과 혼천설(渾天說)
로 대표되는 형이상학적 구조론의 한계에 머물고 있었다.[4] 그러나 12
중천설(十二重天說)과 지원설(地圓說)로 대표되는 서양의 우주관이 유
입되면서 전통시대 우주관은 더 근대적인 우주관으로 탈바꿈했다. 물
론 조선 후기에 전래된 서양의 우주관은 가톨릭의 종교관을 바탕으

---

3) 조선 후기 서양 과학의 수용에 대한 대표적인 연구 성과들을 소개하면 다음
  과 같다.
  이원순, 〈朝鮮後期 實學知性의 西洋敎育論〉, 《敎會史硏究》 1, 1973.
  _____, 〈朝鮮後期 實學者의 西學 認識〉, 《歷史敎育》 17, 1975.
  유경로·이인규, 〈洪大容의 天文思想과 地轉論〉, 《科學敎育硏究論叢》 4-1,
    1979.
  민영규, 〈十七世紀 李朝學人의 地動說－金錫文의 易學二十四圖解〉, 《東方學
    志》 23, 1981.
  박성래, 〈한국 근세의 서구과학 수용〉, 《東方學志》 20, 1978.
  _____, 〈洪大容의 과학사상〉, 《韓國學報》 23, 1981.
  _____, 〈마테오 릿치와 한국의 서양과학 수용〉, 《東亞硏究》 3, 1983.
  _____, 〈星湖僿說 속의 西洋科學〉, 《震檀學報》 59, 1985.
  이용범, 《韓國科學思想史硏究》, 동국대학교 출판부, 1993.
  차기진, 《조선 후기의 西學과 斥邪論 연구》, 한국교회사연구소, 2002.
  小川晴久, 〈地轉說에서 宇宙無限論으로－金錫文과 洪大容의 世界〉, 《東方學
    志》 21, 1979.
  _____, 〈十八世紀의 哲學과 科學의 사이－洪大容과 三浦梅園〉, 《東方學志》
    23, 1981.
4) 개천설은 중국의 고대 역산서인 《주비산경》에 실려 전해오는 우주론으로,
  천원지방, 즉 둥근 하늘이 평평하고 네모난 지상을 덮고 있다는 인식에 바탕
  을 두고 있다. 혼천설은 중국 한 무제 때 처음으로 만들어진 혼천의와 결부되
  어 발전한 우주론으로, 천원지방이라는 천지의 형태는 개천설과 같지만, 하
  늘을 회전하는 고정된 球로 인식했다는 점이 특징이다.

로 한 천동설(天動說)이라는 한계가 있었으나, 천원지방(天圓地方)과 같은 전통적인 우주관에서 탈피하는 데 영향을 주었다.

조선 후기에는 서양 천문학의 전래에 따른 우주관의 변화도 있었지만, 역법에도 큰 변화가 있었다. 1653년(효종 4년)에 조선은 서양력(西洋曆)을 근간으로 한 대통력(大統曆)에서 시헌력(時憲曆)으로 개력(改曆)을 단행했다. 시헌력은 기존의 대통력과는 다른 절기(節氣) 계산법을 사용한 탓에, 대통력에 익숙한 사람들에게 거부감을 일으킬 정도로 역법 계산에 차이점이 있었다. 그러나 시헌력은 기존의 대통력에 견주어 일식이나 월식 예보에서 훨씬 더 정확성을 발휘했으며, 시헌력의 과학적인 우수성 덕분에 초기의 거부감을 불식시키고 조선 후기의 역(曆)으로 자리를 잡을 수 있게 되었다.

조선 후기의 우주관과 역법 부분에 일어난 새로운 변화는 동시대의 과학과 사상 그리고 사회에 영향을 주었다는 점에서 매우 중요한 문제로 주목받아왔다. 때문에 지금까지 그 비중만큼이나 심도 있는 연구가 진행되어왔다.

먼저 조선 후기 우주관에 대한 연구는 1970~80년대에 들어와 본격적으로 이루어졌다. 이 시기는 김석문(金錫文, 1658~1735)과 이익(李瀷, 1681~1762) 그리고 홍대용(洪大容, 1731~1783)의 지전설(地轉說)이나 서양 천문학의 수용 부문을 주축으로 연구가 진행되었다. 이 시기 연구의 특징은 김석문과 홍대용의 지전설이 가지는 독창성, 그리고 동양 최초의 지전설이라는 점에 대해 과학사적으로 큰 평가를 내리는 데 초점이 맞추어져 있었다. 그런데 지금까지 이 분야에 대한 연구는 연구자들의 전공 분야가 상이한 까닭에 약간의 견해 차이가 있어왔다. 조선 후기 우주론 연구에서 대표적 연구자로 꼽히는 오가와 하루히사(小川晴久)는 김석문과 홍대용을 근대적인 의미의 우주론

을 제시한 인물로 추켜세우면서,[5] 김석문의 우주관이야말로 '중정외
동적 지정설(中靜外動的 地靜說)'로부터 '중동외정 외지중질적 지동설
(中動外靜 外遲中疾的 地動說)'로 바뀐 코페르니쿠스적 전환에 해당한
다고 평가했다. 또한 홍대용에 대해서는 김석문의 우주관을 무한우주
론(無限宇宙論)으로까지 비약적으로 발전시킨 인물이라고 극찬했다.[6]
오가와 하루히사의 이러한·평가는 그동안 홍대용을 최초의 지전론자
로 그린 그의 기존 연구에서 비롯된 것이었다. 오가와·하루히사가 홍
대용을 무한우주론자로 재평가한 것은 1973년에 민영규(閔泳珪)가
김석문의 《역학24도해(易學二十四圖解)》를 발굴해 소개한 것이 계기
가 되었다. 《역학24도해》는 동양 최초의 지전론자가 홍대용이 아닌
김석문임을 밝혀주는 귀중한 자료였다. 오가와 하루히사는 종래 자신
의 주장을 바꾸어 홍대용을 최초의 지전설론자가 아닌 무한우주론자
로 재평가했고, 이어 김석문과 홍대용의 우주론 사이의 연계성을 추
구하고자 했다.

반면, 이용범(李龍範)은 이 시기 조선 사상계 속에서 김석문의 우주
관의 원류를 밝혀내고, 그를 서양 천문학의 영향 속에서 동양의 역학
적 천문관(易學的 天文觀)을 구축한 인물로 평가했다.[7] 이용범의 연구
는 기존 연구처럼 김석문과 홍대용의 우주관이 지닌 과학사적 의의
만을 추구하는 것을 지양하고 17~18세기 우주관의 사상적 뿌리를

---

5) 小川晴久, 〈地轉說에서 宇宙無限論으로 − 金錫文과 洪大容의 世界〉, 《東方
　　學志》 21, 1979 ; 〈十八世紀의 哲學과 科學의 사이 − 洪大容과 三浦梅園〉,
　　《東方學志》 23, 1981.

6) 小川晴久, 〈地轉說에서 宇宙無限論으로 − 金錫文과 洪大容의 世界〉, 《東方
　　學志》 21, 1979, 89~90쪽.

7) 이용범, 〈金錫文의 地轉論과 그 思想的 背景〉, 《韓國科學思想史硏究》, 동국
　　대학교 출판부, 1993.

캐는 작업에 주안점을 둔 것으로, 조선 후기 우주관을 구명하는 데
새로운 지평을 마련했다고 본다.

김석문과 홍대용을 비롯한 소수 실학자들의 우주론 연구에 국한되
었던 기존의 연구는 1990년대에 들어와 좀더 다양한 접근 방식으로 이
루어졌다. 서양 과학의 영향을 받기 이전의 장현광(張顯光, 1554~1637)
의 우주론을 통해 서양 천문학의 수용이 조선 유학자의 성리학에 대
한 본격적인 이해와 심화에서 비롯되었다는 견해가 제시되면서,[8] 서
양 천문학의 수용을 단지 외래적 요인에만 국한시키는 기존의 연구
경향에서 벗어나기 시작한 것이다. 또한 18세기에 서양 천문학을 수
용했던 황윤석(黃胤錫, 1729~1791)과 서명응(徐命膺, 1716~1787)에 대
한 연구로 확대되면서,[9] 18세기 실학자들의 서양 천문학의 수용 실체
가 훨씬 더 광범위했음이 밝혀졌다.

지금까지 조선 후기 서양 천문학과 관련한 우주론 연구는 대체로
서양 천문학의 수용 측면에서 다루어졌기 때문에, 서양 천문학을 수
용하게 된 내재적 배경에 대해서는 상대적으로 주목하지 못한 면이
많다. 물론, 조선 후기 서양 천문학의 수용은 외래적 요인이 가장 크
겠으나, 이를 수용한 내재적 배경 또한 있었다고 본다. 따라서 이 책
에서는 기존 연구 성과를 바탕으로 서양 천문학 수용의 내재적 요인,
즉 사상적 배경에 주목하고자 한다. 이와 아울러 조선 후기에 전래된
서양 천문학 가운데 우주관에 영향을 준 중천설과 지원설 그리고 지

---

8) 장회익, 〈조선 후기 초 지식계층의 자연관—張顯光의 "宇宙說"을 중심으로〉,
　　《韓國文化》 11집, 1990 ; 전용훈, 〈朝鮮中期 儒學者의 天體와 宇宙에 대한 이
　　해—旅軒 張顯光의 "易學圖說"과 "宇宙說"〉, 《한국과학사학회지》 18-2, 1996.
9) 정성희, 〈頤齋 黃胤錫의 科學思想〉, 《淸溪史學》 9, 한국정신문화연구원 청
　　계사학회, 1992 ; 박권수, 〈徐命膺의 易學的 天文觀〉, 《한국과학사학회지》
　　20-1, 1998.

전설을 기존 연구 성과를 토대로 살펴보고자 한다.

조선시대 우주관과 관련해 이 책에서 주목하는 것은, 조선 후기 우주관의 변화가 비록 서양 천문학의 전래에 따른 것이기는 했으나, 전통 천문학의 견지에서 서양 천문학을 이해하려고 한 관점이 짙다는 것이다. 이러한 관점은 곧 조선 후기 우주관이 지닌 성격이라고 할 수 있을 것이다. 조선 후기에 서양 천문학을 수용한 인물들은 그것을 무조건 받아들이는 것이 아니라 전통 천문학의 견지에서 받아들이고자 했다. 이러한 경향은 국가 관찬서인 《증보문헌비고(增補文獻備考)》〈상위고(象緯考)〉의 서술 태도에서 잘 드러난다.

전통시대 역법(曆法)은 천문(天文) 못지 않게 중요한 분야였음에도 이와 관련한 연구는 상대적으로 부진한 실정이다. 더욱이 조선 후기의 시헌력 도입은 역법사에서 전기를 이룬 사건이었으나, 시헌력에 대한 연구는 최근에야 주목을 끌고 있다.[10] 아울러 시헌력을 바탕으로 간행한 조선 후기 역서에 대해서도 그 중요성에 견주어 연구가 그다지 많지 않은 형편이다.

조선시대의 역법과 역서에 대해 지금까지 이루어진 연구 성과를 소개하면, 역법의 원리를 전 시대에 걸쳐 개관한 이은성의 연구[11]와 조선 초기이기는 하지만 《칠정산내편(七政算內篇)》을 다룬 이은희의

---

10) 시헌력과 시헌력서에 대한 본격적인 연구로는 필자의 〈조선후기 시헌력 도입과 그 영향〉(《한국학대학원논문집》 10, 한국정신문화연구원, 1995)과 〈조선후기 우주관과 역법〉(한국정신문화연구원, 2001)이 있으며, 그 밖에 전용훈, 〈조선후기 서양천문학과 전통천문학의 갈등과 융화〉(서울대학교 박사학위논문, 2004)가 있다. 최근 시헌력에 대해 과학사 연구자들이 관심을 갖기 시작한 것은 고무적인 일이나, 선행 연구에 대한 언급 없이 중복된 연구를 진행하고 있는 점은 아쉽다.

11) 이은성, 《曆法의 原理分析》, 정음사, 1988.

연구[12] 그리고 한국천문학사를 개설하면서 역법과 역서를 소개한 나일성의 연구[13] 정도를 꼽을 수 있다.

이은성의 연구는 역법의 원리를 파고든 것으로, 전문적인 개설서로서 그의 연구 성과를 뛰어넘을 만한 저작이 아직까지는 없다고 보아도 무방하다. 이은희의 세종대 《칠정산내편》 연구는 전통시대 역법에 대한 본격적인 천문학적 연구로 인정되나, 아쉽게도 조선 초기 역법 연구자가 거의 없는 탓에 큰 주목을 받지 못하고 있다. 나일성의 《한국천문학사》는 역법과 역서에 대해 처음으로 자세한 설명을 시도한 개설서라는 점에서 높이 평가할 만하다. 그러나 이들 연구에도 불구하고 《칠정산내외편》과 시헌력으로 대표되는 조선시대의 역법은 우주론이라는 매력적인 주제에 가려 지금껏 큰 주목을 받지 못한 것이 사실이다. 따라서 이 책에서는 시헌력의 도입과 그 과정에 대해 자세히 살펴보고, 궁극적으로 조선 후기에 시헌력으로 개력(改曆)한 일이 역사적으로 어떤 의미와 의의를 가지는지 밝혀보고자 한다. 이와 아울러 대한제국기에 시헌력이 태양력으로 전환되어가는 과정을 살펴보고, 이를 통해 전통시대 시간 체재가 지닌 의미를 궁극적으로 밝힐 것이다.

한편, 역법과 관련한 역서에 대한 연구는 특정시대에 국한되지 않고 대체로 전통시대 역서에서부터 오늘날의 역서에 이르기까지 그 변천사를 정리한 것이 대부분이다.[14] 때문에 전통시대 한국의 역서 가

---

12) 이은희, 〈칠정산 내편의 연구〉, 연세대학교 대학원 박사학위논문, 1996. 이 밖에, 논문은 아니지만 《칠정산내외편》에 대한 역주 작업(유경로 외, 역주 《세종장헌대왕실록》 26~27, 세종대왕기념사업회, 1973)도 역법과 관련한 연구 성과로 꼽을 수 있다.

13) 나일성, 《한국천문학사》, 서울대학교 출판부, 2000.

운데 가장 다양한 변화를 겪었던 조선시대 역서에 대한 심층적인 연구는 아직 미진한 실정인데, 이 책은 조선 후기 시헌력의 사용과 함께 발간된 역서를 고찰하는 데 주안점을 두고 있다. 필자가 시헌력서에 주목하는 까닭은 조선 후기 역서의 발간이 시헌력의 도입에 따른 역법의 발전과 그 궤를 같이 하기 때문이다.

역서란 과학적인 의미에서도 중요하지만 일상사에서도 필수품으로 사용되는 것이므로, 전통시대인들의 생활과 의식을 살펴보는 데 중요한 자료라고 생각한다. 오늘날 역서는 달력의 의미만으로 축소되어 쓰이고 있지만, 전통시대 역서는 역법과 관련해 정치적·과학적·사상적으로 매우 중요하게 다루어졌다. 따라서 이 책에서는 조선시대 역서의 종류와 간행·배포 과정을 살펴봄으로써 조선시대인들의 생활 양태와 의식의 흐름을 파악하고자 한다. 또한 시헌력에 이은 태양력의 사용이 역서 체재에 어떤 영향을 미쳤는가도 함께 살펴볼 것이다. 태양력의 사용은 전근대적 시간 체재에서 근대적 시간 체재로 전환됨을 의미하는 것으로, 이 책에서는 특히 대한제국기에 발행된 역서에 주목했다.

역서 연구에는 그 성격상 역법의 원리를 분석하는 이른바 자연과학적 접근도 있겠으나, 이 책은 역법의 원리를 분석하는 데 주안점을 두고 있지는 않다. 필자는 조선시대 역서의 종류와 체재 그리고 배포 및 실제 사용 등을 통해 조선시대 역서의 의미와 의의를 구명해보려

---

14) 지금까지 曆書에 대한 연구 성과를 소개하면 다음과 같다.
　　이은성, 《曆法의 原理分析》, 정음사, 1988.
　　안영숙, 〈우리나라 역서의 변천〉, 《한국천문력 및 고천문학》, 천문대, 1997.
　　허윤섭, 〈朝鮮初期 觀象監 부문의 조직과 업무―18세기 후반 이후를 중심으로〉, 서울대학교 대학원 석사학위논문, 1999.
　　나일성, 《한국천문학사》, 서울대학교 출판부, 2000.

고 한다. 요컨대, 이 책에서는 조선시대와 대한제국기에 발행된 역서를 주요 분석 자료로 사용하지만, 역서의 천문학적 의미로만 한정하지는 않으며, 역서 발간의 배경과 역사적 의미 그리고 역서에 담긴 내용들을 아울러 살펴봄으로써 조선시대 역서가 지닌 역사적 의미를 밝혀보고자 하는 것이다. 전통시대 역서는 오늘날의 달력과는 달리 삭망시각(朔望時刻)이나 길흉일 같은 자연과학적이고도 신비한 내용을 담고 있기는 하지만, 이러한 내용들은 역사학에서 분석할 범주는 아니라고 판단되기 때문이다. 따라서 이 책은 시헌력을 토대로 만든 역서의 내용과 실제 사용에 대해 고찰함으로써 조선시대의 역서가 실생활에 어떻게 쓰였는지 살펴볼 것이며, 이상의 논의들은 기본적으로 '역사학적 견지'에서 조선시대의 우주관과 역법을 다룬 것임을 밝혀둔다.

제1부

서양 천문학의 전래와 우주관의 변화

제1장 서양 천문학 수용의 사상적 배경

1. 한역서학서의 전래

서양에서 17세기는 과학혁명의 시기였다. 그 가운데 가장 혁명적이고도 탁월한 업적은 천문학의 발달이었다. 주지하다시피, 17세기 천문학의 혁명적인 업적은 태양과 달 그리고 여러 행성들이 지구 주위를 돈다는 프톨레마이오스(Ptolemy, 85?~165?)의 우주구조론에서 태양 중심의 코페르니쿠스(Copernicus, 1473~1543) 우조구조론으로 변화한 것이었다. 종교적인 이유로 인정받지 못했던 코페르니쿠스의 지동설은 뉴턴(Issac Newton, 1642~1727)역학이 탄생함에 따라 과학적으로 입증되었고, 아울러 티코 브라헤(Tycho Brahe, 1546~1601)의 제자 케플러(Johannes Kepler, 1571~1630)는 스승으로부터 물려받은 천문 관측 자료를 이용해 코페르니쿠스의 태양중심설을 실증했다.[1]

---

1) 15세기 말 서양의 르네상스가 절정일 무렵, 빈번한 항해 활동을 비롯한 사회·정치·경제적 발전과 맞물려, 그간 사용해오던 부정확한 율리우스력을 바꿀

17세기 서양 천문학의 발달은 동양 사회와 무관하지 않았다는 점에서 동양 천문학의 전환을 예고했다. 서양 천문학의 발달은 서구 사회뿐만 아니라 당시 예수회 선교사들의 동양 포교 과정에서 영향을 발휘했기 때문이다. 명말청초(明末淸初)에 중국에 입국한 예수회 선교사들은 서양의 과학과 기술을 중국에 소개했는데, 이 가운데 중국 지식인으로부터 가장 관심을 끈 것은 천문학과 관측 기술이었다. 명말청초 시기에 예수회 선교사들의 천문학 지식이 중국 관료사회에서 주목받을 수 있었던 것은 서양 천문학의 우수성 때문이기도 하지만, 이와 함께 동양 사회에서 천문학이 이른바 제왕학(帝王學)으로서 중요한 의미를 지녔기 때문이다.

중국을 비롯한 전통시대 동양 천문학의 정수는 역법(曆法)이었다. 예수회 선교사들이 만든 시헌력(時憲曆)은 더욱 정확한 과학성과 예측력을 바탕으로 동양 지식인층의 환심을 사기에 충분했다. 17세기 무렵 예수회 선교사로서 중국 포교 활동을 벌이며 서양 과학을 전파한 대표적인 인물로는 마테오 리치(利瑪竇, Matteo Ricci, 1552~1610), 롱고바르디(龍華民, N. Longobardi, 1559~1654), 테렌츠(鄧玉函, J. Terrenz, 1576~1630), 아담 샬(湯若望, Adam Shall von Bell, 1591~1666) 등을 꼽을

필요가 제기되었다. 이러한 배경 아래 정확한 천문 관측의 필요성이 대두했고, 침체에 빠져 있던 유럽의 천문학이 다시 발전하기 시작했다. 따라서 코페르니쿠스가 천문학에 종사할 무렵에는 많은 천문학적 지식이 축적되었으며, 이러한 상황에서 코페르니쿠스는 그동안의 우주론을 뒤엎는 De Revolutionibus Orbium Coelestium(1543)을 저술했다. 이 저서를 통해 코페르니쿠스는 천동설을 바탕으로 한 전통적인 우주관을 뒤엎는 지동설을 주장했지만, 당대에는 전혀 인정받지 못했다. 그의 학설은 뒤이어 등장한 티코 브라헤와 케플러에 따라 증명되었다(Gingerich Owen, *Eye of heaven : Ptolemy, Copernicus, Kepler*, New York : American Institute of Physics, 1993 ; J. D. 버날, 김상민 옮김, 《과학의 역사》 2권, 한울, 1995).

수 있는데, 이들은 가톨릭뿐만 아니라 서양 과학을 동양에 전파하는
데 큰 역할을 담당했다.[2]

17세기 무렵 중국에 입국한 예수회 선교사들이 천문학과 관련해
중국 사회와 과학에 큰 변화를 일으킨 것 가운데 하나는 바로 개력
(改曆)이다. 시헌력으로 대표되는 서양력(西洋曆)으로 역을 바꾼 것은
이 시기의 천문학 분야에서 가장 큰 변화를 예고하는 일이었다. 명
(明)에서 종래에 사용하던 대통력(大統曆)과 회회력(回回曆)은 계산
에 계속 오차를 내고 있었다. 이 때문에 역법 개수(改修)의 총책임자
로 임명된 서광계(徐光啓, 1562~1633)는 이지조(李之藻)와 롱고바르
디 그리고 테렌츠와 함께 역법을 새롭게 고치는 데 참여했다.

1630년에 테렌츠와 이지조가 세상을 떠나자 서광계는 아담 샬과 로
(羅雅谷, G. Rho, 1593~1638)를 기용해 역서 편찬에 매진했으며, 1631
년(숭정[崇禎] 4년) 3차에 걸쳐 숭정제(崇禎帝)에게 역찬(譯撰)한 역서
(曆書)를 진정(進呈)했다. 1633년에 서광계가 세상을 떠나자 그의 뒤
를 이은 이천경(李天經)이 다시 2차에 걸쳐 역서를 진정했는데, 이로
써 명말(明末)에 서양 역법에 따른 역서가 모두 5차에 걸쳐 진정되었
다. 이것이 바로 유명한 《숭정역서(崇禎曆書)》이다. 그러나 《숭정역
서》에 따른 개력은 명의 멸망 때문에 이루어지지 못하고, 청초(淸初)
에 아담 샬이 《숭정역서》를 《서양신법역서(西洋新法曆書)》로 개편함
으로써 1645년(순치[順治] 2년)에야 비로소 서양 역법에 따른 개력이
실시되었다.[3] 청(淸)의 순치제(順治帝)는 《서양신법역서》를 '시헌력'

---

2) 중국에 들어와 활동한 예수회 및 서양 선교사에 대해서는 徐宗澤 編著, 《明
　　清間耶蘇會士譯著提要》(臺北 : 中華書局, 1958)와 崔韶子, 《東西文化交流史
　　研究》(동서문화사, 1987)를 참조하기 바란다.
3) 명말청초의 개력에 대해서는 〈淸史稿〉, 時憲志一(楊家駱 主編, 《中國天文曆

이라고 이름짓고 '의서양신법(依西洋新法)'이라는 글자를 덧붙였다.
뒤에서 살펴보겠지만 조선에서도 시헌력을 수용하기 위한 국가적인
차원의 노력이 시도되었다. 그런데 《서양신법역서》는 유럽의 천문학
을 바탕으로 한 역서로서 서양 천문학의 수준을 동양에 널리 인식시
키는 데 공헌했으나, 여기에 담긴 우주관은 아쉽게도 코페르니쿠스의
지구중심설이 아닌 프톨레마이오스의 태양중심설을 바탕으로 하고
있어 우주론에서는 한계점이 있었다.

  예수회 선교사들이 벌인 선교 활동과 서양 과학의 전파가 명말청
초의 지식인들에게 쉽게 파고들 수 있었던 것은 무엇보다도 한역서
학서(漢譯西學書)[4]의 저술 때문이었다. 명말청초 예수회 선교사들이
쓴 한역서학서는 마테오 리치의 《혼개통헌도설(渾蓋通憲圖說)》·《만국
여도(萬國輿圖)》(1584)·《건곤체의(乾坤體義)》, 알레니(艾儒略, J. Aleni,
1582~1649)의 《서학범(西學凡)》·《기하요법(幾何要法)》·《직방외기(職
方外紀)》·《곤여도설(坤輿圖說)》, 디아즈(陽瑪諾, E. Diaz, 1574~1659)

  法史料》五, 臺北 : 鼎文書局)와 徐宗澤 編著,《明淸間耶蘇會士譯著提要》(臺
  北 : 中華書局)의 239~245쪽을 참조하기 바란다.
4) 한역서학서란, 명말청초에 걸쳐 유교적 한자문화권인 한족 사회에서 천주교
  포교에 종사하던 서양 성직자들이 한족에게 천주교를 전교하는 한편, 서양문
  명을 전수하기 위해 서양의 종교·윤리·지리·천문·역사·과학·기술 관계 서
  적을 한문으로 번역 또는 저술한 서책을 말한다(이원순, 〈明淸末 한역서학서
  의 韓國思想史的 意味〉,《한국천주교회사연구》, 한국교회사연구소, 1986, 14
  쪽). 대략 명청년간에 씌어진 것을 의미하며, 정확한 수치는 아니지만 그 종
  류가 410여 종에 이른다고 한다. 한역서학서의 명칭에 대해서는 '蘇會敎士譯
  著'(徐宗澤, 앞의 책, 1958), '耶蘇會社의 漢文著述'(矢澤利彦,《中國とキリス
  ト敎》, 東京 : 近藤出版社, 1972), '漢譯西學書'(李元淳,《韓國天主敎會史硏究》,
  교회사연구소, 1986), '東傳漢文西學書'(金玉姬, 〈西學의 受容과 그 의식구조〉,
  《韓國史論》1, 1973), '西學關係漢文書'(崔韶子,《東西文化交流史硏究》, 동서
  문화사, 1987) 등 연구자들마다 각기 다양하게 표현하고 있는데, 이 책에서는
  이들 가운데 '한역서학서'라는 명칭을 따랐다.

의 《천문략(天問略)》, 우르시스(熊三拔)의 《천지태서수법(天地泰西水
法)》(1612)·《간평의설(簡平儀說)》·《표도설(表度說)》, 아담 샬의 《혼
천의설(渾天儀說)》·《주제군징(主制羣徵)》·《신법력인(新法曆引)》·《서
양역법신서(西洋曆法新書)》·《적도남북양동성도(赤道南北兩動星圖)》,
로의 《오위역지(五緯曆指)》·《천주성교계몽(天主聖敎啓蒙)》·《일전역
지(日躔曆指)》·《천주경해(天主經解)》, 페르비스트(南懷仁, F. Verbiest,
1623~1688)의 《의상지(儀象志)》·《곤여전도(坤輿全圖)》(1674)·《곤여
도설(坤輿圖說)》(1672)·《곤여외기(坤輿外紀)》·《적도남북성도(赤道南
北星圖)》(1672), 쾨글러(戴進賢, I. Kögler, 1680~1746)의 《황도총성도
(黃道總星圖)》·《의상고성(儀像考成)》 등 이루 헤아릴 수 없이 간행되
었으며, 이들 한역서학서들은 가톨릭의 중국 전교와 서양 문물 전수
에 크게 기여했다.[5]

서양 선교사들의 저술인 한역서학서가 처음으로 조선에 도입된 것
과 관련한 기록은 선조대(宣祖代) 이수광(李晬光, 1563~1628)이 쓴 《지
봉유설(芝峰類說)》에서 볼 수 있다. 이 책에 따르면, 부연사(赴燕使)
이광정(李光庭)이 1603년에 마테오 리치가 제작한 세계지도를 가지
고 왔다고 한다.[6] 이 세계지도는 〈곤여만국전도(坤與萬國全圖)〉일 것
으로 추정되며, 중국 외의 문화권에 대한 이해와 인식을 넓혀주었을
것으로 짐작된다.[7]

---

5) 한역서학서에 대해서는 徐宗澤 編著, 《明淸間耶蘇會士譯著提要》(中華書局,
   1958)와 李元淳, 《朝鮮西學史硏究》(일지사, 1986) 그리고 최소자, 《東西文化
   交流史硏究》(동서문화사, 1987)를 참조하기 바란다.

6) "見其圖甚精巧 於西域特詳 以至中國地方 曁我東道日本六十州 地理遠近大
   小 纖悉無遺 所謂歐羅巴國 在西域最絶遠 去中國八萬里"(李晬光, 《芝峰類說》
   卷2, 〈地理門〉 外國3).

7) 徐宗澤 編著, 《明淸間耶蘇會士譯著提要》, 317~318쪽.

빈번해진 조선 지식인들의 연경(燕京) 사행(使行)은 이후 한화(漢化)한 서구 문물에 대한 관심을 불러일으키는 직접적인 계기가 되었다. 특히, 1631년(인조 9년) 7월에 부연사신 정두원(鄭斗源, 1581~?)이 산동성 등주(登州)에서 포르투갈 출신의 신부 로드리게스(陸若漢, J. Rodriquez, 1561~1634)로부터 당시 서양신부들이 한문으로 저술한 천문(天文)·역산·지리(地理) 등에 관한 한역서학서와 서양화포(西洋火砲)·천리경(千里鏡, 망원경)·자명종(自鳴鐘) 등 새로운 기기들을 기증받아 돌아온 뒤로 서양의 과학과 문물에 대한 관심이 고조되었다. 당시 정두원이 가지고 온 한역서학서로는 이탈리아 출신의 신부 알레니가 쓴《직방외기》, 서광계와 롱고바르디의 공저(共著)로서 서양 역법의 연혁을 설명해놓은《치력연기(治曆緣起)》, 그 밖에 디아즈의《천문략(天文略)》 등이 있었다.[8] 그리고 이때 정두원은 한역서학서와 함께 서양 선교사가 제작한 천문도(天文圖)도 가지고 왔는데,[9] 이 천문도에 대해 이용범은 아담 샬의 〈서양건상도(西洋乾象圖)〉일 것으로 추측했다.[10] 〈서양건상도〉는 조선시대 최초로 수입된 서양식 천문도로, 중국에서 일반적으로 쓰이던 북극 중심의 천문도와는 달리 적도를 중심으로 한 것이었다. 이어서 비록 시기는 좀 늦지만 1708년(숙종 34년)에 아담 샬의 〈적도남북총성도(赤道南北總星圖)〉가 조선에

---

8) 光學器書나 天文圖로는 〈遠鏡書〉·〈千里鏡說〉·〈西洋國貢獻神威大鏡疏〉·〈天文圖〉·〈南北極〉·〈天文廣敎〉·〈萬里全圖〉 등이 있었으며, 대포 제작술에 관한 것으로는 〈夷炮題本〉 등이 있었다고 전해진다. 이에 관해서는《增補文獻備考》〈象緯考〉, 曆象沿革과 이용범, 《중세 서양과학의 조선전래》(동국대출판부, 1988)의 129쪽을 참조하기 바란다.

9) 이용범, 〈法住寺所藏 新法天文圖說에 대하여〉, 《韓國科學思想史硏究》, 동국대출판부, 1988, 164~165쪽.

10) 이용범, 같은 글, 164쪽.

유입되었다.[11] 이로 보아 늦어도 18세기 초반 이후에는 서양의 우주관
과 지리관이 조선 유학자들 사이에 어느 정도 유포되고 인식되었음
을 알 수 있다.

이 시기 선교사들이 전파한 서양 천문학은 당시 유럽에 알려져 있
던 천문 지식이 아니라, 천문학과 종교가 절충된 이른바 프톨레마이
오스의 우주관이었다. 그 대표적인 한역서학서가 《천문략》과 《치력
연기》이다.[12] 순암(順菴) 안정복(安鼎福, 1712~1791)의 《잡동산이(雜
同散異)》[13]에는 당시 정두원과 함께 북경에서 선교사로부터 얻은 《천
문략》을 읽고 탄복한 역관(曆官) 이영후(李榮後)의 서신이 소개되어
있어 당시 지식인들의 서양 천문학에 대한 반응을 살펴볼 수 있는데,
뒤에서 살펴보겠지만 한역서학서인 《천문략》은 프톨레마이오스의
천문학을 바탕으로 한, 가톨릭적 우주관이라고 할 수 있는 12중천설
(十二重天說)이 소개되어 있는 천문학서이다. 따라서 《천문략》은 당
시의 최신 서양 우주관이 담긴 한역서학서는 아니었지만, 개천설(蓋
天說)이나 혼천설(渾天說) 등 중국의 고대 우주관을 통해 우주를 인식
해왔던 조선 후기 지식인들에게는 새로운 우주관으로 여겨졌다.[14]

---

11) 《增補文獻備考》卷3, 〈象緯考〉儀象 2, 3쪽. 〈赤道南北總星圖〉는 현재 8폭
병풍으로 보존되고 있는데, 제1폭에는 탕약망이 쓴 〈赤道南北兩總圖說〉이
있고, 제2폭~제4폭과 제5폭~제7폭에는 적도좌표계로 북쪽과 남쪽 하늘이
각각 그려져 있다(나일성, 《한국천문학사》, 서울대학교 출판부, 2000, 93~94
쪽 참조).

12) 《치력연기》는 徐宗澤 編著, 《明淸間耶蘇會士譯著提要》(中華書局)에는 나
오지 않는데, 이용범에 따르면 롱고바르디의 저작이라고 한다(李龍範, 〈法住
寺所藏의 新法天文圖說에 對하여〉, 《歷史學報》 31집, 1966, 51쪽.)

13) 〈與西洋國陸掌敎若漢書〉, 《雜同散異》, 아세아문화사, 1981.

14) 《천문략》에 대한 내용과 그 영향에 대해서는 다음 장에서 살펴볼 예정이므
로 여기서는 생략하도록 한다.

12중천설로 대표되는 서양의 천체관이 실려 있는 《천문략》이 17세
기 조선의 우주관에 영향을 끼쳤다면, 18세기에 들어와서는 《신법력
인》·《역상고성(曆象考成)》·《역상고성후편(曆象考成後編)》으로 대표
되는 시헌력과 케플러의 타원궤도설이 영향을 끼쳤다. 특히 《신법력
인》에 대해 18세기 실학자 황윤석(黃胤錫, 1729~1791)은 다음과 같이
높이 평가했다.

> 《신법력인》이라는 것은 숭정년간(崇禎年間)에 서광계·이천경이 서
> 양인 탕약망·나아곡 등과 함께 옛 법을 수정하고 새 법〔時憲法〕을 측정
> 할 때 대통법(大統法)을 고친 것을 말한다. 이 책의 대략을 보면 모두
> 27장으로서 환우서차(寰宇序次)·천체(天體)·천도(天道)·일궤년월(日
> 軌年月)·주야신혼(晝夜晨昏)·항성(恒星)·태음(太陰)·교식(交食)·오
> 위이행(五緯異行)·오위행(五緯行)·오성복현(五星伏見)·중성출몰(中
> 星出沒)·삼여(三餘)·역학개혁(曆學改革)·역원(曆元)·구고(句股)·할원
> (割圓)·측기(測器)·측태양(測太陽)·측항성(測恒星)·측태음(測太陰)·
> 측시귀(測時晷)·신구이법소밀지미(新舊二法疏密之微)·정정고법(訂
> 正古法) 등이다. 이와 아울러 본원(本源)을 들어 그렇게 되는 이치를
> 밝히고 있으니 천고에 탁절(卓絶)하다 할 것이다.[15]

황윤석이 말하는 《신법력인》은 1629년에서 1634년까지 전후 5회
에 걸쳐 진정된 역서인 《숭정역서》에 들어 있는 것이다.[16] 1629년(숭

---

15) "新法曆引者 則崇禎中 徐光啓李天經 與西洋人 湯若望羅雅谷等 修正舊法 測
   定新法 時改大統法 其略見是書 凡二十七章 曰寰宇序次 曰天體 曰天道 曰日
   軌年月 曰晝夜晨昏 曰恒星 曰太陰 曰交食 曰五緯異行 曰五緯行 曰五星伏見
   曰中星出沒 曰三餘 曰曆學改革 曰曆元 曰句股 曰割圓 曰測器 曰測太陽 曰測
   恒星 曰測太陰 曰測時晷 曰新舊二法疏密之微 曰訂正古法 幷擧本源 明其所以
   然之理 可謂卓絶千古"(《頤齋續稿》 卷11, 漫錄).

정 2년) 5월의 일식을 추산할 때 대통·회회법에 따른 계산이 오차를 보인 반면 서광계의 서법(西法)에 따른 추산이 적중한 것이 동기가 되어 역법을 개수하게 되었는데, 이것이 《숭정역서》이다.[17] 서광계가 총책임자가 되어서 벌인 역법개정 사업에는 이지조(李志藻)·테렌츠·로 그리고 아담 샬 등이 참여했다. 《숭정역서》는 모두 137권으로 되어 있으며, 보조과학 부분과 천리이론(天理理論) 및 실용 부분 그리고 천산표격(天算表格) 부분의 세 가지를 포괄한 서양 과학의 집대성이라고 할 수 있다. 청초에 아담 샬은 시헌력의 역(曆) 계산에 대한 필요에서 《숭정역서》를 다시 재편집했는데, 그것이 곧 《서양신법역서》이다.[18] 서양력을 바탕으로 한 시헌력은 아담 샬의 지도 아래 작성된 책력(冊曆)이며, 그 기초가 된 것은 1645년에 간행한 《서양신법역서》로서 이는 1635년에 완성된 《숭정역서》를 개편한 것이다.[19]

총 103권으로 구성되어 있는 《서양신법역서》에서 주목되는 것은 로가 편술한 《오위역지》가 수록되어 있다는 점이다.[20] 로의 《오위역지》에는 티코 브라헤의 우주관이 실려 있는데, 이는 프톨레마이오스

---

16) 황윤석은 《신법력인》을 소개하면서, 이 西法이 조선에서 행해졌는데 일찍이 金堉의 孫인 김석문의 〈易學二十四圖解〉에서 찾아볼 수 있다고 말하고 있다("抑西法傳諸我東而行之者 防自潛谷金文貞公 其諸孫有口大谷子 名錫文字炳如 所著易學二十四圖解". 《頤齋續稿》 卷6, 題曆引). 황윤석의 문집인 《頤齋全書》(경인문화사)는 모두 3책으로, 1책은 《頤齋續稿》, 2책은 《資知錄》, 3책은 《理藪新編》이다. 이하 《頤齋全書》를 인용할 때는 각각의 책명을 사용한다.

17) 〈淸史稿〉, 時憲志一(楊家駱 主編, 《中國天文曆法史料》 五, 臺北 : 鼎文書局).

18) 〈淸史稿〉, 時憲志一(같은 책).

19) 〈淸史稿〉, 時憲志一(같은 책).

20) 徐宗澤 編著, 《明淸間耶蘇會士譯著提要》, 中華書局, 243쪽.

의 우주관으로부터 코페르니쿠스의 학설에 접근하는 과도기적 우주
관이라고 할 수 있을 것이다. 조선 후기 김석문(金錫文, 1658~1735)의
〈역학24도해(易學二十四圖解)〉에 실려 있는 지전설(地轉說)과 황윤석·
홍대용(洪大容)의 유명한 지전설도 《오위역지》에 담긴 티코 브라헤
우주관의 영향을 받은 것으로 보인다.[21]

　《역상고성》은 《역상고성》 상·하편(전편)을 가리키는 것으로, 《서
양신법역서》의 결점을 보완해 중국 역학자 하국종(河國琮)과 매곡성
(梅穀成) 등이 1723년에 완성했다. 《역상고성》은 일명 《어정역상고
성(御定曆象考成)》이라고도 부르며, 쾨글러의 《역상고성후편(曆象考
成後篇)》과 구분하기 위해 《역상고성전편(曆象考成前篇)》이라고 부
르기도 한다. 이 《역상고성》은 전체 42권으로, 음률(音律)·역법수학
(曆法數學)에 관한 3부작인 《율력연원(律曆淵源)》 100권 가운데 역법
분야의 총서라고 할 수 있다.[22] 그러나 이 역서는 《서양신법역서》를
체계적으로 정리한 것에 지나지 않았고, 더욱이 서양의 낡은 관측이
나 역법이 전통적인 중국력(中國曆)의 형식으로 재편집되었다는 한계
를 지니고 있었다.[23] 독일 출신의 예수회 선교사인 쾨글러의 《역상고
성후편》은 《역상고성》이 지닌 이러한 한계점을 수정하기 위해 편찬
된 것이다.

　《역상고성후편》은 1742년에 완성된 것으로 모두 10권으로 구성되

---

21) 김석문을 비롯한 조선 후기 유학자들의 우주관에 대해서는 다음 장에서 살
　　펴볼 것이므로, 여기서는 생략하기로 한다.

22) 〈淸史稿〉, 時憲志一(楊家駱 主編, 《中國天文曆法史料》 五, 臺北 : 鼎文書
　　局).

23) 이 점에 대해서는 藪內淸 編, 유경로 편역, 《中國의 天文學》(전파과학사,
　　1985)의 190~191쪽을 참조하기 바란다.

어 있으며, 케플러의 타원궤도설(橢圓軌道說)에 바탕을 둔 카시니(Jean Dominique Cassini, 1625~1712)의 관측법을 도입했다는 점이 특징이다.[24] 다시 말해서,《역상고성후편》은 일월오성(日月五星)의 본천(本天), 즉 태양계의 원궤도설(圓軌道說) 대신 케플러의 타원궤도설을 채용했다는 점과 태양의 지반경차(地半經差, 땅에서 보았을 때 태양과 달의 반경차)와 청몽기차(淸蒙氣差, 지구 대기 때문에 태양빛이나 별빛이 굴절되어 꺾이는 각도) 등을 근대 천문학의 새로운 관측치로 개정했다는 점에서 당시로서는 최신의 천문학을 담고 있었다.[25]《역상고성후편》이 정확히 조선 후기에 언제 들어왔는지는 알 수 없으나, 1744년에 역관 안국빈(安國賓)과 김태서(金兌瑞)가 쾨글러로부터 추보법(推步法)을 배워 왔다는 것으로 보아,[26]《역상고성후편》은 간행과 거의 동시에 조선에 들어온 것으로 보인다.

《역상고성후편》과 더불어 18세기 조선 천문학에 영향을 끼친 한역 서학서는 전체 32권에 달하는《의상고성(儀象考成)》이다.《의상고성》은 쾨글러가 1757년에 간행한 책이다. 쾨글러는 1716년(강희[康熙] 55년)에 중국에 들어와 1725년(옹정[擁正] 3년)에 흠천감정(欽天監正)에 취임한 뒤, 약 20년 동안 청나라 사람 서무덕(徐懋德)·명안도(明安圖)와 함께《역상고성후편》을 간행한 인물이다.[27] 쾨글러가 완성한《의상고성》은 1674년에 페르비스트가 간행한《영대의상지(靈

---

24) 〈淸史稿〉, 時憲志一(楊家駱 主編,《中國天文曆法史料》五, 鼎文書局).

25) 《역상고성후편》에서는 태양의 지반경차를 종래의 3분에서 10초로 했으며, 청몽기차의 地平線上의 값을 34분에서 32분으로 고쳤다. 또한 視高度 45도에서 값이 불과 5초였던 것을 59초로 고쳤는데, 이 값은 오늘날의 정밀한 값과 비교할 때 근사치에 가까운 것이다(〈淸史稿〉, 時憲志一 참조).

26) 《英祖實錄》卷59, 영조 20년 5월 15일(壬辰), 43冊, 146쪽.

27) 〈淸史稿〉, 時憲志一(楊家駱 主編,《中國天文曆法史料》五, 鼎文書局).

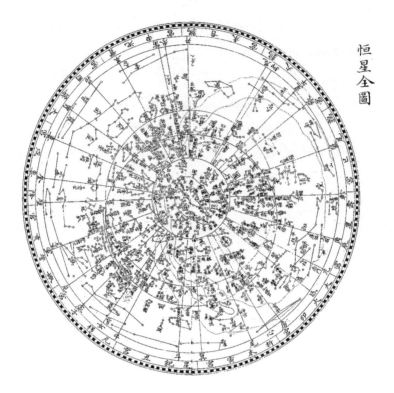

〈그림 1〉《의상고성》의 항성전도(《文淵閣四庫全書》子部 99, 天文算法類)

臺儀象志》)를 수정한 것으로, 세차(歲差)에 따른 항성의 위치 변화와
함께 황적대거(黃赤大距, 황도에 대한 적도의 경각[傾角])도 수정을 해
야 할 필요에서 편찬되었다.《의상고성》의 천문학적 의의는 1744년
(건륭[乾隆] 9년)의 춘분점(春分點)을 지점으로 한 항성표를 제작했다
는 점에 있다.[28] 또한《의상고성》은 성좌(星座) 및 성수(星數)를 명기
한 성표(星表)로는 역대 최대의 것이며,[29] 이 밖에 별의 황경(黃經)·황

28) 〈淸史稿〉, 時憲志一(같은 책).

위(黃緯)와 적위(赤緯)·광도등급(光度等級)·세차 등의 수치를 기록해 서양의 근대적 항성표에 비견되는 것으로 평가받고 있다.[30]

근대 항성표에 비견되는 《의상고성》이 조선 후기 천문학에 영향을 준 사실은 《증보문헌비고(增補文獻備考)》의 〈상위고(象緯考)〉(이하 〈상위고〉로 통칭함)와 황윤석의 성좌 연구에서 잘 드러난다. 예컨대, 〈상위고〉 '항성'편에서는 《의상고성》에 따라 항성을 측정했으며, 황윤석은 "건륭갑자신측여숭정구측부동(乾隆甲子新測與崇禎舊不同)"이라고 하여 건륭 갑자년(1744년)에 새롭게 측정한 관측치를 신뢰했다. 즉, 황윤석은 지금까지 사용되었던 페르비스트의 《영대의상지》를 기준으로 하는 측정치의 부정확성을 인식하고, 이러한 결점을 보완한 《의상고성》의 정밀한 측정치에 주목했다.[31] 〈상위고〉와 황윤석에 따르면, 《의상고성》의 성좌와 성수는 그 이전에 조사된 것과 일치하지 않는다.[32] 《한서(漢書)》 〈천문지(天文志)〉에는 118좌 783성, 《진서(晉書)》 〈천문지〉에는 283좌 1,464성, 페르비스트의 《의상지》에는 259좌 1,129성이 나오는 반면, 《의상고성》에는 300좌 3,083성으로 나와 있다. 《의상고성》에 추가된 성수는 중국에서 보이지 않는 것까지

---

29) 《의상고성》은 종래에 중국에서 기록되지 않았던, 남극에 가까운 성좌 23관의 150성을 새로 붙여 총 300관 3,083성을 수록했다. 그러나 성좌는 서양식 구분에 따르지 않고 《晉書》 天文志나 《步天歌》 등의 구설을 답습했다(藪內 淸 編, 유경로 편역, 《中國의 天文學》, 194쪽).

30) 大崎正次, 《中國の星座の歷史》, 日本 : 雄山閣, 1987, 111~113쪽.

31) "恒星大小分六等 此亦乾隆甲子新測 與崇禎舊測不同"(《資知錄》 〈恒星〉, 460쪽). 위의 성좌와 성수의 변천을 정리하면 다음 표와 같다.

출전	漢書天文志	晉書天文志	靈臺儀象志	儀象考成
星座數와 星數	118좌 783성	283좌 1,464성	259좌 1,129성	300좌 3,083성

32) 《資知錄》 〈恒星〉, 459쪽.

포함한 것이라고 한다(〈그림 1〉 참조).[33]

이 밖에도 황윤석은 항성을 대소(大小)에 따라 6등성으로 구분하고, 1744년에 새로 측정한 관측치와 숭정년에 측정한 관측치[舊測]가 같지 않음을 지적했다.[34] 별을 6등성으로 나눈 대체론(大體論)은 서양 선교사들을 통해 동양에 전해진 것으로 알려져 있는데, 이는 다음과 같은 천문학적 의미를 지닌다. 대체론에서 크기의 기준 단위로서 지구를 선택한 점은 잘못이기는 하지만, 항성들의 크기가 일정하지 않고 서로 다르다고 생각한 점 그리고 지구보다 훨씬 큰 별들이 많다고 생각한 점은 지구 중심의 우주관에서 탈피한 코페르니쿠스적 전환인 것이다.[35]

황윤석은 항성의 6등성 구분과 함께 1744년 갑자년에 새로 측정한 관측치를 기준으로, 중국이 아닌 한양북극고도(漢陽北極高度)에 따라 별의 위치와 일식 시각을 추정했다. 이는 그간 북경을 기준으로 북극고도를 측정한 관례를 깬 것일 뿐만 아니라, 조선이 자국의 북극고도를 기준으로 별의 위치를 측정했다는 중요한 의미를 지닌다. 또한 황적수도(黃赤宿度)를 도(度)와 초(秒)에 이르기까지 정확히 계산해 보이기도 했다.[36] 그리고 황적도분(黃赤度分)의 계산에는《의상고성》에

---

33) "比儀象志 多十八座一百九十星 與步天位近 又於有名 常數外增一千六白一十四星"(《資知錄》〈恒星〉, 459쪽).

34) "恒星大小分六等 此亦乾隆甲子新測 與崇禎舊測不同"(《資知錄》〈恒星〉, 460쪽).

35) 지구 중심의 우주관으로는 지구 외에 큰 천체들이 있다는 것을 상상할 수가 없다. 서양에서는 17세기에 갈릴레오와 케플러에 따라 코페르니쿠스의 태양 중심설이 주창되었음에도 별의 크기에 관해서는 19세기 말에 이르러서야 거론되기 시작했다(나일성 외, 〈黃胤錫의 恒星黃赤經緯表에 대한 검토〉,《東方學志》19, 1978, 11~12쪽).

36) 황윤석의 恒星黃赤經緯表에 대해서는 일찍이 나일성·이대성·이철주·임정

보이는 신측을 바탕으로 하여 계산한 것으로 보인다. 《의상고성》의
관측치를 따라 황적수도를 측정한 이유에 대해 황윤석은 "황적도(黃
赤度)의 사교(斜交)는 점점 변화하므로 종전의 관측과 현재의 관측이
일치하지 않기 때문에 숭정원년(崇禎元年)의 기준치를 버리고 건륭갑
자(乾隆甲子)의 신측을 기준으로 황도수도(黃道宿度)의 측정치를 따
라야 한다"고 말함으로써, 《의상고성》의 관측치에 절대적인 신뢰를
보였다.[37]

　이 밖에도 황윤석은 기존의 전통적인 주천(周天)값인 365도를 쓰지
않고, 서양의 주천 360도에 따라 북극고도를 측정해 37도 41분이라는
값을 얻었다. 앞에서 말한 것처럼, 북극고도의 측정치는 《의상고성》
에 실려 있는 중국 지역에서 측정한 북극고도값이 아닌, 건륭 갑자년
의 신측을 기준으로 하여 한양(漢陽) 지역에서 측정한 북극고도값이
다.[38] 1713년(숙종 39년)에 청나라 흠천감(欽天監) 관원이 내왕해 측정
한 한양의 북극고도값인 38도와도 비교하고 북극고도의 정확한 수치
인 37도 39분 15초와도 비교해 비교적 오차가 없는 것으로 판단한 황
윤석은 "역관 윤사웅(尹士雄) 등이 강화의 마니산과 갑산의 백두산,
제주의 한라산 등지에서 북극의 고도를 측정했다는 기록이 관상감일
기(觀象監日記)에 보이나, 그 측정값에 대한 기록은 전하지 않아 안타
까울 뿐이다"라고 했다.[49] 이와 아울러 황윤석은 《의상고성》을 바탕

　　대가 연구한 바 있다(나일성 외, 〈黃胤錫의 恒星黃赤經緯表에 대한 검토〉,
　　《東方學志》 19, 1978).

37) "崇禎元年 所測二十八宿 黃赤度分 蓋不合於古 夫星旣依黃道行 而赤道與黃
　　道斜交 其度不能懸增減者勢也 而黃赤度亦有增減者 依推測有得失 今依乾隆
　　甲子新測 列黃道宿度于下"(《資知錄》〈黃赤宿度〉).

38) 《資知錄》〈北極高度〉, 473~474쪽 ; 《增補文獻備考》 卷2, 〈象緯考〉 北極高
　　度, 10쪽.

으로 얻은 북경(北京)의 일·월식 시각에 42분을 더해 한양의 일·월식
의 시각을 얻는 계산법도 소개하고 있다.[40]

17세기 한역서학서의 전래와 함께 전파된 서양 천문학은 《증보문
헌비고》〈상위고〉 및 황윤석의 항성 연구에서 보듯이 18세기 무렵에
와서는 더욱 적극적으로 수용되었다. 〈상위고〉와 황윤석의 항성 연
구는 당시의 최신 성좌 연구서였던 《의상고성》을 바탕으로 이루어졌
으며, 이러한 점은 《역상고성후편》의 간행과 동시에 역상고성후편법
을 배워 와 역법에 적용하려고 한 데서도 잘 드러난다.[41] 이는 곧 서
양 천문학의 세례를 받았던 17세기와는 달리 18세기에 들어와서는
서양 천문학에 대한 이해가 상당한 수준에 이르렀음을 의미한다.

2. 인물성동론의 영향

이제 서양 천문학 수용의 사상적 배경으로서 18세기의 사상논쟁이
었던 '인물성동이론(人物性同異論)'과 서양 과학의 관련성 문제를 살
펴보고자 한다. 인물성동이론에 주목하는 이유는 인물성동이 논쟁이
조선 후기의 가장 치열했던 사상논쟁이었을 뿐만 아니라, 그 가운데

---

39) "分遣曆官尹士雄崔天耀李雲林等 測極高于江華府摩尼山 甲山府白頭山 濟州
牧漢拏山 事見今觀象監日記 而所測度數不傳 惜哉"(《資知錄》〈北極高度〉,
474쪽).

40) "先依考成 得燕京太陽食甚用時 加四十二分 得漢陽食甚時 乃以所得 按漢
陽北極高度 依考成推日食"(附漢陽日食時刻方位推法) : "先依考成 得燕京月
食時刻 加四十二分 得漢陽月食時刻 以漢陽赤道高度及日食甚時刻 依考成推
月食方位法"(《資知錄》〈北極高度〉, 474쪽).

41) 이 문제와 관련해서는 이 책의 제2부 〈역법과 역서〉를 참고하기 바란다.

서도 인물성동론(人物性同論)은 서양의 문물을 받아들이는 사상적 배
경이 되었다고 판단하기 때문이다.[42] 따라서 여기서는 인물성동이론
의 논쟁에서 한 줄기를 형성했던 인물성동론이 홍대용 등 북학파(北
學派)에 사상적 근거를 제공함과 동시에 황윤석과 같이 북학파가 아
닌 실학자들에게도 서양 문물을 받아들이는 데 배경으로 작용했음을
기존 연구를 검토하면서 밝혀보고자 한다.

사상사적 관점에서 볼 때, 18세기는 기존의 성리학적 질서 속에서
천주교(天主敎)의 유포와 서양 과학사상의 영향, 인물성동이론으로
대표되는 호락논쟁(湖洛論爭)의 전개와 그에 따른 대외 인식의 변화,
고증학(考證學)을 비롯한 실학사상의 발전 등으로 특징지을 수 있을
것이다. 특히 성리학 위주의 학문적 풍토 속에서 청을 통한 서학(西
學)의 전래는 이 시기 실학자로 불리는 일군의 진보적 학자들에게 영
향을 끼쳤다. 이와 같이 18세기는 사상적으로 노론계(老論系) 성리학
안에서 인물성론(人物性論)이 학설의 쟁점으로 떠오르고, 기존의 성
리학이 양명학(陽明學)·실학·서학 등 다양한 학풍의 도전을 받던 시
기였다. 다시 말해서 병자호란 이후 배청(排淸)－북벌(北伐)의 과제는

---

42) 18세기 인성과 물성에 관한 쟁점인 인물성동이론 논쟁을 일명, 湖洛論辯이
라고도 부른다. 이간의 인물성동론을 지지하는 파들이 대체로 낙하(지금의
서울 지역)에 살았기 때문에 이를 ‘洛論’이라고 불렀으며, 한원진의 인물성이
론을 지지하는 파들이 호서 지역(지금의 충청도)에 살았기 때문에 이를 ‘湖
論’이라고 불렀다. 그런데 권오영에 따르면 ‘호락논변’이라고 할 때는 ‘인물성
동이론’과 ‘未發心有善有不善’ 문제를 포함하는 기호학계의 일련의 정치사회
적·사상적 갈등을 모두 내포하고 있고, ‘인물성동이론’이라고 할 때는 심성론
에 국한된 논변만을 지칭한다고 한다(권오영, 〈18세기 湖洛論辯의 爭點과 그
性格〉,《朝鮮時代의 社會와 思想》, 조선사회연구회, 1998, 493쪽). 이 견해를
바탕으로, 이 책에서는 사상적 갈등 측면에서만 국한해 살펴볼 것이므로 호
락논변에 따른 호론·낙론이라는 말 대신 인물성동이론에 따른 ‘동론’과 ‘이
론’이라는 말을 쓰고자 한다.

조선 후기 성리학을 배타적·보수적 체계로 만드는 데 기여하고 있었
으나, 17세기부터 서학이 전래되면서 개방적인 학문 풍토를 형성, 18
세기에 이르면 북학파 실학자들로 말미암아 화이론(華夷論)과 북벌론
(北伐論)은 강한 비판과 도전을 받게 되었다.[43]

  이러한 사상적·정치적 배경에서 17~18세기에 전개된 유례 없는
사상논쟁이었던 인물성동이론이 가지는 의미는 다양하게 이해될 수
있을 것이다.[44] 특히 인물성동이론은 북학파의 서학 수용논리와 연결
하여 주목해볼 필요가 있다고 생각한다. 뒤에서 살펴보겠지만, 인물
성이론(人物性異論)에서는 대청명분론(大淸名分論, 화이론)과 심성론
(心性論)이 하나의 논리 체계 위에서 인(人)과 물(物)의 동질성을 부
인한 반면, 인물성동론(이하 '동론'으로 줄여 씀)에서는 청과 중화(中華)

---

43) 금장태, 《한국유교의 이해》, 민족문화사, 1989, 192~193쪽.
44) 인물성동이론에 대해서는 그동안 철학 및 문학 분야에서 많은 연구가 이루
   어졌는데, 소개하면 다음과 같다.
   배종호, 〈湖洛學派의 人物性同異論〉, 《韓國哲學研究》 中, 동명사, 1978.
   이남영, 〈湖洛論爭의 哲學史的 意義〉, 《제2회동양문화국제학술회의논문집》,
      성균관대학교 대동문화연구원, 1980.
   윤사순, 〈人性物性의 同異論辯에 대한 연구〉, 《철학》 18, 한국철학회, 1982.
   이애희, 〈朝鮮後期 人性과 物性에 대한 論爭研究〉, 고려대학교 대학원 박사
      학위논문, 1990.
   조동일, 〈조선 후기 인성론과 문학사상〉, 〈한국문화〉 11, 서울대학교 한국문
      화연구소, 1990.
   ＿＿＿, 〈조선 후기 인성론의 혁신에 대한 문학의 반응〉, 《한국문화》 12, 서
      울대학교 한국문화연구소, 1991.
   한국사상사연구회편, 《인성물성론》, 한길사, 1994.
   문석윤, 〈朝鮮後期 湖洛論辯의 成立史 硏究〉, 서울대학교 대학원 박사학위논
      문, 1995.
   권오영, 〈18세기 湖洛論辯의 爭點과 그 性格〉, 《朝鮮時代의 社會와 思想》,
      조선사회연구회, 1998.
   홍정근, 〈人物性同異論爭의 요인〉, 《韓國思想史學》 18, 韓國思想史學會, 2002.

사이에 문화적 차이가 있음에도 인과 물의 동질성을 인정한다는 차이점이 드러나기 때문이다.

17~18세기 성리학의 기본 과제로 등장한 인물성동이론은 성품에서 도덕성의 불변적 근원을 확인하고자 하는 인성론적(人性論的) 관심에서 출발한 것이었다.[45] 이전에 없던 사상논쟁이라고 할 인물성동이론은 중용천명지성장구(中庸天命之性章句)의 주자주(朱子註)와 맹자생지위성장(孟子生之謂性章)의 주자주가 각각 인성(人性)과 물성(物性)을 일치시키기도 하고 분리시키기도 하는 모순에 주목하여 인성과 물성에 관한 논쟁으로 이어진 것으로, 이간(李柬, 1677~1727)의 '인물성구동론(人物性具同論)'과 한원진(韓元震, 1682~1751)의 '인물성상이론(人物性相異論)'으로 각각 대표된다.

한원진과 이간의 논쟁에서 촉발된 인물성동이 논쟁은 곧 본연지성(本然之性)과 기질지성(氣質之性)의 어느 한쪽을 성(性) 개념으로 각각 선택하는 개념 논쟁이었다.[46] 즉, 동론이 성동이기이(性同而氣異)라는 논리에서 인과 물의 근본적 차별성을 부정하고 마음의 본체는

---

45) 인물성동이론은 여러 가지 의미로 이해되고 있다. 보편과 개체의 관계에 관한 논란으로 파악해 한국 성리학의 보편논쟁이라고 규정하기도 하고(배종호, 《韓國儒學史》, 연세대학교 출판부, 1974), 낙론은 본성의 절대화를 기하려 하고 호론은 인성을 동물성으로부터 분별·보호하려 한다는 관점에서 양쪽 모두 본성 존중의 의도로 人本 내지 人尊의 발로임을 지적하기도 한다(윤사순, 〈韓國性理學의 展開와 그 特性〉, 《韓國의 思想》, 열음사, 1982). 이 밖에 낙론은 주리론으로, 호론은 주기론으로 파악하기도 한다(李丙燾, 《韓國儒學史》, 아세아문화사, 1987). 한편, 호론이 실학사상과 상당히 밀접한 관련이 있다고 파악한 연구도 있다(李楠永, 〈理氣四七論辯과 人物性同異論〉, 《韓國의 思想》, 열음사, 1982).

46) 인물성동이 논쟁의 쟁점에 대해서는 黃胤錫, 《頤齋續稿》卷4, 39쪽, 〈著湖洛二學始末記〉와 《是非叢林》〈湖洛心性論〉 그리고 권오영의 앞의 글(1998)과 홍정근의 앞의 글(2002)을 참조하기 바란다.

원래 선한 것이라고 주장하는 반면, 이론은 이동이성이(理同而性異)
라는 논리에서 인성과 물성이 근본적으로 다르고 마음의 본체에 선
과 악이 모두 존재한다고 주장한다. 요컨대, 동론이 마음을 이(理)·기
(氣)의 결합으로 보면서 이 쪽에 비중을 둔다면, 이론은 마음을 기라
고 여기는 이기론(理氣論)의 견해를 취한다고 볼 수 있다.[47]

일찍이 이병도는 두 학설 사이의 차이를 다음과 같이 규정했다. 한
원진은 태극(太極)과 천명(天命)을 오상(五常), 즉 오륜(五倫)과 나누
어 구별하고, 태극과 천명은 제한이 없고 시종도 없는 보편타당한 본
체(本體)의 개념이므로 형기(形器)를 초월하는 것으로 보았다. 그리
고 오상은 단지 본체가 사람의 형기 가운데 내재하여 속성이 된 것이
므로 기질을 따른다고 본 것이다. 한마디로, 인과 물의 형기가 서로
다르고 그에 따른 성도 각각 다르므로 물은 사람의 본성인 오상을 전
부 갖출 수가 없다는 것이다. 한원진은 이와 같은 논리를 인과 물의
성이 각기 다르다는 증거로 삼았으나, 이간은 태극과 천명·오상은 동
실이명(同實異名)일 뿐 형기를 초월한 본체라고 보았다. 그 본체로서
사람에 있으면 인성, 물에 있으면 물성이 되는 것이다. 인과 물은 각
기 오상의 성을 가지며, 다만 기질의 차이를 따라서 사람은 순수한
오상을, 물은 순수하지 못한 오상을 가질 뿐이라는 것이 이간의 주장
이었다.[48]

여기서 인성과 물성을 구별하는 이론(異論)의 관점은 화(華)와 이
(夷)가 다르다는 주장으로 확대 해석될 수도 있으므로, 당시의 사회

---

47) 이애희, 〈조선 후기 인성과 물성에 대한 논쟁의 연구〉, 고려대학교 대학원
     박사학위논문, 1990, 160~165쪽.
48) 이병도, 《韓國儒學史》, 아세아문화사, 1987, 386~387쪽.

이념인 화이론에 바탕을 둔 북벌론과 이념적으로 그 맥락이 일치한
다고 할 수 있다. 반면에 동론은 중화(명)와 이적(夷狄, 청) 사이의 문
화적 차이를 인정하면서도 인간의 본성을 이의 보편성이라는 견지에
서 이해하는 까닭에, 청조(淸朝)나 서양 문화를 긍정적으로 수용하고
자 하는 태도를 취하는 데 유리했다. 이러한 태도의 차이가 동론계(同
論系)에서 북학파가 형성될 수 있는 여건으로 작용했을 것이며, 따라
서 동론(同論)이 기존 화이론의 수정과 북학론의 사상적 기조로 작용
했던 것으로 보인다.

일찍이 유봉학은 이와 같은 인물성동론과 북학파 사이의 연계성에
대해 주목했다. 유봉학은 북학파인 홍대용과 박지원(朴趾源)이 인물
성동론을 기초로 '인물균(人物均)'의 논리를 이끌어내고, 여기서 다시
이용(利用) 대상물로서 물이라는 물론(物論)으로까지 나아감으로써
획기적인 사고의 전환을 이루었다고 했다.[49] 이와 같은 유봉학의 주장
에 대해 홍대용이 기존의 동론과는 다른 사상체계를 지녔다는 점이
지적되면서 반론이 제기되었다. 조동일은 "낙론에서 인물성이 같다
는 것과 홍대용과 박지원이 그렇게 말하는 것은 겉보기로는 상통해
도 논거가 다르므로 사상의 극복 과정이 밝혀져야 한다"[50]고 하여 인
물성동론과 북학파의 연계성에 대해 일단 유보하는 견해를 취했다.
허남진·김용헌·김문용·이상익 등 철학 진영에서는 유봉학의 낙론과
북학사상 사이의 연계성을 비판하고 북학사상을 낙론과 사상적으로
연결시킬 필요가 없다고까지 주장했다.[51] 특히 허남진은 "낙학의 중

---

49) 유봉학, 〈北學思想의 형성과 그 성격 — 湛軒 홍대용과 燕巖 박지원을 중심으
   로〉, 《한국사론》 8, 서울대학교 국사학과, 1982 ; 《燕巖一派 北學思想 研究》,
   일지사, 1995.
50) 조동일, 《문학사와 철학사의 관련양상》, 한샘, 1992.

심 계보에 속하면서도 성리학의 세계관 자체에서 벗어나는 홍대용 철학의 모순된 두 양상은 당시 성리학의 내적 발전이라는 계기만으로 설명하기 어렵다. 홍대용이 새로운 사상을 전개하게 된 것은 당시 수용되기 시작한 새로운 학문, 즉 중국을 통해 들어온 천문학을 비롯한 서양 과학의 영향을 받아 새로운 세계관을 지니게 되었고 그 새로운 세계관을 기존의 인물성론과 결합시킨 결과가 아닐까"[52]라며 유봉학의 견해에 일단 제동을 걸었다.

허남진의 견해는 김용헌과 이상익의 연구에도 영향을 주었다. 김용헌은 "유봉학의 연구는 영남 남인들의 인물성동론을 고려하지 않았을 뿐만 아니라 낙하의 동론자들만 하더라도 북학을 옹호하지 않은, 즉 정통 주자학을 옹호했던 학자들이 많았다는 점을 설명해주지 못한다. 오히려 서양 과학의 유입에 따른 자연에 대한 과학적 탐구의 필요성이 자연을 포함한 존재에 대한 새로운 이해를 가져왔고, 그 결과 낙론의 인물성동론과는 다른 홍대용의 인물성동론이 나왔다고 보는 것이 더 설득력이 있을 것이다. 다시 말해 홍대용은 서양 과학의 수용 내지는 실학적 학문관을 정당화하기 위해 낙론의 인물성동론을 끌어들여 자기 식으로 개조했다고 이해해야 한다"고 했다.[53] 허남진

---

51) 허남진, 〈朝鮮後期 氣哲學 硏究〉, 서울대학교 박사학위논문, 1994 ; 김용헌, 〈서양과학에 대한 洪大容의 이해와 그 철학적 기반〉, 《철학》 43, 한국철학회, 1995 봄 ; 김문용, 〈홍대용의 실학적 학문관과 그 탈성리학적 성격〉, 《실학사상과 근대성》, 예문서원, 1998 ; 이상익, 《서구의 충격과 근대 한국사상》, 한울, 1997.

52) 허남진, 〈朝鮮後期 氣哲學 硏究〉, 서울대학교 대학원 박사학위논문, 1994, 59쪽.

53) 김용헌, 〈서양과학에 대한 洪大容의 이해와 그 철학적 기반〉, 《철학》 43, 한국철학회, 1995 봄, 33쪽.

과 김용헌은 북학론의 기본적인 계기를 인물성동론에서 찾기보다는 연행(燕行)을 통해 외국의 선진 문물을 접할 기회가 많았던 낙하(洛下, 지금의 서울 지역)의 상황적 요인에서 찾아야 한다고 보았다.

인물성동이론에 관한 논의들을 토대로 조선 후기 서양 과학의 수용과 인물성동론의 관련성을 검토해보면, 인물성동론이 북학론의 사상적 밑바탕이 되었음은 의심의 여지가 없다고 본다. 다만, 홍대용이나 박지원 같은 인물들은 직접 청으로 가서 서양과 청의 문물을 목격했다는 점이 북학을 주장하는 데 계기가 되었을 것이다. 이들은 기존의 인물성동론에서 한 걸음 더 나아가 서양 우주관의 영향으로 새로운 자연관을 피력한 인물들이었다. 홍대용의 물론적 사고를 보여주는 《의산문답(毉山問答)》의 다음과 같은 내용을 검토해보면, 이러한 점이 잘 드러난다.

　(실옹이 말하기를)…… 오륜(五倫)과 오사(五事)는 사람의 예의(禮義)이고, 떼를 지어 다니면서 서로 불러 먹이는 것은 금수의 예의이며, 떨기로 나서 무성한 것은 초목의 예의이다. 사람으로서 물을 보면 사람이 귀하고 물이 천하지만, 물로서 사람을 보면 물이 귀하고 사람이 천하다. 그러나 하늘의 처지에서 보면, 사람이나 물이나 마찬가지이다.[54]

홍대용은 인물성동론을 바탕으로 인물균의 논리를 끌어내고, 여기서 다시 이용 대상물로서 물이라는 새로운 물론으로까지 나아감으로써 획기적인 사고의 전환을 보여주고 있다.[55] 그러나 문제는 홍대용의

---

54) "五倫五事 人之禮義也 群行呴哺 禽獸之禮義也 叢苞條暢 草木之禮義也 以人視物 人貴而物賤 以物視人 物貴而人賤 自天而視之 人與物均也"(《湛軒書》內集 卷4, 《毉山問答》).

물론이 인물성동론에서 출발했지만, 인물균의 사상은 인물성동론의
논리적 전개 속에서 탄생한 것으로만 볼 수는 없다는 점이다.[56] 홍대
용의 인물균 사상은 인물성동론 외에도 조선 후기 서양 과학의 영향
속에서 파악해볼 필요가 있다.[57] 이와 관련해 다음 내용을 한번 보도
록 하자.

　(실옹이 말하기를)…… 대체로 군신간의 의리는 벌에게서, 병진(兵
陣)의 법은 개미에게서, 예절의 제도는 박쥐에게서, 그물 치는 법은 거
미에게서 각각 취해 온 것이다. 그런 까닭에 '성인(聖人)도 만물(萬物)
을 스승으로 삼는다'고 했다. 그런데 지금 너는 어째서 하늘의 처지에서
물을 보지 않고 오히려 사람의 처지에서 물을 보느냐?[58]

위의 인용문은 홍대용의 《의산문답》에 나오는 실옹의 말이다. 여

---

55) 유봉학, 《燕巖一派 北學思想 研究》, 일지사, 1995, 96쪽.

56) 유봉학은 담헌과 연암의 인물균과 人物莫辨의 논리는 인물성동론의 논리적
　　전개로서 성립했으며, 이를 전제로 인물성동론이 북학사상의 사상적 바탕으
　　로 작용했다고 주장했다(유봉학, 같은 책, 96쪽). 그러나 유봉학의 이와 같은
　　논리는 조선 후기 서양 과학의 영향을 너무 간과한 것이 아닌가 싶다.

57) 홍대용과 인물성동론 그리고 서양 과학의 관련 문제에 대해 허남진은 홍대
　　용의 집안이 대대로 관상감 출신이 많았다는 점과 김원행 문하에서 관심을
　　가지기 시작했던 상수학이 전통적인 성리학의 상수학에 서양 천문학이 가미
　　된 것임을 지적하면서, 우주의 법칙에 대한 홍대용의 이러한 관심 때문에 그
　　의 사상체계는 기 위주로 정립되고, 법칙(理)의 부분에서는 인과 물이 동일
　　하게 적용된다는 인물균의 관점을 취하게 되지 않았을까 추측했다(허남진,
　　앞의 글, 70~71쪽). 그런데 허남진의 연구는 홍대용에게 미친 서양 천문학의
　　영향을 통해 접근한 것이 아니라, 조선 후기 서양 과학의 전래 정황을 통해
　　추측한 것이어서 논거가 빈약하다.

58) "…… 君臣之儀 蓋取諸蜂 兵陣之法 蓋取諸蟻 禮節之制 蓋取諸拱鼠 網罟之
　　設 蓋取諸蜘蛛 故曰 聖人師萬物 今爾曷不以天視物 而猶人視物也"(《湛軒書》
　　內集 卷4,《毉山問答》).

기서 실옹이 "성인도 만물을 스승으로 삼는다"고 말한 것은 물성의
이용(利用) 가능성을 제시함으로써 이용 대상으로서 물을 설정하고,
따라서 물성의 연구 필요성을 제기한 것이라 할 수 있다.[59] 그러나
"하늘이 보면 사람이나 물은 마찬가지이다"와 "하늘의 처지에서 물
을 보지 않고 오히려 사람의 처지에서 물을 보느냐"는 실옹의 말은
인물성동론보다는 그의 새로운 우주관 속에서 나온 것이라고 해석할
수 있을 것이다. 하늘의 처지에서 물과 인간을 본다는 것은 인간중심
주의적인 사고의 탈피를 의미한다. '하늘'의 처지를 강조하는 홍대용
의 '탈인간'·'탈지구'적 사고는 지구가 우주의 중심이 아니라는 그의
우주관에서 비롯된 사상이라고 판단된다. 이런 해석이 허용된다면,
홍대용의 인물균 사상은 인물성동론의 사상적 발전에서 나왔다기보
다 인물성동론과 서양 천문학의 접목 속에서 탄생한 것이라고 보아
야 할 것이다.

　홍대용이《의산문답》에서 인물균의 논리 뒤에 바로 지원설과 탈지
구중심설의 우주관을 피력한 것은 매우 의미심장하다. 홍대용의 인물
균 사상은 서양 천문학에서 영향받아 탄생한 새로운 우주관을 설명
하기 위해 도출해낸 것이다. 인물균의 논리는 인과 물이 같다는 논리
로만 그치는 것이 아니라, 중국과 지구 중심주의에서 탈피해야 한다는
논리를 세우기 위해 제시된 것으로 보는 것이 타당하다. "지구가 해
와 달의 중심은 되지만 오위(五緯)의 중심은 될 수 없고, 해가 오위의
중심은 되나 여러 성계의 중심은 될 수 없다. 해도 중심이 될 수 없는
데 하물며 지구에서랴?"[60] 하는 그의 논변은 서양 우주관을 바탕으로

　59) 유봉학,《燕巖一派 北學思想 硏究》, 일지사, 1995, 96쪽.

　60) "推是以地爲兩曜之中 而不得爲五緯之中 日爲五緯之中 而不得爲衆星之正中

지구와 중국 중심주의라는 고정 관념에서 전환할 것을 주장하는 것이며, 그러한 논리 속에서 "사람의 처지에서만 물을 보아서는 안 된다"는 인물균의 사상으로까지 전개된 것이다. 홍대용의 물성에 대한 강조는 인물성동론을 바탕으로 한 것이지만, 인물균 사상은 인물성동론보다는 서양 천문학의 영향 속에서 사상적으로 발전된 것이다.

청에 연행한 북학파 계열은 아니지만, 홍대용과 더불어 같은 시대에 인물성동론 계열로서 서양 천문학을 수용한 대표적인 인물로 황윤석을 꼽을 수 있다. 조선 후기에 서양 천문학을 적극적으로 수용하고자 했던 황윤석에게 인물성동론은 서양 과학을 받아들이는 사상적 배경이 되었음을 확인할 수 있다. 이러한 사실은 황윤석의 저술 대부분이 인물성동이론에 대한 논변과 인물성동론에 대한 동조를 드러낸다는 점에서 알 수 있으며, 서양 과학에 대한 관심과 고증학의 영향을 받은 듯한 실증적인 백과전서식 편저 등의 특징을 통해 그의 북학적인 측면을 찾아볼 수 있다.

천문·지리·언어(言語)·역사(歷史) 등 다방면을 두루 섭렵하여 경학(經學)에만 국한되지 않는 실학자로서 요건을 갖춘 황윤석은 '인물성 모두에 오상이 있다'고 하여 인과 물의 근본적인 차이를 부정하는 인물성동론을 낙론(洛論)의 거두인 김원행(金元行, 1702~1772)의 문하에 들어오기 이전부터 탐구하고 있었다.[61] 어려서부터 시작한 이수

日且不得爲正中 況於地乎"(《湛軒書》內集 卷4, 《毉山問答》).

61) 황윤석의 스승인 김원행은 홍대용의 스승이기도 하다. 김원행은 조선 후기 성리학의 대가인 農巖 金昌協의 양손자로서, 김창협의 제자인 陶庵 李縡의 문인이다. 李縡는 김창협의 문인으로서 左參贊까지 지냈으나, 辛壬士禍에 연루되어 정계를 떠난 인물이다. 그 뒤로 이재는 성리학 연구에 전념하면서 후진 양성에 일생을 바쳤는데, 당시 기호학파에서 크게 일고 있었던 人物性同異論爭 가운데 동론을 주장한 낙론계의 대표적인 학자라고 할 수 있다. 낙론

(理藪)에 대한 연구는 자연스럽게 인성과 물성을 같은 것으로 인식하는 인물성동론에 학문적 바탕이 되었던 것으로 보인다.[62] 그는 인물성동이론에 대해 누구보다도 관심을 기울였으며, 인물성동론에 더 실천적인 의미를 부여했다.[63] 그리고 인물성이론에 대해서는 다음과 같이 신랄하게 반박했다.

사람과 사람의 본성은 같으나 사람과 사물의 본성이 다른 것은 성이 곧 이이고 이는 하나이기 때문이다. 천지본연으로 말하자면 하나의 근본일 따름이다. 사람과 사물을 막론하고 만약 본성이 같지 않다고 한다면 두 개의 본성인 것이다. 그러한 즉 이 말대로 한다면 고인의 이른바 진물지성(盡物之性)이라는 것은 돌아보건대 무엇으로써 해야겠는가. 이 말대로 행한다면 반드시 그 흐름의 폐단이 있는 것이다.[64]

의 대표적 학자 이재의 문인이었던 김원행 또한 楊州에서 정계를 멀리하고 학문에만 전념한 학자로서, 스승인 이재를 따라 인물성동론인 낙론을 지지하며 理氣折衷派의 맥락을 잇고 있었다. 따라서 김창협의 학맥을 잇는 김원행은 心卽理·心卽氣 어느 쪽도 찬동하지 않는 心兼理氣를 내세우고 있다. 또한 心發其體本善으로 파악하고 있는 김원행은 성인과 범인의 기질에 근본적인 차이가 있는 것이 아니므로 누구나 성인이 될 수 있다고 보았다. 김원행의 제자였던 황윤석은 이와 같이 노론계 기호학파의 낙론 그리고 이기절충파와 밀접한 관계를 맺고 있었다(裵宗鎬, 《韓國儒學史》, 153~154쪽).

62) 황윤석이 나이 18세 때 낙론의 거두였던 朴弼周에게 사사받으려고 했던 점으로 미루어, 황윤석은 일찍부터 인물성동론의 영향을 받은 것으로 보인다. 또한 그의 연보를 보면, 황윤석이 나이 21세 때 湖洛學心性說에 관해 논하고 있음을 알 수 있다. 이때는 황윤석이 김원행의 문하에 들어가기 훨씬 전이다 (《頤齋續稿》 卷14, 年譜).

63) 인물성동이론에 대한 황윤석의 관심은 〈記湖洛二學始末〉에 잘 나타나 있다 (《頤齋續稿》 卷7, 〈雜著〉, 記湖洛二學始末).

64) "胤錫曰 雖曰 人與人則本性同 人與物則本性異 而性卽理也 理一而已 自天地 本然者而言之 一本而已 無論人物 若曰 本然不同 則二本也 卽此言之 古人所謂 盡物之性者 顧何以哉 此說之行 必有其流之弊矣"(《頤齋續稿》 卷12, 漫錄 下).

황윤석이 일생에 걸쳐 연구했던 대상이 일(日)·월(月)·성신(星辰) 등 천문이었던 점을 볼 때, 인과 물은 별개의 것이 아닌 동질의 것이었다. 황윤석은 물에 대한 과학적인 이해를 위해 사상적 바탕으로 작용한 낙론계의 인물성동론을 전폭 수용했다.[65] 그는 인물성동론을 지지하는 데만 그친 것이 아니라 더 과학적인 학문 연구, 즉 인물성동론을 사상적 바탕으로 한 '선격만화지원(先格萬化之原)'으로서 물성을 구명하고자 했다. 이것은 곧 자연과학 부문의 탐구로 이어졌으며, 인물성동론의 학문적 견지는 청의 실사구시(實事求是) 학풍과 고증학 그리고 서양 과학을 수용하는 결과를 가져왔다. 특히 황윤석이 서양의 자연과학을 긍정적으로 평가하며 적극적으로 수용하게 된 것은 이러한 사상적 배경과 무관하지 않다.[66]

인물성동론의 영향을 받은 황윤석의 학문적 경향은 과학적이고 실용적이었다. 초기에 그의 학문적 관심은 인물성동론에 있었고, 생애 중반기 이후로는 동론을 바탕으로 천문·역법(曆法)을 비롯해 기하학(幾何學)과 산학(算學) 그리고 지리·역사·국어학(國語學)에 이르기까지 다양한 분야에 몰입하여 많은 논저를 남겼다. 동시대 학자들 가운데 서양의 천문·역법을 누구보다도 잘 이해한 그는 역법 연구의 기초가 되는 《수학문답(數學問答)》·《수리정온(數理精蘊)》·《수리역상(數理曆象)》 등 유럽계의 근대적인 수학서를 참고하기도 했다. 이러한 학문 영역의 확대는 경학 위주의 성리학 연구 범위를 벗어나려는 이 시기 실학자들의 일반적 경향과도 상통하는 것이며, 서양 천문학이

---

65) "是尙可謂終無情而已乎 有情則知覺之理存焉 由是以往 日月星辰出入順逆去留遲疾 風雲雷雨水火之作止動靜昇降顯晦 亦無非知覺之理 不可以其與人相遠而遽以無情勿斷也"(《頤齋續稿》卷12, 漫錄 下).

66) "大抵西洋之人 惟曆算數法等 卓絶千古"(《頤齋續稿》卷11, 〈漫錄〉中).

조선 후기 사상계에 미친 영향이기도 하다.

3. 청대 서양 천문학 수용론의 성립

조선 후기에 서양 천문학이 수용된 데는 앞에서 살펴본 인물성동
론과 같은 사상적인 요인도 작용했지만, 시헌력으로 대표되는 서양
역법의 과학적 정밀성이 가장 큰 요인이었다. 사실 서양 역법, 곧 시
헌력의 정밀성은 서양 천문학을 수용하는 데 결정적인 영향을 미쳤
다. 일례로, 성호(星湖) 이익(李瀷, 1681~1763)은 다음과 같이 서양 역
법의 우수성을 인정했다.

　　지금 실시하는 시헌력은 곧 서양 사람 탕약망(湯若望)이 만든 것인
데, 여기서 역법은 최고에 도달했다. 해와 달의 교차, 일식·월식이 하나
도 틀리지 않는다. 성인이 다시 나오더라도 반드시 이를 따를 것이다.[67]

시헌력의 정밀성은 비단 성호 이익만이 인정한 것은 아니며 조선
후기 시헌력이 사용될 때부터 공인된 것이었으므로, 서양 역법의 우
수성은 곧 서양 천문학에 대한 전반적인 신뢰를 형성하는 데 영향을
주었다. 그런데 역법은 수치(數値)를 바탕으로 한 것이기 때문에 과
학적인 측면에서 쉽게 수긍할 수 있으나, 우주론처럼 증명할 수 없는
부분에 대해서는 받아들이기 어려운 면이 있었다. 여기서 서양의 우
주관을 수용하는 데 일정한 기여를 한 것이 '서양 천문학의 중국기원

---

67) "今行時憲曆 卽西洋人湯若望所造 於是乎曆道至極矣 日月交蝕 未有差謬 聖
人復生 必從之矣"(《星湖僿說》 卷2, 〈天地門〉 曆象).

설(中國起源說)'이다.

서양 천문학의 중국기원설은 17세기 후반 매문정(梅文鼎)으로 대
표되는 청대 학자들이 처음으로 제기했다. 그 가운데 대표적인 것이
지원설(地圓說)과 중천설(重天說)이었다. 매문정은 이 두 가지 설이
이미 《주비산경(周髀算經)》과 같은 중국 고대 서적에 이미 나타나 있
으므로 서양에서 처음 알게 된 것이 아니라고 했다.[68] 매문정은 서양
의 지원설이 《주비산경》의 우주론인 개천설에서 이미 언급된 것이라
고 주장했다.

주비설(周髀說)에 '하늘은 덮어 쓴 삿갓과 같고 땅은 엎어놓은 쟁반
과 같으며 북극 아래는 땅이 높고 네 모서리는 낮다'고 했으니 곧 지금
의 지환(地圜)의 설이다. 남극을 언급하지 않은 것은 보이지 않는 것에
대해서는 뺐기 때문이다. 이미 북극을 한가운데라고 생각하고 또 하늘
이 덮어 쓴 일산[蓋]과 같다고 말한 것 역시 중국의 처지에 따라 말한
것이다.[69]

매문정은 이 밖에도 땅이 둥글다는 설은 본래 유럽이나 서역(西域)
에서 시작된 것이 아니라고 주장하면서, 증자(曾子[曾參], 기원전 505~
436)의 지원설과 《황제내경(皇帝內徑)》에 나오는 기백(岐伯)의 지원

---

68) 매문정의 중국기원설은 조선 후기 서양 천문학의 수용논리로서 서명응·황
   윤석에게도 영향을 끼쳤다. 이와 관련해서는 박권수, 〈서명응(1716~1787)의
   易學的 天文觀〉(서울대학교 석사학위논문, 1996)과 정성희, 〈頤齋 黃胤錫의
   科學思想〉(《淸溪史學》 9, 청계사학회, 1992)을 참고하기 바란다.
69) "梅文鼎曰 周髀之說 以爲天象盖笠 地法覆槃 北極下 地高四隤而下 則今地圜
   之說也 不言南極者 關於所不見也 旣以北極爲中 而又曰 天如倚盖 亦就中國言
   之也"(《增補文獻備考》 卷1, 〈象緯考〉 天地, 17쪽).

설 그리고 소옹(邵雍[邵康節], 1011~1077)과 정자(程子[程顥, 程明道], 1032~1085)의 지원설을 각각 그 근거로 제시했다.

먼저, 매문정은 증자와 그의 제자 단거이(單居離) 사이에 있었던 하늘과 땅의 형체에 관한 다음과 같은 질의 내용을 지원설에 대한 중국 기원설의 근거로 제시했다.

> 대대례(大戴禮)에 단거이(單居離)가 증자에게 묻기를 '하늘은 둥글고 땅은 네모졌다는 말은 참으로 맞는 말입니까?' 하니 증자가 대답하기를 '만약 참으로 하늘은 둥글고 땅은 네모졌다면 (하늘이 땅의) 네 모퉁이를 가릴 수 없을 것이다. 삼(參)이 일찍이 부자(夫子)께 들으니 하늘의 도리는 둥글다 하고 땅의 도리는 모졌다 한다'고 하시더라 했다.[70]

매문정은 "하늘이 둥글고 땅이 네모졌다면 하늘이 땅의 네 모퉁이를 가릴 수 없을 것이다"라는 증자의 말을 지원설의 중국 기원 증거로 제시하며, 중국의 고대 성인들이 전통적으로 믿어왔던 천원지방(天圓地方)에 대해 일찍이 회의를 표명했음을 주장했다. 이 밖에도 매문정은 "땅은 사람 아래에 있고 태허(太虛)의 한가운데 위치하고 있으며 대기(大氣)가 땅을 받쳐들고 있다"[71]는 기백의 말을 인용하며 이를 지원설의 원류로 제시했다. 또한 소옹의 《관물(觀物)》편에 "하늘

---

70) "大戴禮 單居離問於曾子曰 天圓而地方 誠有之乎 曾子曰 如誠天圓而地方 則是四角之不揜也 參嘗聞之夫子曰 天道曰圓 地道曰方"(《曆算全書》 卷1, 〈論地圓可信〉;《欽定四庫全書》 子部 99, 天文算法篇, 臺北 : 商務印書館 ;《大戴禮記》〈曾子天圓〉, 王聘珍 撰, 臺北 : 中華書局, 1983).

71) "內徑則有岐伯之說 內徑皇帝曰 地之爲下否乎 岐伯曰 地爲人之下 太虛之中也 曰憑乎 曰大氣擧之也"(《曆算全書》 卷1, 〈論地圓可信〉;《欽定四庫全書》 子部 99, 天文算法篇).

은 무엇에 의지하는가? 땅에 의지한다. 땅은 어디에 붙어 있는가? 하늘에 붙어 있다. 하늘과 땅은 어디에 의지하고 있는가? 스스로 서로 의지하고 있다"[72]는 내용을 인용하면서 "지원설은 유럽이나 서역에서 시작된 것이 아니다"라고 결론지었다.[73]

매문정은 지원설뿐만 아니라 서양의 중천설 또한 중국에서 기원한 것이라고 했다. 그는 《초사(楚詞)》 〈천문(天文)〉편에 나오는 "하늘은 아홉 겹인데 누가 영탁(營度)하는가?"라는 구절을 중천설의 기원으로 제시했다. 또한 매문정은 칠정(七政)의 고하(高下)를 논하면서 "칠정의 운행(運行)에는 각기 일천(一天)이 있으며 하늘이 운행하므로 일월오성도 그에 따라 운행하는데, 이와 같은 설은 서양에서 비롯된 것이 아니다"라고 했다.[74] 하지만 이러한 논리를 따르자면, 상고시대의 중국 천문학이 어떻게 그 먼 서양으로 전파되었는가 하는 물음이 제기될 수 있다. 이에 대해 매문정은 《사기(史記)》 〈역서(曆書)〉에 나오는 "주인자제(疇人子弟)들이 혼란을 피해 분산했다"는 말에 착안, 중국 천문학이 오래전에 서양으로 전파되었다고 주장했다.[75]

매문정을 중심으로 청대 학자들이 주장한 서양 천문학의 중국기원

---

72) "邵子觀物篇曰 天何依曰依地 地何附曰附天 曰天地何所依附 曰自相依附" (《曆算全書》 卷1, 〈論地圓可信〉;《欽定四庫全書》 子部 99, 天文算法篇).

73) "地圓之說 固不自毆邏西域始也"(《曆算全書》 卷1, 〈論地圓可信〉;《欽定四庫全書》 子部 99, 天文算法篇).

74) "今謂七政 各有一天 何据曰 屈子天問闢則九重 孰營度之 則古有其語矣 七政運行 各一其法 此其說 不始西人也…… 謂日月五星 各麗一天 而有高下 其天動故日月五星動 非七政之自動也"(《曆算全書》 卷1, 〈論七政高下〉;《欽定四庫全書》 子部 99, 天文算法篇).

75) "太史公言 幽厲之時 疇人子弟分散 或在諸夏 或在四裔 蓋避亂咎"(《曆算全書》 卷4, 〈論中土曆法得傳人西國之由〉;《欽定四庫全書》 子部 99, 天文算法篇).

설은 사실을 바탕으로 한 것이 아니라 중화 중심의 사고방식에서 비롯된 것으로서, 고전(古典)에 대한 일종의 견강부회(牽强附會)에 불과했다. 서양 천문학의 중국기원설은 건륭시대 전통 학문의 부흥과도 그 궤를 같이 하는 것으로서, 고문학에 대한 고증학적 연구가 활발해지면서 이러한 학문 경향이 과학 분야에도 영향을 미쳤던 것이다. 청조 제일의 역산가인 매문정은 청조 초기에 유럽의 천문학과 수학이 대량으로 소개되자 이를 연구함과 동시에 전통을 존중하는 견지에서 유럽의 학문을 비판했다. 이 과정에서 유럽의 천문학이 중국 고대에 기원을 두고 있다든가 대수학(代數學)이 금·원 무렵의 천원술(天元術)에서 생겨났다는 등의 이론이 나오게 된 것이다.

이처럼 서양 천문학의 중국기원설은 청대 고증학 아래에서 탄생한 것으로, 중국 고전에 대한 연구는 매문정과 함께 고증학을 확립한 인물로 알려진 대진(戴震, 1723~1777)에 힘입은 바가 컸다. 대진은 고전 자료를 연구하면서 천문학과 수학 그리고 그 밖의 과학기술에 대한 새로운 고전 자료들을 많이 발견했으며, 이러한 학문적 경향은 완원(阮元)이 《주인전(疇人傳)》 46권을 편집하던 가경(嘉慶) 초년 무렵 정점에 달했다.[76]

《주인전》에는 중국 고대부터 청에 이르기까지 과학적 업적을 남긴

---

76) 청의 완원이 편집한 《疇人傳》은 중국 皇帝 이래 완원시대에 이르기까지 과학자 288인이 수록되어 있다. 이 책의 〈疇人解〉를 보면 《사기》의 〈역서〉에 나오는 "疇人子弟分散"이라는 인용으로 시작하는데, 《주인전》이 중국인뿐만 아니라 서양인까지 수록한 것을 보면, 서양 과학자의 탄생도 중국의 疇人들이 서양으로 건너감에 따라 이루어진 것이라는 견해인 듯하다. 한편, 疇人의 疇에는 여러 가지 해석이 있다. 《주인전》에서는 이를 세습의 의미로 파악하고 고전에 나타난 전설시대의 천문학이 家業으로 계승되었다는 설화에 근거해 천문학자를 주인이라 칭했으며, 따라서 책명을 《주인전》이라 지었다고 한다(阮元, 《疇人傳初編》〈疇人傳凡例〉, 臺北 : 世界書局, 1962).

인물들과 명·청 사이에 서양 천문학을 전한 선교사들은 물론, 그들의
한역서학서에 인용된 에우클레이데스·히파르코스·프톨레마이오스 등
서양 과학자들의 전기도 망라되어 있다. 동·서양 과학자를 망라했다
는 점 때문에 《주인전》은 세계과학자들의 전기집(傳記集)이 아닌가
여겨지기도 하지만, 《주인전》을 내놓은 실제 의도는 중국의 전통 과
학자들을 찬양하는 데 있었다. 따라서 전체적인 내용에서는 중국인
천문학자가 전세계로 퍼져나가 그들 덕에 서양 천문학이 시작되었다
는 식의 태도로 일관하고 있다.[77]

4. 중국기원설의 전래

매문정과 《주인전》에서 보다시피, 중화주의에 사로잡힌 청대 학자
들은 서양 천문학이 고대 중국에서 기원한 것이라고 주장했다. 서양
천문학의 중국기원설은 서양 천문학의 전래와 함께 고스란히 조선에
도 영향을 주었다. 성호 이익은 "구중천(九重天)이라는 말은 굴원(屈
原)의 천문(天問)에서 처음 나왔으며, 그것은 일·월과 5성(五星) 그리
고 경성(經星) 이외에 또 한 노선이 있다는 뜻이니, 곧 서양에서 말하
는 종동천(宗動天)이라는 것이다"[78]라고 하여 서양의 중천설과 중국
의 중천설이 비슷함을 지적했다. 이익의 말은 비록 중천설이 중국에
서 비롯되었다고 직접적으로 언급한 것은 아니나, 독창적인 견해는
아니고 매문정의 영향을 받아 구중천을 논한 것으로 보인다. 즉, 지원

---

77) 藪內淸 著, 전상운 옮김, 《중국의 과학문명》, 민음사, 1997, 175~177쪽 ;
　　《疇人傳》 참조.
78) 《星湖僿說》 卷1, 〈天地門〉 九重天, 25쪽.

설을 설명하면서 매문정이 언급한 증자의 지원설을 인용했으며,[79] "상고시대의 개천설은 지원설을 증명하는 우주론으로서 서양인으로 말미암아 비로소 증명되었다"고 언급한 것을 보면, 서양 천문학의 중국기원설에 영향을 받았음이 고스란히 드러난다.[80]

서양 천문학의 중국기원설을 이야기한 것은 이익만이 아니다. 《증보문헌비고(增補文獻備考)》에도 "주비설에 '하늘은 덮어 쓴 삿갓과 같고 땅은 엎어놓은 쟁반과 같으며 북극 아래에는 땅이 높고 네 모서리는 낮다'고 했으니 곧 지금의 지원설이라고 했다"는 매문정의 말이 그대로 인용되어 있다.[81] 이 밖에도 《증보문헌비고》는 매문정의 서양 천문학에 대한 중국기원설을 다음과 같이 그대로 소개해놓았다.

　　매문정이 말하기를…… "소자(邵子)의 관물편에 이르기를 '하늘은 어디에 의지하는가? 땅에 의지한다. 땅은 어디에 의지하는가? 하늘에 의지한다. 하늘과 땅은 어디에 의지하는가? 스스로 서로 의지한다' 했으며 기백이 이르기를 '땅은 사람 아래에 있고 태허 가운데 있다' 했으니 땅은 둥글다는 설은 본래 유럽이나 서역에서 시작되지 않았다"고 했다.[82]

이익 외에 서양 천문학의 중국기원설을 받아들인 대표적인 인물로는 18세기 유학자인 보만재(保晩齋) 서명응(徐命膺, 1716~1787)을 들

---

79) 《星湖僿說》卷2,〈天地門〉天圓地方, 69쪽.

80) 《星湖僿說》卷2,〈天地門〉渾蓋, 48쪽.

81) "梅文鼎曰 周髀之說 以爲天象盖笠 地法覆槃 北極下地高 四隤而下則 今地圜之說也 不言南極者 闕於所不見也 旣以北極爲中 而又曰 天如倚盖 亦就中國言之也"(《增補文獻備考》〈象緯考〉天地, 17쪽).

82) "梅文鼎曰…… 邵子觀物篇曰 天何依 曰依地 地何附 曰附天 曰天地何所依附 曰自相依附 岐伯曰 地爲人之下 太虛之中 地圓之說 故不自歐羅西域始也"(《增補文獻備考》〈象緯考〉天地, 16쪽).

수 있다. 서명응은 천문에 관한 책인 《비례준(髀禮準)》을 지었는데,
'비례준'이란 '주비산경과 주례(周禮)의 법(法)'이라는 뜻으로 하늘의
상(象)과 수(數)를 가지런히 한다는 의미를 담고 있다. 따라서 서명응
의 《비례준》 저술은 《주비산경》과 《주례》가 서양 천문학의 기원이
되었다는 청대 고증학자들의 태도와 일맥상통하는 것이다. 《주비산
경》과 《주례》가 청대 고증학자들로 말미암아 새롭게 조명되어 《사
고전서(四庫全書)》에 수록된 사실을 볼 때, 청대 고증학의 영향 아래
《비례준》을 저술한 것으로 보인다.[83]

중국 상고시대의 천문학이 지금까지 계승되지 않고 사라진 이유에
대해 서명응은 매문정과 비슷한 논리를 폈다. 서명응은 주장하기를,
"상고시대에 복희(伏羲)가 만든 천문학적 지식들이 주나라 때 《주비
산경》과 《주례》에 담겨 세상에 널리 퍼졌는데, 주나라가 망하자 중
원에 전란이 발생할 것을 미리 안 수많은 과학자, 즉 주인(疇人)들이
외국으로 피신했으며, 게다가 진(秦)에 이르러 분서설금(焚書說禁)으
로 말미암아 이 두 책들이 사라져버렸다. 한나라 중엽에 이르러 민간
에 감추어져 있던 두 책이 세상에 다시 나타나 《주례》는 주공(周公)
이 지은 책으로 인정받았지만, 《주비산경》은 주공의 책으로 인정받
지 못했다. 그런데 천여 년이 지난 명말에 이르러 중국에 유입된 서양
의 천문학이 일월 교식을 조금의 오류도 없이 예측하는 것을 보면,
이는 분명 주나라 말기에 외국으로 피신했던 주인들의 법이 틀림없
다"고 했다.[84]

---

83) 박권수, 〈徐命膺의 易學的 天文觀〉, 서울대학교 대학원 석사학위논문, 1996,
    56쪽.
84) "周衰疇人知中原將亂 多逃之外國浸浸 至秦焚書說禁 則二書皆隱於民間……
    及漢中葉 二書復出 然於周禮 則以爲周公之書 以列之六經有疏有注 乃若周

　서양 천문학에 대한 서명응의 관점은 앞서 살펴본 청대 고증학자들의 태도와 매우 비슷하다. 더욱이 서명응은 청대 고증학자들이 제기한 기원설에 만족하지 않고 한 걸음 더 나아가 자신의 역학적 천문관을 통해 서양 천문학의 중국기원설을 더욱 정교화했다.[85] 서명응은 청대 고증학자들이 언급한 서양 천문학의 중국기원설을 자신의 역학(易學) 연구에 적용해 더욱 구체적으로 논증한 인물로 평가된다.[86]

　서명응 외에도 서양 천문학의 중국기원설을 언급한 인물로 황윤석을 들 수 있다. 황윤석은 지원설의 기원이 증자와 소옹에게 비롯되었다는 매문정의 말을 그대로 인용하면서 이를 지원설의 근거로 제시했다.[87] 황윤석은 서명응처럼 자신의 역학적 지식을 동원해 서양 천문학의 중국기원설을 주장한 것은 아니지만, 서양 천문학에 대해 전폭적인 수용 자세를 보였다. 그것은 황윤석이 역학자(易學者)가 아닌 역학자(曆學者)였기 때문일 것이다. 황윤석도 전통적인 상수학(象數學)을 연구하기는 했으나 서양 천문학의 세례를 받은 이후로는 서양 역

　髀…… 世不復知周髀爲周公之書者 盖千有餘年矣 逮至明末 句股數法 自西國流入中國 推測躔度錯錯相符 以至日月交食無所差謬 其法一以周髀爲主…… 是必疇人挾周髀之西國傳其法術 無疑也"(《髀禮準》卷首 1～2쪽 〈髀禮準序〉) ; 박권수, 〈徐命膺의 易學的 天文觀〉, 서울대학교 대학원 석사학위논문, 1996, 52～53쪽.

85) 서명응의 역학적 천문관에 대해 박권수는, 서명응은 천문·역법의 성인유래설을 그의 저서《선천사연》·《비례준》·《선구제》에서 시종 강조하고 있으며, 유학의 여러 경전에 담겨 있는 천문학 관계 내용을 복희의 이름을 끌어들여 서양 천문학의 중국원류설 주장에 동원했다고 했다(박권수, 앞의 글, 56쪽).

86) 서명응의 역학적 천문관은 그의 저작인《先天四演》에 잘 나타나 있다. 서명응의《선천사연》은 孟天述이《역리의 새로운 해석》(화영문화사, 1987)이라는 이름으로 역주본을 낸 것이 있어 쉽게 그 내용에 접근할 수 있다.

87) "曾子曰 天圓而地方 誠有之乎 曾子曰 如誠天圓而地方 則四角之不揜也…… 邵子觀物篇曰 天何依曰依地 地何附曰附天 曰天地何所依附 曰自相依附 岐伯曰 地爲人之下 太虛之中 地圓之說 故不自歐羅西域始也"(《資知錄》〈天地〉).

법 연구에 몰입했고, 매문정이 주장한 서양 천문학의 중국기원설을 접한 뒤로는 아무런 의구심 없이 서양 천문학을 적극 수용했다.[88]

청대 학자들이 제시한 서양 천문학의 중국기원설은 조선의 유학자들이 서양 천문학을 받아들이는 데 수용 논리로 사용되었다. 특히, 병자호란 이후 청에 대한 반감에 드높았던 시기에 서양 천문학의 중국기원설은 서양 천문학을 자연스럽게 수용할 수 있는 사상적 바탕으로 작용했다. 예컨대, 《증보문헌비고》의 〈상위고〉가 서양의 지원설과 중천설을 소개하면서 매문정이 주장한 서양 천문학의 중국기원설을 장문에 걸쳐 인용한 것은 서양 천문학에 민감했던 당시의 정치적 분위기 때문이었다고 판단된다.[89]

---

88) 정성희, 〈頤齋 黃胤錫의 科學思想〉, 《淸溪史學》 9, 청계사학회, 1992, 172~186쪽.

89) 《증보문헌비고》 〈상위고〉의 天地에는 《曆算全書》에 있는 매문정의 천문·역법에 관한 논지가 상당 부분에 걸쳐 실려 있다.

제2장 우주관의 대전환

1. 서양 우주관의 수용과 영향

(1) 여러겹의 하늘, 중천설의 전래

조선 후기 서양 천문학의 전래에 따른 우주관의 변화 가운데 대표
적인 것은 12중천설(十二重天說)로 대표되는 중천설이다. 하늘이 여
러 겹으로 싸여 있다는 중천(重天)의 개념은, 비록 차이점은 있지만
동서양에서 모두 오래전부터 존재했다. 서양에서는 일찍이 아리스토
텔레스(Aristotle, 기원전 384~322) 이후부터 행성(行星)들이 지구를 중
심으로 동심원 궤도 위를 움직인다고 생각했으며,[1] 중국의 중천 개념
은 《초사(楚辭)》 천문편(天問篇)에 실려 있는 9천설(九天說)에서부터
비롯되었다고 전해진다. 《초사》에 따르면, 하늘은 중앙의 균천(鈞天)

---

1) Gingerich Owen, *Eye of heaven : Ptolemy, Copernicus, Kepler*, New York : American
   Institute of Physics, 1993, 3~11쪽 ; 朴星來, 《科學史 序說》, 한국외국어대학교
   출판부, 1995, 26~27쪽.

을 중심으로 사방의 호천(皥天)·양천(陽天)·적천(赤天)·주천(朱天)·성천(成天)·유천(幽天)·현천(玄天)·변천(變天) 등 9천으로 구성되어 있다고 한다.[2]

《초사》의 9천설에 등장하는 하늘의 구조는 하늘이 여러 겹으로 싸여 있다는 중천관이라기보다, 원형의 하늘 안에 각각의 9천이 배정된 형태를 띠는 것이었다. 뒷날 주희(朱熹, 1130~1200)는 《초사》의 이러한 구획된 중천관을 새롭게 탈바꿈시켰다. 그는 중천을 "기(氣)가 회전하는 하늘",[3] 즉 9천에 대해 여러 개의 하늘이 아니라 여러 층의 하늘이라고 정의함으로써 더 발전된 중천관을 제시했다.[4]

《초사》나 주희의 9천설에서 보는 것처럼 동양에도 중천관이 있었다고는 하나, 형이상학적 난해함 탓에 보편적으로 이해되지는 않았을 것으로 보인다. 조선시대에도 성리학의 도입과 함께 주희의 우주관을 인식하고는 있었지만, 일반적으로는 여전히 천원지방(天圓地方)의 개천도(蓋天圖)에 그려진 3원28수(三垣二十八宿)와 같이 하나의 천상(天象)에 평면적으로 구획지워진 구조가 알려져 있었다. 가령, 인조년간(仁祖年間)에 조선인으로서는 처음으로 디아즈(陽瑪諾, E. Diaz, 1574~1659)의 《천문략(天文畧)》을 읽었다고 하는 이영후(李榮後)는 "일천(日天) 외에도 따로 여러 성천(星天)이 있다면 12차(次)나 28수는 다

---

2) 《楚辭集注》 卷3, 〈天問〉 王逸注.

3) "九天之際注 "其曰九重 則自地之外 氣之旋轉 益遠益大 益淸盛剛 究陽之數 而至於九 則極淸極剛 而無復有涯矣"(《楚辭集注》 卷3, 〈天問〉).

4) "離騷有九天之說 注家妄解 云有九天 據某觀之 只是九重 蓋天運行有許多重 數 以手劃圖量 自內繞出至外 其數九 裏面重數較軟 至外面則漸硬 想到第九重 只成硬殼相似 那裏轉得又愈緊矣"(《朱子語類》 卷2, 理氣 下). 주희의 우주관에 대해서는 山田慶兒, 김석근 옮김, 《朱子의 自然學》(통나무, 1988)을 참조하기 바란다.

른 성천의 여러 별들과 어떻게 구별될 것인가?" 하는 의문을 가지기
도 했다.[5] 이를 보면, 서양 중천설이 들어오기 이전의 우주관은 중천
이 아닌 평면적 구조를 바탕으로 했음을 알 수 있다. 이렇듯 《초사》
나 주회의 중천관은 조선 후기에 서양의 12중천설이 전래되면서 새
롭게 주목받은 우주관이다.[6]

　서양의 우주관이 전파되기 이전, 동양의 우주관은 일반적으로 천문
도(天文圖)를 통해 이해되었다. 하늘의 구조에 대한 주된 인식은 개천
도에 그려진 3원 28수를 중심으로 평면적으로 구획된 것이었다. 3원 28
수는 육안으로 볼 수 있는 하늘의 별자리를 정한 것으로, 3원은 자미
원(紫微垣)·태미원(太微垣)·천시원(天市垣)을 가리킨다. 3원 28수는 고
대 중국 천문학에서 하늘의 별자리를 구분하던 체계로, 자미원은 북
극이 위치해 있는 구진대성(句陳大星) 등의 별자리를 포함한 중심 부
분을 가리킨다. 북극성을 중심으로 자미원이 위치하고 있다면, 적도
안쪽으로는 태미원과 천시원이 위치하고 있다. 28수는 해와 달 그리
고 여러 행성의 소재를 밝히기 위해 황도(黃道)에 따라 천구(天球)를
스물여덟 개로 구분한 것을 말한다.

　3원 28수에 따라 그린 조선시대의 대표적인 천문도는 '천상열차분
야지도(天象列次分野之圖)'이다(〈그림 1〉). 이 그림에서 볼 수 있는 평

---

5) 安鼎福, 《雜同散異》 〈與西洋國陸掌敎若漢書〉, 亞細亞文化社影印.

6) 조선 후기의 문헌을 보면, 《초사》의 9천설은 서양의 12중천설을 설명하기에
　앞서 동양에서도 중천설이 존재했음을 입증하는 증거로 제시되는 경우가 대
　부분이다. "楚詞天問曰 圜則九重 孰營度之 曆家謂天有十二重 非天實有如許
　重數 蓋言日月星辰 運轉於天 各有所行之道"(《增補文獻備考》 卷1, 〈象緯考〉
　天地, 13쪽) ; "至於九重天之說 中原已先有之屈原楚辭 有東皞天 東南陽天 南
　赤天 西南朱天 西成天 西北幽天 北玄天 東北變天 中央均天 是九天十二天界
　此雖非九重之說 既有九天之名 則已有九重之漸矣"(《五洲衍文長箋散稿》 上
　卷1, 〈十二重天辨證說〉).

면적인 천문도가 하늘에 대한 전통적인 인식이었다.[7] 일(日)·월(月)·
5성(五星), 즉 7정(七政)의 운행 궤도를 기본으로 하는 서양의 12중천
설과 비교할 때, 천상열차분야지도에서는 5성의 운행 궤도와 관련한
것을 볼 수 없다. 다만 일·월의 운행 궤도를 설명한 일수(日宿)와 월
수(月宿)가 언급되어 있다. 이를테면 태양의 운행을 나타내는 일수에
대해 일행(日行)이 제대로 운행되어야 적절한 기후 조건을 만들 수
있다는 식으로 설명되어 있다.[8] 전통적으로 동양 천문학에서는 달의
운행인 월수에 아홉 가지 운행하는 길, 즉 9도(九道)가 있다고 했는
데, 천상열차분야지도 또한 이러한 9도에 따라 월수를 설명하고 있다.
천상열차분야지도에 등장하는 9도론은 예로부터 복잡한 달의 운행
궤도를 설명하는 데 쓰였다. 9도란 황도 안팎의 흑도(黑道)·백도(白
道)·청도(靑道)·적도(赤道) 등을 일컫는 것으로, 달의 행도(行道)가
아홉 가지라는 이 내용은 서양 천문학이 전래되기 전까지 줄곧 신봉
되던 것이었다.[9]

17세기 이후 조선의 우주관에 영향을 끼친 서양의 12중천설은 서양
선교사 디아즈(Diaz)가 1615년에 지은 《천문략》을 통해 본격적으로
소개되었다. 《천문략》은 천동설(天動說)을 중심으로 한 프톨레마이
오스 천체관의 개요를 설명한 책이다. 이 책에는 프톨레마이오스의 천

---

7) 천상열차분야지도에 대해서는 이은성, 〈천상열차분야지도의 분석〉(《세종학
   연구》 1, 1986)을 참조하기 바란다.
8) "…… 日爲太陽之精 衆陽之長 去赤道表裏 各二十四度 遠寒近暑而中和
   陽……"(〈天象列次分野地圖 石刻本〉, 日宿).
9) 조선 후기에 카시니의 타원궤도설이 역법에 사용된 이후, 9도와 관련해서는
   不同心天만 다루어졌고 달의 여러 가지 행도는 모두 태양의 행도와 태양의
   궤도에 따라 변동이 생기는 것으로 바뀌었다(《增補文獻備考》 卷1, 〈象緯考〉
   七政, 18~19쪽).

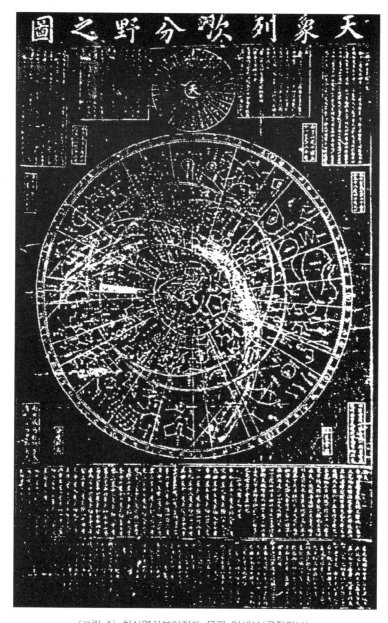

〈그림 1〉 천상열차분야지도 목판 인쇄본(규장각본)

체관을 바탕으로 하는 12중천설 외에 지원설(地圓說)과 태양의 운행
에 따른 계절의 변화, 일식·월식의 원리 등이 소개되어 있다.《천문
략》에 등장하는 프톨레마이오스의 천체관은 바빌론 이후부터 중세기
까지 서구 우주관을 대표한 것으로서, 한마디로 지구 중심의 천동설
체계라고 할 수 있다. 이는 1543년 코페르니쿠스의 지동설(地動說)의
등장으로 무너졌지만,[10] 천동설을 지지했던 가톨릭 교리에 따라 서양
선교사들은 여전히 프톨레마이오스의 우주 체계를 중국에 전파했다.

《천문략》이 조선에 소개된 것은 1631년으로, 연경(燕京)에 사신으
로 간 정두원(鄭斗源)이 예수회 선교사 로드리게스(陸若漢)에게 이 책
을 받으면서부터이다.[11] 이후《천문략》에 실려 있는 12중천설은 우주
관과 관련해 조선 후기 지식인들의 관심을 불러일으키는 데 영향을
미쳤다. 다음 인용문은 조선유학자들에게 충격을 준 12중천설의 내용
이다.

　　가장 높은 곳이 제12중이며 천주상제(天主上帝)·제신(諸神)이 있는
　거룩한 곳으로서, '영정부동(永靜不動)'하고 '광대무비(廣大無比)'한, 즉
　천당이라고 하는 곳이다. 그 안의 제11중이 종동천(宗動天)이고 제10
　과 제9는 그 움직임이 극히 미약해서 겨우 추산할 수 있으며 심히 미묘
　하다. 그 까닭에 먼저 9중천만 논하고 12중천까지는 논하지 않은 것이
　다. 12중천은 그 모양이 모두 둥글며 각기 정하여 있는 제자리를 지키
　고 각 층은 서로 에워싸서 마치 총두(葱頭)처럼 되어 있다. 일월오성
　(日月五星)과 열수(列宿)는 그 안에 있으며 마치 목절(木節)이 목판에

---

10) 이 점에 대해서는 Gingerich Owen의 *Eye of heaven : Ptolemy, Copernicus, Kepler*(New
　　York : American Institute of Physics, 1993)를 참조하기 바란다.
11)《仁祖實錄》卷25, 仁祖 9年 7月 12日(甲申), 34冊, 437쪽.

달려서 일정하게 움직이지 않듯이 각기 본천(本天)의 움직임에 따라 움직인다.[12]

12중천의 구조는 〈그림 2〉에서 보는 것처럼 중심에 움직이지 않는 지구가 위치하며, 가장 바깥쪽의 12겹 하늘은 천주상제가 있는 영정부동천(永靜不動天)이다. 11겹은 무성(無星)의 종동천으로 하루에 한 번 회전하며, 거기서부터 안쪽으로 차례로 남북세차(南北歲差)·동서세차(東西歲差)·3원 28수천·진성천(鎭星天[土星天])·세성천(歲星天[木星天])·형혹천(熒惑天[火星天])·일륜천(日輪天)·태백천(太白天[金星天])·진성천(辰星天[水星天])·월륜천(月輪天) 등이 동심원 형태로 배치되어 있다. 12중천설은 원래 서양의 9천설에다가 다시 영정(永靜)·동서세차·남북세차의 여러 중천을 더한 것인데, 이를 〈그림 2〉의 순서에 따라 배열하면 다음과 같다.

第十二重　　天主上帝□見·天堂諸神聖所居永靜不動
第十一重　　無星宗動天帶轉動下十重一日作一周
第 十 重　　南北歲差
第 九 重　　東西歲差
第 八 重　　五十二相卽三垣二十八宿天
第 七 重　　塡星卽土星天

---

12) "最高者卽第十二重 爲天主上帝諸神聖處 永靜不動廣大無比 卽天堂也 其內第十一重 爲宗動天 其第十 第九動絶微 僅可推算而甚微妙 故先論九重未及十二也 十二重天其形 皆圓 各安本所各層相包 如裹蔥頭 日月五星列宿在其體內 如木節在板一定不移 各因本天之動而動焉"(《文淵閣四庫全書》子部 93, 天文算法類, 〈天文畧〉).

第 六 重　　星卽木星天

第 五 重　　熒惑卽火星天

第 四 重　　日輪天

第 三 重　　太白卽金星天

第 二 重　　辰星卽水星天

第 一 重　　月輪天

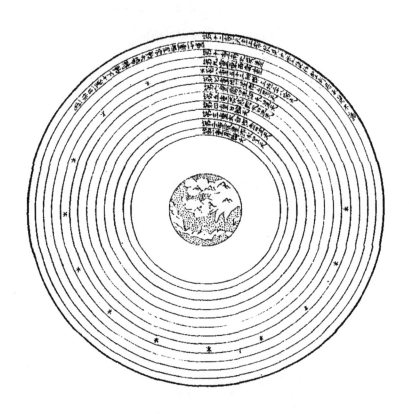

〈그림 2〉 12중천도(《文淵閣四庫全書》子部 93, 天文算法類)

12중천설은 상제(上帝)가 거처하는 영정부동한 하늘을 상정한 다분히 종교적인 천문관이었지만, 앞에서 언급한 것처럼 주희의 9천설에서 보이는 개념, 즉 기의 회전으로서 중천 개념과 거의 흡사하기 때문에 중국뿐만 아니라 조선의 지식인들에게도 설득력 있게 받아들여졌다.[13] 조선시대 학자들이 지원설에 대해서는 다소 회의적이면서 12중천설에 대해서는 그다지 이의가 없었던 것도 바로 이러한 까닭에서였다. 이 우주구조론을 처음으로 접한 조선인들은 '이렇게 신기한 우주관을 중국의 성인(聖人)들은 모르고 있었던가?'라며 신기해 하면서, 성인들의 우주론과 비슷한 점을 찾고자 했다.[14] 그 결과 중천설의 기원을 서양이 아닌《초사》나 주희의 9천설에서 찾음으로써 서양의 우주구조론을 자연스럽게 받아들이게 되었다.[15] 특히 이익(李瀷)은 동양의 천문도가 실제 우주와는 매우 다르다는 한계가 있음을 다음과 같이 지적하기도 했다.

옛날의 천문도는 다만 하늘의 평면도로서 천체 전부의 그림이 아니다. 인간은 대지의 한쪽 구석에 살고 있으니 전체를 다 볼 수 없는 것은 당연하다. 그러므로 아래쪽에 또 한 폭이 있어야 된다는 것을 모르는 사람이 대부분이다. 우리는 이렇게 견문이 좁았다. 천체는 원형인데 그림은 평면으로 나타나기 때문에 평면도는 어쩔 수 없이 중간 부분은 촘촘하고 바깥 부분은 엉성하게 되지만, 실제는 그렇지 않다.[16]

---

13) 이용범, 《중세서양과학의 조선전래》, 동국대출판부, 1988, 205쪽.

14) 《雜同散異》〈與西洋國陸学教若漢書〉.

15) "今畧辨中外 古今十二重天之論 以明此論 原非創自西人也"(《五洲衍文長箋散稿》〈十二重天辨證說〉); "西方所傳 天有十二重 而可知者九重 九重之説 中國已有言者"(《五洲衍文長箋散稿》〈天有十二重九重七重十重辨證說〉).

16) 《星湖僿說》卷2,〈天地門〉方星圖, 33쪽.

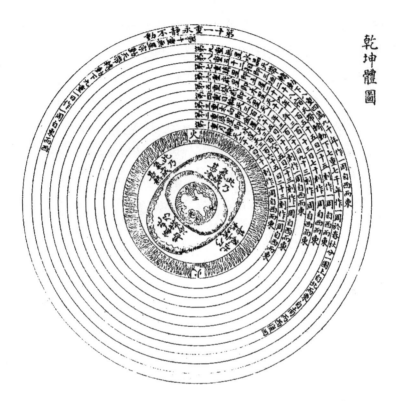

〈그림 3〉 건곤체도(《文淵閣四庫全書》子部 93, 天文算法類)

이는 서양의 방성도(方星圖)를 본 뒤[17] 서양과 중국 성도(星圖) 사이의 차이점을 지적한 내용이다. 이익은 "9중천이라는 말은 굴원(屈原)의 천문(天問)에서 처음 나왔는데, 그것은 해·달과 다섯 별과 경성

---

17) 박성래에 따르면, 〈方星圖〉를 비롯해 《星湖僿說》에 나오는 서양천문도는 모두 같은 천문도일 가능성이 크다고 한다(박성래, 〈星湖僿說 속의 西洋科學〉, 《震檀學報》 59, 1985, 184쪽). 방성도에 대해서는 김일권의 〈신법천문도 方星圖의 자료 발굴과 국내 소장본 비교 고찰－해남 녹우당과 국립민속박물관 및 서울역사박물관 소장본을 대상으로〉(《조선의 과학문화재》, 서울역사박물관, 2004)를 참고하기 바란다.

(經星) 이외에 또 한 노선이 있다는 뜻이니, 곧 서양에서 말하는 종동천이 그것이다"[18]라고 하여 평면적으로 구획된 우주론에서 벗어날 것을 주장했다.

이익의 중천에 대한 막연한 인식은《증보문헌비고(增補文獻備考)》에 이르면 더욱 발전된 형태를 보인다.《증보문헌비고》〈상위고(象緯考)〉를 보면, "일찍이《초사》천문편에 '하늘은 아홉 겹인데 누가 영탁(營度)하는가' 했으며", "역가(曆家)는 하늘에 12중이 있다 하나 하늘이 참으로 이렇게 여러 겹으로 되어 있는 것이 아니고 대개 일·월·성신(星辰)이 하늘에서 운행하는 데 각각 다니는 길이 있다는 것을 말한 것이다"[19]라고 하여, 중천설이 고대 중국에서도 언급된 바가 있다는 견해 위에 일·월·성신의 행도로서 중천설을 설명하고 있다.

12중천설 외에도 서양 선교사가 전파한 중천설로는 11중천설이 있다(〈그림 3〉). 11중천설은 마테오 리치(利瑪竇)가 지은《건곤체의(乾坤體義)》에 나오는 중천설로, 일명 '건곤체도(乾坤體圖)'라고 불린다. 이 11중천설은 앞에서 살펴본 디아즈의 12중천설과는 약간 차이가 있는데, 〈그림 3〉의 내용을 정리하면 다음과 같다.

第十一重　　永靜不動

第 十 重　　無星宗動天帶轉動下九重一日作一周自東而西

第 九 重　　無星水晶天帶轉動下八重四萬九千年作一周自西而東

第 八 重　　五十二相卽三垣二十八宿天帶轉動下七重七千年作一
　　　　　　周於春秋分一　圈上自北而東自南而西復回

---

18)《星湖僿說》卷2,〈天地門〉方星圖, 33쪽.

19)《增補文獻備考》卷1,〈象緯考〉天地, 13쪽.

第 七 重	塡星卽土星二十九年一百五十五日二十五刻作一周自西而東
第 六 重	歲星卽木星天十一年三百一十三日七十刻作一周自西東
第 五 重	熒惑卽火星天一年三百二十一日九十三刻作一周自西而東
第 四 重	日輪天三百六十五日二十三刻作一周自西而東
第 三 重	太白卽金星天三百六十五日二十三刻作一周自西而東
第 二 重	辰星卽水星天三百六十五日二十三刻作一周自西而東
第 一 重	月輪天二十七日三十一刻作一周自西而東

그림에서 보는 것처럼, 11중천설은 12중천설의 12겹에 해당하는 영정부동이 11겹에 위치하고 있다. 또한 11겹의 종동천이 10겹에 있다. 그리고 12중천설에 있는 남북세차와 동서세차는 없으며, 대신 무성의 수정천(水晶天)이 제9겹에 위치하고 있다. 그 밖의 나머지(8겹부터 1겹까지)는 12중천과 똑같은데, 11중천과 12중천의 차이를 표로 나타내면 다음 〈표 1〉과 같다.

《건곤체의》를 쓴 마테오 리치는 11중천 외에 9중천에 대해서도 언급했는데, 이는 지구와 각각의 중천에 있는 별들 사이의 거리 및 크기를 설명하기 위한 것으로 보인다. 마테오 리치는 《건곤체의》에서 "지구는 9중천의 별과 비교해 얼마나 멀고 얼마나 큰가?" 하는 제목 아래, 지구와 9중천 사이의 거리와 그 크기를 비교·설명해놓고 있다. 예를 들어, 제1중은 월천(月天)으로서 지심(地心)으로부터 48만 2,522여 리이며, 제2중은 진성(辰星), 즉 수성천(水星天)으로서 91만 8,750여 리라고 하여, 제1중에서 제9중으로 갈수록 지구와 거리가 멀다고 했

위치	11중천	12중천
제12겹		天主上帝□見·天堂諸神聖所居永靜不動
제11겹	永靜不動	無星宗動天帶轉動下十重一日作一周
제10겹	無星宗動天	南北歲差
제 9겹	無星水晶天	東西歲差
제 8겹	五十二相卽三垣二十八宿天	五十二相卽三垣二十八宿天
제 7겹	塡星卽土星天	塡星卽土星天
제 6겹	歲星卽木星天	星卽木星天
제 5겹	熒惑卽火星天	熒惑卽火星天
제 4겹	日輪天	日輪天
제 3겹	太白卽金星天	太白卽金星天
제 2겹	辰星卽水星天	辰星卽水星天
제 1겹	月輪天	月輪天

〈표 1〉 11중천과 12중천의 비교

다.[20] 또한 8중천에 들어 있는 28수의 별들을 상등성(上等星)에서 6등성까지 구분하고, 상등성은 지구에 견주어 106배가 크며, 2등성은 89배, 3등성은 71배, 4등성은 53배, 5등성은 35배, 6등성은 17배가 크다고 했다. 이 밖에 토성은 지구보다 90배가 크고, 목성은 지구보다 94배가 크며, 화성은 지구의 2분의 1 크기, 태양은 지구의 165배 크기라고 했다. 반면 지구는 금성보다 36배가 크며, 달과 견주어 38배 크다고 했다.[21]

---

20) "地球比九重天之星遠且大幾何…… 地心至第一重 謂月天四十八萬二千五百二十二餘里 至第二重 謂辰星卽水星天 九十一萬八千七百五十餘里 至第三重 謂太白卽金星天 二百四十萬零六百八十一餘里……"(《乾坤體義》卷上, 5~6쪽;《文淵閣四庫全書》子部 93, 天文算法類, 787冊, 758~759쪽).

21)《乾坤體義》卷上 6~7쪽;《文淵閣四庫全書》子部 93, 天文算法類, 787冊, 759쪽.

이상에서 살펴 본 중천설 그리고 지구가 다른 별들에 비해 작다는 지소설(地小說)은 기본적으로 지구가 태양계의 한 부분에 불과하다는 것을 말하고자 한 것이 아닐까 생각된다. 우르시스(熊三拔)가 《표도설(表度說)》에서 "지구는 태양보다 작으며, 태양에서 보면 지구는 하나의 점에 지나지 않는다"[22]라고 설파하면서 "지원설과 지소설이 초기 중국에 급속히 전파되었으나 이 설에 놀란 사람이 자못 많았다"[23]고 지적한 것을 보면, 지원설 못지않게 지소설 또한 중국과 지구중심론에 익숙해 있던 사람들에게는 받아들이기 어려운 우주관이었던 것으로 보인다.

(2) 중천설의 영향

주희의 9천설처럼 동양에도 중층적 우주관이 존재했지만, 사실상 본격적으로 하늘이 중층으로 형성되어 있다고 인식하게 된 것은 가톨릭적 우주관인 서양의 12중천설이 전파되면서부터였다. 실제로 《초사》나 주희의 9천설은 서양의 9천설과 12중천설이 전파되면서 새롭게 주목받기 시작했다. 이재(頤齋) 황윤석(黃胤錫)이 "어린 시절에 유럽의 9천설에 대한 것을 듣고는 너무 황당하여 믿지 않았다"[24]고 고백한 점을 미루어볼 때, 중천과 관련해서는 12중천설을 비롯한 서양의 중천설이 널리 퍼지면서부터 비로소 인식되었던 것으로 보인다.

---

22) "地球小于日輪 從日輪視 地球止於一點"(《表度說》, 3쪽 ; 《文淵閣四庫全書》 子部 93, 天文算法類, 787冊, 810쪽).

23) "地圓地小之說 初入中土 驟聞而駭之者甚衆"(《表度說》 3쪽 ; 《文淵閣四庫全書》 子部 93, 天文算法類, 787冊, 808쪽).

24) "天一也 胡爲有九天之說哉 予自幼聞之 莫識其指意 其荒唐而莫之信也"(《資知錄》 〈九天說符〉).

　12중천에서 가장 밖에 있는 것이 지정부동(至靜不動)이고 다음이 종
동천이니, 남북극의 적도가 여기에서 나누어진다. 다음이 남북세차이고
다음이 동서세차이니, 이 2중천은 그 움직임이 극히 미세하여 역가는
이를 그대로 두고 논하지 않는 것이다.[25]

　이는 《증보문헌비고》〈상위고〉에 나오는 내용으로, 《천문략》에
등장하는 12중천설이 조선 후기에 우주구조론으로서 공식 인정받았
음을 알 수 있다.[26] 나아가 〈상위고〉에는 전통 역법에서 다루지 않은
남북세차 및 동서세차를 다룬 서양 역법의 우수성을 은근히 인정하
고 있다. 그러나 〈상위고〉는 12중천의 천주성처(天主聖處)에 대한 내
용은 언급하지 않음으로써 이 천문관이 지닌 종교적 의미는 비껴가
버렸다.

　그런데 앞서 잠시 언급한 것처럼, 이익도 일찌감치 12중천설을 지
적했다. 이익은 장자(莊子)와 주희의 말을 빌어 12중천설의 합리성을
주장했는데,[27] 서양의 우주관이 당시로서는 극히 신기하기도 했지만,

---

25)《增補文獻備考》卷1,〈象緯考〉天地, 13쪽.

26) 사실 조선 후기 천문학에 관한 한 가장 체계적이고도 공식적인 기록이라 할
수 있는 《증보문헌비고》〈상위고〉는 조선 후기에 전래된 서양의 천문학을
국가적 차원에서 얼마나 이해하고 받아들였는지 보여주고 있다. 〈상위고〉에
보이는 천문역법 내용이야말로 조선 후기의 천문 지식을 살펴볼 수 있는 중
요한 자료이다. 〈상위고〉에 실려 있는 우주론은 기본적으로 서양 천문학의
내용을 대폭 수용한 것이었다. 대표적인 것을 소개하면, 周天道는 원래 1년
의 一行日數의 수치로서 365度餘分이었는데 이것을 360度로 통일했으며, 땅
의 모습에 대해서도 하늘은 둥글고 땅은 네모라는 종래 개천설의 우주관에
서 벗어나 渾圓으로 정했다. 또한 태양·달·5성 등 7정 본천의 높고 낮은 것과
세차, 즉 항성이 東으로 옮겨가는 수치도 舊說의 대부분을 서양의 新說로 대
체했다. 〈상위고〉는 이런 식으로 당시의 서양 천문학을 상당 부분 수용했다
(《增補文獻備考》卷1,〈象緯考〉天地 ;〈象緯考〉, 七政).

27)《星湖僿說》卷1,〈天地門〉天隨地轉, 95쪽.

시헌력과 같은 서양 천문학의 정확성이 실증적으로 확인되었기 때문
·이다. 서양 선교사들이 작성한 시헌력(時憲曆)이 종래의 대통력(大統
曆)보다 훨씬 정확하고 과학적이었음을 알았던 이익은 서양 천문학
의 정확성에 대한 남다른 신뢰를 가지고 있었다.[28] 특히 서양의 12중
천설에서 다룬 남북세차와 동서세차에 대한 이익의 경탄은 이러한
사실을 잘 말해주고 있다.[29] 그동안 남북세차 및 동서세차의 움직임이
극히 미세했던 탓에 이를 제대로 다루지 못했는데, 서양의 천문학은
이를 자세히 다루기 때문에 서양의 12중천설이 더욱 설득력을 지닐
수 있었던 것이다.[30]

　이 밖에도 서양의 천체관인 12중천설이 조선 지식인들에게 설득력
을 가지고 전파될 수 있었던 것은 이미 조선 중기 이후 주희의 우주
론이 이해되고 있었기 때문이다. 조선 중기에 장현광(張顯光)이 이해
한 천체와 우주는 주희의 우주론에 바탕을 둔 것으로, 이 같은 송대의
자연학적 지식은 조선 후기의 서양 천문학 이해에 기본이 되었다. 특
히 장현광은 주희의 기론(氣論)을 더욱 확장·발전시켜 대원기론(大元
氣論)을 주장하는 등, 더욱 심화된 우주관을 제시했다.[31] 따라서 장현
광은 우주를 기의 회전으로 파악한 송대의 우주론을 계승하면서, 곧
이어 들어온 서양의 우주 구조를 이해하는 데 주희와 같은 가교 역할
을 했다고 평가할 수 있을 것이다.[32] 그러나 뒤에서 살펴보겠지만, 18

---

28) 이용범, 앞의 책, 214쪽.

29) 같은 책.

30) 《增補文獻備考》卷1, 〈象緯考〉天地, 13쪽 참조.

31) "夫謂天地之外　又必有大元氣者　蓋以大地之厚重　其能悠久不墮者　以周天大
　　氣旋運不息"(《宇宙說》〈答童問〉).

32) 장현광의 우주론은 단지 주희의 우주론을 계승한 것이 아니라, '軀殼' 등 새
　　로운 개념을 강조한 것이라는 평가도 받고 있다(전용훈,〈朝鮮中期 儒學者의

세기로 접어들면서부터 12중천설 같은 중세적 천체관은 점차 사라지고, 티코 브라헤(Tycho Brahe, 1546~1601)로 대표되는 한층 진전된 천체관이 수용되면서 조선 후기 천문학은 더욱 발전하게 된다. 게다가 서양 선교사들이 인정하지 않았던 지구의 자전(自轉)이 김석문(金錫文)과 같은 뛰어난 자연학자로 말미암아 주장되면서 새로운 조선 후기 우주관이 형성되었다.

2. 천원지방설의 탈피와 지원설의 수용

'하늘[天]은 둥글고[圓] 땅[地]은 네모[方]'라는 이른바 천원지방의 소박한 우주관은 주대(周代) 이래의 천체관을 바탕으로 유교논리와 결부되어 오랜 기간 전통적인 천체관으로서 신봉되었다. 주대 이래의 천체관은 하늘은 북극을 중심으로 회전하고, 태양(太陽)은 계절에 따라 각각 다른 반경으로 원운동을 하며, 하지(夏至)에는 그 반경이 가장 작게 되었다가 이를 전후로 다시 점차 커져 동지(冬至)에는 반원운동의 반경이 가장 커진다는 등의 내용을 담고 있었다.

천원지방론이 눈으로 확인할 수 없는 천지의 형태를 원형과 방형으로 이해하고는 있지만, 사실상 방형이라고 규정한 땅의 형태는 모호하기 그지없었다. 예컨대 장형(張衡)의 저작인 《영헌(靈憲)》에는 "地

天體와 宇宙에 대한 이해 – 旅軒 張顯光의 "易學圖說"과 "宇宙說"〉, 《한국과학사학회지》 제18권 제2호, 1996). 이 밖에 장현광에 대해서는 장회익의 〈조선후기 초 지식계층의 자연관 : 張顯光의 宇宙說을 중심으로〉(《한국문화》 11, 서울대 한국문화연구소, 1990)와 김용헌 등이 쓴 《여헌 장현광의 학문세계 : 우주와 인간》(한국사상연구소, 2004)를 참고하기 바란다.

體於陰 故平以靜"이라고 하여 땅의 형태를 움직이지 않는 평면으로 상정하고 있고, 《진서(晋書)》〈천문지(天文志)〉에는 "渾天儀注云 天如雞子 地如雞中黃"이라고 하여 땅의 형태가 달걀 같은 구형임을 암시하고 있기도 하다. 게다가 방형이라는 것도 굳이 따지자면 꼭 사방만을 의미하는 것은 아니고, 육방이 될 수도 있으며 팔방이 될 수도 있는 것이었다. 이렇듯 땅의 모양에 대해 명확히 암시한 것은 어디에도 없다. 땅의 형체에 대해서는 그 모양이 방형일 것이라는 막연한 인식만이 있었을 뿐이며, 나중에 서양 천문학이 들어오면서부터 구체적으로 논의되었던 것이다.

동양 전통의 인식 속에 자리하고 있던 땅의 형태(방형)가 구형으로 확실하게 변화한 데는 서양 선교사인 마테오 리치의 영향이 가장 컸다. 그는 방형이라는 것은 형체를 말하는 것이 아니라 "덕정(德靜)하여 옮겨다니지 않는 성질을 말하는 것이다"[33]라고 하면서, "땅과 바다는 본래 원형으로 이 둘이 합하여 일구(一球)를 이루며 일구는 천구의 한가운데에 있다"[34]고 주장하여 땅의 구형을 입증하고자 했다. 땅의 구형을 주장하는 지원설은 마테오 리치(利瑪竇)의 저작인 《건곤체의(乾坤體儀)》의 〈천지혼의설(天地渾儀說)〉에 실려 있다. 이 책은 일찍이 이익의 《성호사설(星湖僿說)》에도 소개된 한역서학서로, 천지혼의설과 지구 및 각 중천들 사이의 거리 그리고 태양·지구·달의 크기를 비교·측정한 내용이 담겨 있다. 이 밖에도 우르시스는 《표도설》에서 "무릇 사물에는 본래의 형상이 있는데, 땅의 본래 형상은 둥근

---

33) "方者語其德靜而不移之性 非語其形體也"(《乾坤體儀》〈天地渾儀說〉;《文淵閣四庫全書》子部 93).

34) "地與海本是圓形 而合爲一球 居天球之中"(《乾坤體儀》〈天地渾儀說〉;《文淵閣四庫全書》子部 93).

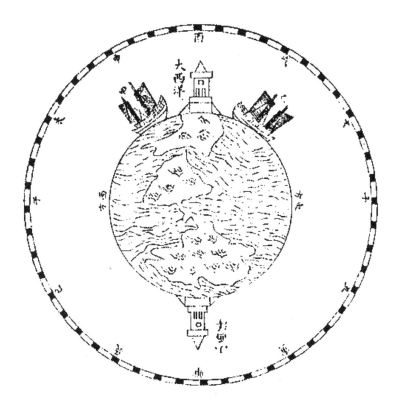

〈그림 4〉《표도설》의 지원도(《文淵閣四庫全書》子部 93, 天文算法類)

것이다"[35]라고 하여 규표(圭表)를 동원해 지원설을 입증하고자 했다
(〈그림 4〉참조).

　12중천설은 주희의 9천설을 바탕으로 이해되고 자전설은 4유설(四
遊說)이라는 종래의 지구 운동설을 바탕으로 이해되었지만, 지원설은
조선 지식인들 사이에서 납득하기 어려운 점이 있었다. 왜냐하면 개

---

35) "凡物有本像焉 地之本像圜體也"(《表度說》, 4쪽 ;《文淵閣四庫全書》子部
　　93, 天文算法類).

천설과 혼천설이 모두 천원지방이라는 기존의 우주 형체론을 바탕으로 했고, 이후 등장한 성리학의 우주론도 땅의 형태가 방형이라는 데 별다른 의문을 갖지 않았기 때문이다. 더욱이 서양의 지원설에서 이해되기 어려웠던 점은 둥근 모습의 지구 아래와 좌우에도 사람이 산다는 사실이었다.

지전설(地轉說)의 수창자(首創者)로 알려진 김석문과 천문학에 조예가 깊었던 동시대의 최석정(崔錫鼎, 1646~1715) 같은 지식인조차도 서양 역법의 정밀함은 인정하나 땅의 구형설만은 "그 설이 엉성하여 바로잡아야 할 것이다"[36]라고 지적할 만큼 이해할 수 없는 것이었다.《오주연문장전산고(五洲衍文長箋散稿)》를 지은 이규경(李圭景, 1788~?) 또한 서양 천문학의 내용 가운데 가장 놀라운 것이 지원설이었다고 고백했다.[37] 이러한 일련의 내용을 통해 지원설에 대한 조선 후기 유학자들의 충격을 엿볼 수 있다.

물론, 지원설에 놀란 이규경과는 달리 김만중(金萬重, 1637~1692)은 땅이 둥글다는 지원설을 다음과 같이 믿어 의심치 않았다.

오직 서양의 지구설은 땅을 하늘에 기준 두어, 지역을 360도로 구획했다. 경도(經度)는 남북극의 높낮이를 살피고, 위도(緯度)는 이를 일식과 월식에 맞추어 그 이치가 확실하고 그 기술이 정확하다. 믿지 않

---

36) "今西士之說 以地球爲主 其言曰 天圓地亦圓 所謂地方者 坤道主靜 其德方云爾 仍以一大圓圈爲體 南北加細彎線 東西爲橫直線 就地球上下四方 分布萬國名目 中國九州 齋近北界亞細亞地面 其說宏濶矯誕"(《明谷集》 卷6,〈與李壽翁書〉, 西洋乾象坤輿一屛總序 ;《標點影印 韓國文集叢刊》, 153).

37) "余於李氏瀷僿說 有地心虛之語 未嘗不嘆其見理者 深而不深究焉 近者獨坐旅館 恒念天地之形 俱圓天如氣毬 地如彈丸 古人比諸鷄卵者思之 又思自不誣矣"(《五洲衍文長箋散稿》 上1, 古典刊行會).

아서도 안 될 뿐 아니라, 믿지 않을 수도 없다. 오늘날 사대부들은 혹 땅이 둥글다면 생물들은 둥근 고리에 붙어 사는 것이라고 의심하지만, 이것은 우물 안 개구리나 여름 벌레와 같은 편견에 지나지 않는다.[38]

《지구고증(地球考證)》을 지은 것으로 알려져 있는 김만중은 기존의 우주관인 개천설과 혼천설이 서양의 지구설로 말미암아 하나로 통일되었다고 전제한 뒤, "고금의 천문을 말한 사람들이 코끼리의 한 부분만을 만진 것이라면, 서양 역법은 비로소 그 전체를 만졌다"고 주장해, 지원설을 바탕으로 하는 시헌력까지도 인정하는 태도를 보였다.

18세기에 지원설은 서양의 이상한 지체론(地體論)이 아니라 인정할 수밖에 없는 땅의 모습이었다. 이규경이 지원설에 대해 놀라움을 드러낸 것은, 지원설을 부정한 때문이 아니라 지원설을 제대로 이해하기 힘들었기 때문이다. 최석정이나 김만중이 살았던 17세기에는 지원설을 찬성하는 사람보다 반대하는 사람이 더 많았을 것이다. 그러나 18세기에 들어 지원설은 인정하지 않을 수 없는 서양천문학의 대표주자가 되었다.

17세기 실학자 가운데 김만중과 더불어 지원설을 매우 잘 이해한 인물이 있었는데, 그가 바로 이익이었다. 이익은 "지구 아래위에 사람이 살고 있다는 말을 서양 사람들로 말미암아 비로소 자세히 알게 되었다"고 하면서 땅의 구형설을 인정했다. 서양 천문학에 대한 이 같은 이익의 이해는 당시 천문학에 조예가 있다고 알려진 김시진(金始振)이나 남극관(南克寬)의 지구설 논쟁에 대한 짧막한 논평에서도 살펴볼 수 있다.

---

38) 홍인표 역주, 《西浦漫筆》, 일지사, 1987, 238쪽.

당시 김시진과 남극관의 지구설 논쟁은 이러했다. 김시진이 지구 아래위에 사람이 살고 있다는 말이 틀리다고 하자, 남극관이 "여기에 계란 한 개가 있는데, 개미가 계란 껍데기에 올라가 두루 돌아다녀도 떨어지지 않으니 사람이 지면에서 사는 것이 이것과 무엇이 다르랴?"라며 김시진을 비판했다. 그런데 이에 대해 이익은 남극관의 설명이 잘못되었다고 지적하고는, "일점(一點)의 지심에는 상하 사방이 모두 안으로 향하고 있어서 큰 지구가 중앙에 달려 있음을 볼 수 있으니 조금도 움직이지 않는 것은 추측해 알 수 있는 것이다"[39]라는 지심론으로 땅의 구형 문제를 해결했다. 비록 소박하기는 하지만, 지구 인력으로 지원설의 난해한 문제를 설명하는 탁월한 식견을 보여주고 있는 것이다.

조선 후기 천문학자이며 유학자인 이재 황윤석(1729~1791)도 이익의 지원설을 이어받아 외암(巍岩) 이간(李柬, 1677~1727)이 지은《천지변설(天地辨說)》의 천지도(天地圖)와 관련해 땅의 형태에 대한 오류를 다음과 같이 비판했다.

하늘은 땅 밖의 큰 원이다. 땅은 하늘 안의 작은 원이다. 원으로써 원을 감싸는 것은 이치와 형세가 서로 마땅한 것이다.…… 서양 역법에 이르기를 땅은 역시 둥글다고 했으니 무엇을 더 말하겠는가? 한(韓)·신(申)의 천지설이 그 하나[天圓]는 제대로 알았으나 다른 하나[地圓]에는 어두웠으니, 땅을 육면의 방정지물(方正之物)로 그린 것은 잘못이다. 이공(이간)이 원 가운데 틈을 남겨두고 네모나게 그렸는데, 이는 그 네모의 귀퉁이만 조금 제거했을 뿐이요, 땅 역시 원형으로 그려야

---

39) "一點地心 上下四旁 都湊向內 觀地毬之大懸在中央 不少移動 可以推測也"
《星湖僿說》卷1,〈天地門〉地毬).

됨을 알지 못한 것이다.[40]

지원설에 대한 황윤석의 한결같은 신념은 곧 지원설이 가지고 있는 과학적 타당성에 대한 신뢰였다.[41] 그는 땅이 둥글다면 지면이 바로 하늘의 중간 허리에 놓이게 되어 춘분(春分)과 추분(秋分)을 이루지 못하지 않느냐는 질문에,[42] 다음과 같은 과학적인 해석으로 지원설의 타당성을 확인해주고 있다.

어찌 그러한 이치가 있겠소? 다만, 그 설에 따르면 지구의 중심이 천심(天心)보다 기울어져 있어 정중(正中)에 있지 아니하므로 춘분과 추분은 황도와 적도의 다름에서 있게 되는 것이오. 적도를 이분하는 것은 절기(節氣)를 공평하게 하는 것으로, 한나라로부터 명나라에 이르기까지 역법의 기강이 되었던 것이오. 황도를 이분하는 것은 절기를 정하는 것으로 지금 사용하는 시헌력의 기강이 되었으며, 이것은 마테오 리치의 유법이오.…… 무릇 적도가 남쪽과 북쪽에 있을 때는 계절이 서로 상반되는데, 북쪽에 있을 때는 바야흐로 하지이며, 남쪽에 있을 때는 바야흐로 동지이니, 동서의 주야(晝夜)가 상반하는 것과 같은 이치일 것이오.[43]

<hr />

40) "天者地外之大圓也 地者天中之小圓也 以圓抱圓 理勢相宜…… 西洋曆法之謂 地亦圓者 詎無以哉 彼韓申二家 得其一而昧其一 因以地爲六面方正之物 誤矣 而李公爲圖 又隙於圓中作方 方稍圭角而已 不知地亦當作圓形"(《頤齋續稿》卷3,〈題巍岩集天地辨六面世界冬夏兩至相配圖〉).

41) "尹監察昌鼎 問未知尙守 利瑪竇地圓之說乎 余笑曰 此非牢執一隅之見也 其說有理似與心契矣"(《頤齋續稿》卷11,〈漫錄中〉).

42) "監察曰 若如其說 則地面正在天腰 而不成春秋分"(《頤齋續稿》卷11,〈漫錄中〉).

43) "余曰其有是理 但據其說 地心偏於天心 不在正中 故春秋分有黃赤二道之殊 赤道二分者 平節氣也 自漢至明 曆法之紀也 黃道二分者 定節氣也 今所用時憲

황윤석의 이러한 설명은 지금의 자연과학에서 말하는 것과 그 원리가 같다. 황도와 적도의 기울기는 23도 27초로, 그 교차점이 춘분과 추분이 되며, 태양이 남쪽으로 내려갈 때는 동지가 되고 다시 북쪽으로 올라올 때는 하지가 된다는 지금의 설명과 견주어 원리상 손색이 없는 것이다.

황윤석이 과학적 측면에서 지원설을 주장한 것만은 아니다. 그에 따르면, "지원설은 종래 병가(兵家)와 풍수가(風水家)에서 말한 것과 다를 바가 없는 것으로, 근세에 들어와 이것이 반대로 바뀌게 된 것"이라고 한다.[44] 이어 "병가오행진법(兵家五行陳法)을 보면 둥근 것은 토(土)이며, 모난 것은 금(金), 휘는 것은 수(水), 곧은 것은 목(木), 예리한 것은 화(火)라고 한다"고 하여, 오행(五行)의 성질을 지원설의 원리와 연결시키기도 했다. 또 《고려사》 열전을 인용하면서, "김위제(金謂磾)라는 사람이 도선비기(道詵秘記)에 따라 한양이 오덕의 땅이며, 이에 중앙은 백악으로 형태는 둥글고 토가 되며, 서쪽은 방형으로 모난 것은 금이라고 했다"는 것이다. 병가 및 풍수가에 모두 방원설(方圓說)이 있었으며, 토를 둥근 것으로 여기는 것은 서양의 지원설과 서로 상통한다는 것이다.[45] 황윤석의 말을 종합하면, 땅을 이루는 것이 흙이므로 땅은 흙의 성질대로 둥글어야 한다는 결론에 이른다. 이와 같은 황윤석의 설명은 다분히 서양천문학의 본류가 중국이라는 인식을 밑바탕에 깔고 있는 것이기는 하지만, 기존의 전통적인 오행 사상을 바탕으로 지원설을 이해하고자 했다는 점에서 흥미롭다.

所紀 而利氏之遺法也…… 夫赤道南北 時今相反 北地時方夏至則南地時方冬至 此與東西之晝夜 相反同理"(《頤齋續稿》 卷11, 〈漫錄中〉).

44) 《이재난고》 卷22, 4冊, 423쪽.

45) 같은 책.

지원설이 가지고 있는 과학적 합리성 외에 황윤석이 서양 천문학의 본류를 동양에서 찾은 것은 중국의 증자(曾子[曾參], 기원전 505～436)나 소옹(邵雍[邵康節], 1011～1077)이 이미 이 사실을 인식하고 있었음을 내세우기 위한 것이었다. 사실 지원설의 중국기원설은 앞 장에서 살펴본 바와 같이 매문정(梅文鼎, 1633～1721)이 이야기한 것이다.[46] 천원지방이 지닌 모순은 일찍감치 증자로 말미암아 지적되기도 했다. 즉, 공자의 제자인 증자가 천원지방의 실상을 묻는 제자 단거이(單居離)의 질문을 받고 "만약 실제로 하늘이 둥글고 땅은 네모나다고 한다면 땅의 네 모퉁이를 가릴 수 없을 것이다"[47]라고 답한 것이다. 이에 따라 "방(方)은 어두움을 뜻하고 원(圓)은 밝음을 뜻하는 것이지, 형체를 뜻하는 것은 아니다"[48]라며 천원지방이 지니고 있는 형체상의 모순점을 해결하고자 하기도 했지만, 서양 천문학의 지원설이 유입되기 전에는 일반적으로 땅의 형체가 방형이라고 믿었다.

조선 후기의 지원설은 천문학에 관심이 있는 일부 학자들 때문에 받아들여진 것만은 아니었다. 《증보문헌비고》〈상위고〉에서는 "지구는 하늘 가운데 있으며 그 모양은 혼원(渾圓)하여 하늘의 도수(度數)와 상응한다"고 하여, 땅이 원형을 이루고 있음을 말하고 있다. 그리고 이에 대한 증거로 매문정의 지원설을 제시했다.

　매문정이 말하기를 "혼천(渾天)의 이치로써 이를 밝혀낸다면 지구의 정원(正圓)은 의심할 바가 없다고 했다. 남으로 200리를 더 가면 남쪽

---

46)《增補文獻備考》卷1,〈象緯考〉天地.

47) "天圓而地方 則是四角之不揜也"(《大戴禮記》〈曾子天圓〉).

48) "參嘗聞之夫子曰 天道曰圓 地道曰方 方曰幽而圓曰明"(《大戴禮記》〈曾子天圓〉).

하늘의 별이 1도 더 많이 보이고 북극이 1도 적어지며, 북으로 200리를 더 가면 북극이 1도 높아지고 남쪽 하늘의 별이 1도 낮게 보인다. 만약 지구가 정원이 아니라면 어찌하여 그렇게 되겠는가? 의심하는 자는 지구가 이미 혼원하다면 사람이 지상에 살면서 평립할 수 없다고 할 것이다.[49]

《증보문헌비고》〈상위고〉는 땅의 구형만은 의심 없는 사실로 인정했는데, 사람이 땅의 구형을 인식하지 못하는 이유를 설명하기 위해 지평경차(地平經差)를 그 예로 들었다. 즉, 지평(地平)에는 경위(經緯)가 있고 사람이 사는 곳에 따라 천정(天頂)이 극(極)이 되는데, 대개 사람이 사는 곳은 같지 않으므로 천정도 달라지고 경위도 바뀐다는 것이다. 때문에 땅은 하늘에 견주어 한 점처럼 작고, 사람은 그 땅 위에 있으므로 눈의 힘이 미치는 극한은 원의 한 쪽 반에 불과하다는 것이다. 그리고 이로 말미암아 땅이 둥글더라도 평평한 물체와 다름없이 보이는데, 이것이 곧 지평이라는 것이다.[50] 지원설에 대한 〈상위고〉의 이 같은 설명은 앞에서 본 이익의 설명보다 과학적으로 더 앞선 것이다.

지금까지 살펴본 지원설은 서양 천문학에 대한 전폭적인 신뢰가 없으면 사실상 받아들이기 힘든 것이었다. 지원설은 세계의 중심이 어느 한곳으로 정해진 것이 아니라는 사실을 깨닫게 해주는 우주관으로서, 이는 곧 세계관의 변화를 의미했다. 예컨대, 홍대용(洪大容)

---

49) "梅文鼎曰 以渾天之理徵之 則地之正圓 無疑也 南行二百里 則南星多見一度 而北極低一度 北行二百里 則北極高一度 而南星少見一度 若地非正圓 何以能 然 所疑者 地旣渾圓 則人居地上 不能平立也"(《增補文獻備考》卷1,〈象緯考〉天地).

50) 《增補文獻備考》卷1,〈象緯考〉天地, 16~17쪽.

이 "이 지구 세계를 태허(太虛)에 비교한다면 미세한 티끌만큼도 안 되며, 저 중국을 지구 세계와 비교한다면 십수 분의 일밖에 되지 않는 다"라며 중국 중심의 세계관을 비판했던 것도 이러한 우주관의 변화와 무관하지 않다.[51] 서양 천문학의 영향으로 전래된 지원설은 고대 우주론 논쟁 이후 방형으로 굳어졌던 땅 모양의 실체를 확인할 수 있게 해주었다. 나아가 땅의 형체에 대한 관심의 환기와 새로운 인식으로 중국 중심의 세계관에서 벗어날 수 있도록 했으며, 조선시대인들이 알지 못했던 서양 각국과 아시아 여러 나라에 대한 지식을 급속히 확장하는 데 적지않은 공헌을 했다.[52]

3. 지전설의 주창과 세계관의 변화

지금까지 서양 천문학의 12중천설과 지원설의 수용 양상을 살펴보았지만, 조선 후기 우주관에서 가장 주목할 만한 것은 지전설의 주창이다. 서양 선교사들이 동양에서 종교상의 이유로 지동설을 이단시하고 천동설을 바탕으로 한 우주 체계를 제시한 사실에 견주자면 상당히 과학적으로 앞선, 매우 중요한 사건이라고 하지 않을 수 없기 때문이다. 코페르니쿠스의 지동설을 실은 중국의 한역서학서(漢譯西學書)로는 1767년에 나온 베노이스트(蔣友仁, Michel Benoist, 1715~1774)의 《지구도설(地球圖說)》를 들 수 있다. 이 책이 지동설을 정설로 실은 최초이자 최후의 한역서학서인 것에 비추어보면,[53] 조선 후기 지전설

---

51) 洪大容, 《湛軒書》〈醫山問答〉.

52) 지구설의 의의에 대해서는 박성래의 〈韓國近世의 西歐科學受容〉(《東方學志》 20, 1978)을 참조하기 바란다.

의 등장은 서양 선교사들이 전파한 서양 천문학을 아무런 비판 없이 그대로 수용한 것만은 아니었다는 사실을 알 수 있다. 뒤에서 살펴보 겠지만, 한역서학서 가운데는 지구의 자전을 설명한 책으로 유명한 《오위역지(五緯曆指)》가 있다. 그러나 《오위역지》는 코페르니쿠스의 지동설을 정설로 인정한 것은 아니었다.[54] 그 밖에 18세기의 최신 역 법서(曆法書)였던 쾨글러(戴進賢)의 《역상고성후편(曆象考成後編)》이 타원궤도설을 바탕으로 태양과 달의 운동을 계산했지만, 채택한 우주 관은 여전히 천동설이었다. 이러한 사실에 비추어볼 때 조선 후기 지 전설의 주창은 조선시대 천문학의 수준을 짐작하게 해주지만, 한편으 로 이는 서양 천문학의 세례를 받지 않고서는 힘든 일이었다.

17세기 우주관을 진일보시킨 지전설은 김석문이 처음으로 주장했 다. 박지원(朴趾源)은 그의 우주관을 '삼대환부공설(三大丸浮空說)'[55] 로 설명하면서 홍대용보다 먼저 지전설을 주장한 인물로 밝히고 있 다.[56] 김석문은 이처럼 조선에서 처음으로 지전설을 주장한 인물이라 는 점도 있지만, 그의 지전설의 논거가 홍대용·황윤석을 비롯한 이후 지전론자들에게 원형이 되었다는 점에서 더욱 중요한 인물이다. '삼 대환부공설'로 일컬어진 김석문의 우주관은 《역학24도해(易學二十四

53) 藪內淸, 〈近世中國に傳へられた西洋天文學〉, 《科學史硏究》 32, 18쪽.

54) 藪內淸, 《中國の天文曆法》, 日本 : 平凡社, 170~171쪽.

55) "浮空三丸者 日地月也 今夫說者曰 星大於日 日大於地 地大於月 信斯言 也"(《熱河日記》 〈鵠汀筆談〉).

56) 김석문에 대해서는 그동안 수수께끼에 싸여 있다가, 小川晴久의 〈地轉說에 서 宇宙無限論으로－金錫文과 洪大容의 世界〉(《東方學志》 21, 1979)와 閔泳 珪의 〈十七世紀 李朝學人의 地動說〉(《東方學志》 23, 1981)이라는 논문으로 그 대략이 밝혀지기 시작했다. 이후 이용범이 〈金錫文의 地轉說과 그 思想的 背景〉(《中世西洋科學의 朝鮮傳來》, 1993)이라는 논문을 발표하면서 김석문 에 대한 내용이 더욱 세밀하게 밝혀졌다.

圖解)》라는 저작에 실려 있다. 여기서 그는 자신의 지전론이 주돈이 (周敦頤)와 장재(張載)의 우주론 그리고 로(羅雅谷)의 《오위역지》를 바탕으로 하고 있음을 밝히고 있다. 즉, 주돈이와 장재 철학의 기본 개념인 태극(太極)·태허와 서양의 티코 브라헤가 밝힌 행성 사이의 배치를 참고해 자신만의 독특한 우주관을 형성한 것이다. 따라서 김 석문의 우주론은 송대 우주론을 바탕으로 당시 소개된 서양 천문학 을 융해시켜 만들어낸 새로운 우주관이라고 할 수 있다. 김석문의 우 주관은 티코의 천체 체계를 바탕으로 했으나, 주희 철학의 형성에 절 대적으로 영향을 미친 주돈이의 사유뿐만 아니라 장재가 처음으로 제시한 '기질(氣質)'과 같은 개념을 그대로 사용함으로써, 그 우주관 이 송대의 유학적 우주관에 뿌리를 두고 있음을 보여주고 있다.[57]

주희에 따르면, 기질이란 음양오행(陰陽五行)을 의미하는 것으로 사물을 만들어내는 에너지원이다.[58] 이 설에 근거해 김석문은 음양수 토(陰陽水土)의 기가 우주 만물을 만들어내는 기운이라고 파악했으며, 만물의 성(性)과 체(體)가 바로 기질의 성과 체인 것으로 보았다.[59] 또 한 태허에서 생성되는 것은 둥근 형체인데, 땅[地]이란 본래 태허 가 운데의 물(物)이므로 그 모양은 원형일 수밖에 없다고 하여,[60] 기질의 본성으로 지원설을 설명했다. 이 밖에도 김석문은 《태극도설(太極圖

---

57) 이용범, 앞의 책, 277쪽.

58) "數只是算氣之節侯 大率只是一箇氣 陰陽播而爲五行 五行中各有陰陽"(《朱 子語類》 卷1, 理氣 上).

59) "夫陰陽水土之氣 是生萬物故也…… 萬物之性 是爲氣質之性也 山本圓歧 而 處下邊則反偏 水本偏歧 而處上邊則反圓 圓偏顚倒 以爲萬物之體 是爲氣質之 體也"(《易學二十四圖解》).

60) "是故生於太虛者 無不形圓…… 地本太虛中之物 其體不淂不圓"(《易學二十 四圖解》).

說)》의 음양 개념으로 지구의 자전을 설명했다. 지구가 빨리 회전함
에도 그 표면에 있는 사람이 정지된 상태라고 느끼는 까닭은 바로 일
동일정(一動一靜)이 서로 한 근원으로서 전도(顚倒)되기 때문이라는
것이다.[61]

　　이러한 원리를 바탕으로 한 김석문의 우주 체계를 정리하면 다음
과 같다. 지구를 중심에 두고 부동천(不動天)인 태극천(太極天)이 가
장 바깥에 위치해 있으며, 그 안의 천체 공간이 태허이다. 이 태허가
약간 움직여서 그 다음 천인 경성천(經星天)을 만들어내는데, 이 경성
천이 태허 가운데 가장 그 회전 속도가 느리다. 경성천은 2만 5,440년
만에 서에서 동으로 태허를 일주한다. 경성천 다음은 진성(鎭星[土
星])인데, 점점 그 회전 속도가 빨라져 29만 년 만에 역시 서에서 동
으로 태허를 일주한다. 그 다음 세성(歲星)은 12년 만에, 형혹(熒惑)
은 2년 만에, 그 다음 일륜(日輪)은 1년 만에 태허를 일주한다. 태백
(太白[金星])과 진성은 항상 일륜과 같이 회전하며, 그 다음인 월륜(月
輪)은 움직임이 더욱 빨라져 1년에 태허를 열두 번 돈다. 마지막으로
제일 아래에 있는 지질(地質)은 그 움직임이 가장 빨라져서, 1년에 태
허를 366회전한다.[62]

　　여기서 김석문의 우주 체계가 앞에서 살펴본 9천설 및 12중천설과
매우 비슷함을 쉽게 발견할 수 있다. 또한 우주 모형은 로의 《오위역
지》에 보이는 티코 브라헤의 것과 동일하다. 그럼에도 김석문의 우주
체계가 의미를 지니는 것은 바로 지구도 1년에 366회전한다는 지전

---

61) "則反以地轉見日　爲天之動而生陽也　何謂一動一靜　互爲其根　是交相顚倒
　　也"(《易學二十四圖解》). 《易學二十四圖解》의 원문은 《東方學志》 23(1981)
　　에 수록된 것을 참조했다.

62) 《易學二十四圖解》.

설 때문이다.

물론 김석문은 9중천의 질지현상(疾遲現象)이 자신의 독창적인 것이 아니라 장재의 《정몽(正蒙)》에 나오는 '기(機)'의 개념에서 이미 밝혀진 것이라고 전거를 밝히고 있다. 그는 다음과 같은 장재의 논리를 가지고 지전론의 방증 자료로 삼았다.[63]

　　무릇 회전하는 사물은 움직임에 반드시 '기(機)'가 있다. 처음부터 기(機)라고 말한 것은 운동은 외부로부터 주어지는 것이 아니기 때문이다.…… 항성이 낮과 밤을 이루는 까닭은 곧 땅의 기(氣)가 기(機)로 말미암아 중앙에서 왼쪽으로 돌기 때문이다. 기로 말미암아 항성이나 은하가 북쪽에서 남쪽으로 회전하고, 해와 달이 하늘에 뜨고 지는 것이다. 태허는 물체가 아니기 때문에, 그것이 땅의 바깥쪽을 움직인다는 증거는 없다.[64]

김석문이 인용한 장재의 지전설은 땅이 기의 가운데 자리 잡고 있으며 7정과 마찬가지로 좌선(左旋)한다는 것을 주요 논지로 하고 있다. 기(機) 개념을 바탕으로 한 땅의 회전설 때문에 장재는 동양 최초의 지전설자로 평가받기도 한다.[65]

---

63) 주돈이의 《태극도설》이 우주의 존재론을 다룬 것이라면, 송학의 우주론에 대해 기초를 세운 것은 장재의 《정몽》이다. 이른바 무형의 우주공간이라고 할 수 있는 태허라는 개념은 장재가 만든 개념이다. 장재는 "太虛無形 氣之本體 氣聚氣散 變化之客形爾"(《正蒙》〈太和篇〉)라고 하여 기로 가득 차 있는 무형의 우주모형을 제시했다.

64) "凡圜轉之物 動必有機 旣謂之機 則動非自外也 古今謂天左旋 此直至粗之論爾 不攷日月出沒恒星昏曉之變 愚謂在天而運者 唯七曜而已 恒星所以爲晝夜者 直以地氣乘機左旋於中 故使恒星河漢回北爲南 日月因天隱見 太虛無體 則無以驗其遷動於外也"(《正蒙》〈參兩篇〉).

65) 山田慶兒, 앞의 책, 62쪽.

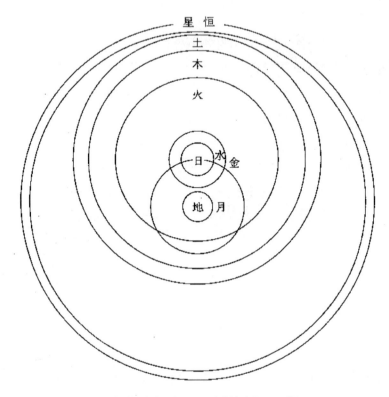

〈그림 5〉 김석문의 우주 체계(《역학24도해》)

김석문은 장재의 탁월한 기 개념을 《오위역지》에 보이는 티코 브
라헤의 천체관에 적용해 새로운 우주 체계를 만들어냈다(〈그림 5〉 참
조). 김석문이 참고한 한역서학서로 눈길을 끄는 《오위역지》는 프톨
레마이오스의 우주 체계가 아닌 이른바 티코 브라헤의 우주관을 바
탕으로 한 천문학서였다.[66] 〈그림 6〉과 〈그림 7〉에서 보는 것처럼,

66) 로(羅雅谷)의 저작인 《오위역지》는 《新法算書》卷36에 수록되어 있다. 《오
위역지》는 기존의 《천문략》에서 보여준 프톨레마이오스의 천문관을 비판하
고 티코 브라헤의 천문관을 소개하는 데 주력한 저술이다.

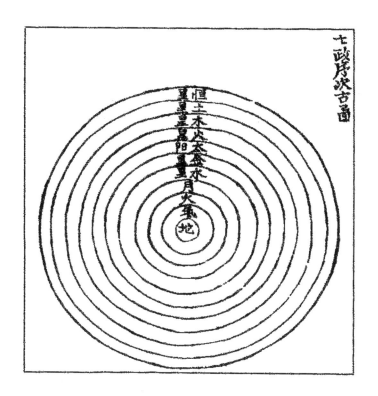

〈그림 6〉 프톨레마이오스의 천체 체계(《오위역지》)

《오위역지》는 프톨레마이오스의 우주 체계를 칠정고도(七政古圖)라고 하고 티코의 체계를 칠정신도(七政新圖)라고 하여, 우주의 체계가 바뀌었음을 강조하고 있다.

티코 브라헤의 우주관은 지구 중심의 천동설을 바탕으로 하면서 수학적으로 동일한 코페르니쿠스 체계를 만들어낸 우주관이다. 티코의 체계는 지구를 중심에 놓고도 코페르니쿠스 체계와 마찬가지로 행성의 상대거리를 정확하게 계산할 수 있었기 때문에, 그런 장점을 바탕으로 천문학적 간편함과 천동설이라는 종교적 천체관을 모두 만

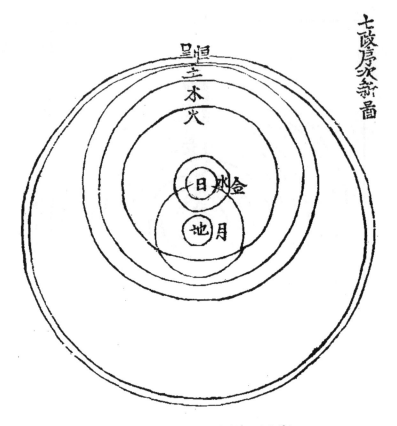

〈그림 7〉 티코의 천체 체계(《오위역지》)

족시킬 수 있었다.[67] 따라서 태양 중심의 우주관을 숨겨왔던 신부들도
아무런 거리낌 없이 이 우주 체계를 중국에 소개했으며, 그 대표적인
것이 바로 《오위역지》였다. 김석문이 참고했던 《오위역지》에서 우
주 체계의 요지는 다음과 같다.

---

67) 티코의 우주 체계에 대해서는 Gingerich Owen의 *Eye of heaven : Ptolemy, Copernicus,*
   Kepler(New York : American Institute of Physics, 1993)를 참조하기 바란다.

지구는 가운데 위치하며 그 중심은 일월항성천(日月恒星天)의 중심
이다. 또 태양의 중심점은 두 개의 작은 구역을 만들어내는데, 수성(水
星) 및 금성천(金星天)이 그것이다. 또 한 구역이 있는데, 그것은 태양
본천(太陽本天) 구역의 끝에 있는 화성천(火星天)이다. 그 밖에 또 큰
구역이 있으니, 목성천(木星天)과 토성천(土星天)이다.[68]

프톨레마이오스의 천체 체계가 오로지 지구를 가장 중심점에 놓은
것뿐이라면, 티코의 체계는 지구 외에도 태양을 중심점으로 한 항성
천이 태양을 돌면서 태양과 함께 다시 지구를 공전하는 모습이다.
《오위역지》에 등장하는 티코의 체계는 김석문의 설명뿐만 아니라 영
조대에 관상감(觀象監)에서 만든 〈혼천전도(渾天全圖)〉의 하단에도
등장한다(〈그림 8〉).[69]

김석문과 티코의 우주관에 다른 점이 있다면, 앞에서 언급한 바와
같이 티코의 우주관에는 없는 지구의 자전을 말했다는 점이다. 지구
의 자전에 대한 김석문의 비유는 《오위역지》에 나오는 논리, 즉 "지
구와 대기(大氣) 그리고 화(火)가 하나의 구(球)를 이루어 서쪽에서
동쪽으로 매일 일주하는데, 이것은 마치 움직이는 배를 타고 가면 배
는 움직이지 않고 해안이 움직이는 것 같은 느낌이 드는 것과 같은
것으로, 별의 움직임 또한 이와 같다"[70]는 논리에 근거하고 있다. 물

---

68) "則地球居中 其心爲日月恒星天之心 又日爲心 作兩小圈 爲水星金星兩天 又
有一圈 稍在太陽本天之圈 爲火星天 其外又作大圈 爲木星土星之天"(《五緯曆
指》〈周天各曜序次〉).

69) 나일성, 〈혼합식 병풍천문도 복원〉, 국립민속박물관소장 '혼합식 병풍천문
도' 복원보고서, 2000, 22~24쪽.

70) "曆指五緯論曰 今在地面見諸星左行 非星之本行(中略)而地及氣火通爲一球
自西徂東每日一周耳 如人行舟見岸樹等 不覺已行 而覺岸行地 以上人見第星
之行 亦如此"(《易學二十四圖解》).

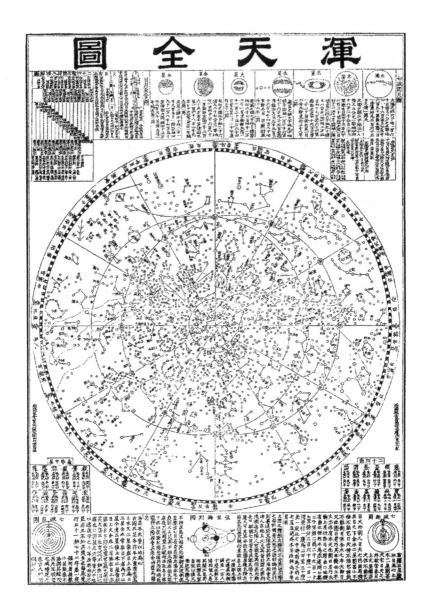

〈그림 8〉 혼천전도(나일성천문관 소장)

론,《오위역지》의 이 같은 설명은 지동설을 긍정한 것이 아니라 코페르니쿠스의 지동설을 부정하기 위한 기술에 불과하다. 그럼에도 김석문은《오위역지》에 실려 있는 티코 브라헤의 우주 체계를 인정하면서도 천동설의 부당함을 알고는,《오위역지》에서 부정한 지전설을 주장했다.[71]

《오위역지》의 인용 부분을 자세히 검토해보면,《상서고령요(尚書考靈曜)》에 나오는 "땅은 언제나 쉬지 않고 움직인다. 비유해서 말한다면 사람이 배 위에 앉아 있는 것과 같아서 배가 나아가더라도 사람은 그것을 느끼지 못한다"[72]는 내용과 비슷함을 알 수 있다. 내용이 비슷한 것으로 미루어볼 때, 그의 지전설에 대한 확신은 전통적인《상서고령요》에 나오는 땅의 운동론에 영향을 받은 측면이 있었던 것으로 보인다.

《상서고령요》에 "땅과 별은 4유하고 3만 리의 공간을 오르내린다"[73]는 말은 오늘날 땅의 공전(公轉)과 비슷한 면이 있다. 말하자면, 땅을 비롯한 해와 달은 우주의 중심에 정지되어 있는 것이 아니라 3만 리라는 영역 안에서 수평 운동을 한다는 것이다. 이처럼《상서고령요》의 4유설은 수평 운동만을 언급하고 있으나, 주희는 이를 상하 좌우로 땅이 움직인다는 이른바 '4유설'로 그 개념을 확장시켰다.[74]

---

71) "西洋之說 曰地體恒不動 不去本所 亦不旋轉 不去本所者 去卽不在天之最中也 不旋轉者 若旋轉 人當覺之 且不轉則已 轉須一日一周 其行至速 一切雲行飛鳥 順行則遲 逆行則速 人或從地擲物空中 復歸於地 不宜其初所 今皆不然 是明地之不轉 其所證地不轉 不過如此 可謂至粗之論也"(《易學二十四圖解》).

72) "地恒動不止 譬如人在舟而坐 舟行而人不覺"(《尚書考靈曜》).

73) "地與星辰四游 昇降於三萬里之中"(《周禮》〈地官大司徒疏〉).

74) 주희의 4유설에 대해서는 山田慶兒의《朱子의 自然學》, 49∼52쪽을 참조하기 바란다.

  사계절의 변화를 4유 현상으로 설명한 것은 주희가 아닌 장재부터
이다. 그 이전에는 사계절의 변화를 태양의 움직임으로 설명했다. 즉,
그 이전에는 4유에 대한 설명이 없었으나, 장재에 이르러 땅의 승강
(升降) 현상이 기의 작용에서 비롯된다는 '지승기(地乘氣)'의 개념으
로 해석된 것이다.

> 땅에는 올라가고 내려감이 있으며, 날[日]에는 길고 짧음이 있다. 땅
> 이 비록 엉기고 모여 흩어지지 않는 사물이지만, 두 기가 그 사이에 올
> 라가고 내려가고 하는 작용이 서로 따르며 그치지 않는다. 양이 날로
> 올라가고 땅이 날로 가라앉아 내려오는 것이 텅 빔[虛]이고, 양이 날로
> 내려오고 땅이 날로 나아가 올라가는 것이 가득 참[盈]이니, 이것이 한
> 해의 추위와 더위의 기후이다.[75]

  김석문의 지전론은 아마도 장재의 4유설로부터 영향을 받았을 것
으로 추정된다. 다른 점이 있다면, 4유설은 지구의 공전에 대한 설명
일 뿐 자전에 대한 설명은 아니라는 점이다. 그래서인지 김석문은
"지전지설 비사유(地轉之說 非四遊)"라고 못박고 있다. 김석문에게 사
유란 밤과 낮이 되는 지전이 아니라, 그것이 쌓여 1년이 되는 것을
의미한다.[76] 따라서 김석문은 4유설을, 땅의 지전이 아닌 공전으로 파
악했다.
  땅의 운동을 설명하는 논리로서 춘하추동의 계절 변화를 설명하는

---

75) "地有升降 日有修短 地雖凝聚不散之物 然二氣升降其間 相從而不已也 陽日
    上 地日降而下者 虛也 陽日降 地日進而上者 盈也 此一歲寒暑之候也"(《正
    蒙》〈參兩篇〉).
76) "地轉之說非四遊 而實爲四遊"(《易學二十四圖解》).

데 쓰인 4유설은 주희로 말미암아 성리학의 우주론에서 부각되었다. 동유(東遊)·서유(西遊)·남유(南遊)·북유(北遊)를 가리키는 4유는 지구의 공전 현상을 지구·성신·태양의 운동론으로 이해하고자 했던 동양의 우주관이었다. 이런 이유로 김석문은 지전설과 함께 땅의 운동론으로서 4유설에 주목했다. 동양의 4유설은 종교적인 이유로 천동설만 존재했던 서양 중세의 우주관과는 확연히 다른 특징을 보이는 우주설이었다. 그러나 이규경이 지진(地震) 현상을 설명하면서 "지진 현상은 땅의 운동으로 말미암은 것이 아니다"라고[77] 한 것으로 보아, 땅의 운동론은 서양 천문학이 전래되기 전에는 일반적으로 지진 현상으로 이해되기도 한 듯하다.

　지구의 자전은 김석문뿐만 아니라 이익도 언급했다. 물론, 김석문처럼 지구의 자전을 과학적으로 증명한 것은 아니지만, "하늘이 운행하는 것인가? 지구가 운행하는 것인가?"라는 장주(莊周)의 말을 인용하면서 "사람들이 이 말을 하늘이 운행하고 지구는 움직이지 않는 것으로 이해했다"고 비판했다. 나아가 이익은 "하늘이 아니라 지구가 돌아가는 것인지 어떻게 알겠는가?"라고 반문하면서 "만일 지구가 하루에 오른쪽으로 한 바퀴를 돌아간다면 사람은 지구의 한 쪽에서 지구와 함께 동쪽으로 돌기 때문에, 하늘이 운행하는 것처럼 느낄 뿐 지구가 돌아가는 것은 알지 못한다"라고[78] 하여 지구의 자전을 긍정했다. 또한 당연하게 여겨졌던 기존의 우주관에 대해 다음과 같이 회의를 품었다.

---

77) 《五洲衍文長箋散稿》 卷1, 〈地球轉運辨證說〉, 古典刊行會, 16～17쪽.
78) 《星湖僿說》 卷3, 〈天地門〉 天問天對, 91쪽.

해와 달이 하늘을 도는데, 세상 사람들은 해가 빠르고 달이 늦다고
말한다. 하지만 이 두 가지가 모두 오른쪽으로 도는 것이 아니며, 도리
어 달이 빠르고 해가 늦은 것인지 어찌 알겠는가?[79]

홍대용도 해와 달이 모두 왼쪽으로 돌며 달이 해보다 빠르다는 이
익과 마찬가지 견해를 가지고 있었다. 홍대용은 5행성이 태양을 중심
으로 공전하고 태양과 달이 지구의 둘레를 돈다는 티코 브라헤의 체
계를 바탕으로 하면서 김석문과 마찬가지로 지전설을 주장했다.[80] 특
히 홍대용의 우주 체계는 지구가 우주의 중심이 아니라는 우주관의
확대로 나아간다. 그는 우주의 모든 성수(星宿)가 각각 하나의 세계
를 가지고 있고 지구 역시 별[星]에 지나지 않으므로 이러한 원칙에
지배를 받는다고 보았다. 홍대용은 "지구를 7정의 중심이라고 한다면
옳지만, 여러 성계(星界)의 중심이라고 한다면 이는 우물에 앉아 하
늘을 보는 소견이다"라고 질타했다. 아울러 "지구 세계를 태허에 비
교한다면 미세한 티끌만큼도 안 되며, 저 중국을 지구 세계와 비교한
다면 십수 분의 일밖에 되지 않는다"[81]는 세계관도 피력했다. 헤아릴
수 없는 별의 세계가 우주에 산재하고 있다는 홍대용의 우주관은 세
계 중심이 중국이라는 중화사상(中華思想)을 넘어 지구 또한 우주의
중심이 아니라는 근대적인 우주관으로 나아가고 있다. 조선 후기 천
문학이 단순히 유교적인 우주관에 머문 것이 아니라, 이를 벗어나 근
대적인 성격을 가지게 되는 이유가 여기에 있다.

---

79) 《星湖僿說》 卷3, 〈天地門〉 天問天對.

80) "夫地塊旋轉一日一周 地周九萬里 一日十二時 以九萬之闊 趁十二之限 其行
之疾 亦於震電 急於炮丸"(《湛軒書》〈醫山問答〉).

81) 《湛軒書》〈醫山問答〉.

4. 조선 후기 우주관의 성격

앞에서 조선 후기의 우주관에 대해 살펴보았는데, 여기서 한 가지 주목해야 할 점은 조선 후기에 와서야 서양의 천문학적 성과에 자극을 받아 비로소 송대(宋代)의 성리학적(性理學的) 우주론이 새롭게 이해되고 조명되었다는 사실이다. 서양 천문학의 도입은 그 과학적 우수성 덕에 그동안 도외시했던 우주관에 대한 관심을 환기시켰고, 난해한 송대 우주론은 조선 후기에 이르러서야 비로소 서양 천문학으로 말미암아 이해되고 심화되었다. 조선 후기에 서양 천문학을 수용한 인물들이 지원설이나 지전설의 원류를 주돈이나 장재 등 송대 우주론의 창시자들로부터 찾는 것도 바로 이러한 이유 때문일 것이다. 이들은 공통적으로 송대 우주론에 관심과 조예를 가지고 있으면서 당시 전래된 한역서학서를 바탕 삼아 더 구체적으로 우주론에 대한 논의를 전개시켰다고 생각한다. 김석문이 처음으로 지전론을 내세우고 홍대용이 무한우주론을 주장했다고는 하지만, 김석문은 자신이 내세운 지원설의 기원을 주돈이에게서 찾고 있으며, 우주무한론 또한 장재가 하늘을 가리켜 '기로 가득 찬 무한의 공간'이라고 정의한 데서 그 논거의 원류를 찾을 수 있겠다. 이러한 사실에 비추어볼 때, 조선 후기의 우주관은 서양 천문학의 도입으로 그동안 논의되었던 전통 우주관의 한계를 극복하면서 이를 더욱 심화시킨 양면성을 지녔다고 할 수 있다. 이러한 측면에서 본다면, 김석문의 우주관은 상수학적(象數學的) 인식 체계 속에서 서양 천문학을 용해한 조선 후기 우주관의 특징을 드러내고 있다고 생각한다.[82]

---

82) 김석문의 우주관과 관련해 전용훈은 새로운 易學을 세운 선구자라고 평가

이러한 견해는 조선시대 지식인들이 서양의 천문학을 수용하는 데
서 어떤 태도를 가지고 있었는가 하는 문제와도 관련이 있다. 예컨대,
《증보문헌비고》〈상위고〉의 다음과 같은 내용은 서양 천문학에 대한
지식인들의 태도가 어떠했는지를 잘 알려준다.

국가에서 역서(曆書)를 나누어주고 시기를 알려주는 것은 하늘을 공
경하는 것과 같은데, 천상의 수도(宿度)와 궁명(宮名)이 이와 같이 뒤
바뀌고 착란하니, 자주 바로잡아야 하지 않겠는가? 신력(新曆, 시헌력)
에서 측정과 계산이 비록 정밀하다고는 하지만 마땅히 상량(商量)하는
바가 있어야 한다. 서문정(徐文定[徐光啓])이 이른바 서양의 산법(算
法)을 깨우쳐서 대통력의 틀에 맞추어 넣어야 한다고 한 것은 참으로
옳은 의견이다.[83]

위의 인용문은 청의 역산가(曆算家) 매문정의 말을 《증보문헌비
고》〈상위고〉에서 전재한 것으로, 여기서 서양 산법을 깨우쳐서 대통
력의 틀에 맞추어 넣어야 한다는 것은 절기와 관련된 말이다. 즉, 중

했고(전용훈, 앞의 글), 문중양은 전용훈의 견해를 비판하면서 전통적인 상
수학적 인식체계의 부조화를 상수학적 체계의 심화를 통해 해결하는 모습을
보여주었다고 평가했다(문중양, 〈18세기 조선 실학자의 자연지식의 성격-
象數學的 우주론을 중심으로〉, 《과학사학회지》 21권 1호, 1999). 문중양의
이와 같은 관점은 청대의 발전적인 우주론은 전통적인 상수학적 우주론에
대한 부정이었다는 견해(John B. Henderson, *The Development and Decline Cosmology*,
New York, 1984)를 어느 정도 견지한 것이다. 그러나 이러한 논의들이 설득
력을 얻기 위해서는 명말의 상수학적 우주관이 조선에 끼친 영향을 먼저 살
펴볼 필요가 있을 듯하다.

83) "國家頒曆授時 以欽若昊天 而使天上宿度宮名 顚倒錯亂如此 其可以不亟爲
釐正乎 新曆測算 雖精密 此等處合有商量 徐文定所謂鎔西洋之算法 入大通之
型模 眞公論也"(《增補文獻備考》 卷1, 〈象緯考〉 黃赤宮界).

국인들은 서양의 역법인 시헌력을 받아들이면서도 여전히 동양의 전통적인 절기는 포기하지 않았던 것이다. 따라서 서양의 계산법은 받아들이되 전통 역(曆)의 틀은 고수하고자 한 것이 기본 견지였다. 이런 측면에서 본다면, 《증보문헌비고》〈상위고〉가 시헌력에 대한 견해와 함께 서양 천문학의 중국기원설도 더불어 언급하며 서양 천문학을 중국의 것으로 변용(變容)해야 한다는 매문정의 주장을 소개한 것은, 서양 천문학을 수용하기는 하되 완전히 전통 천문학을 포기하지는 않는다는 사실을 명시하려고 했던 것이 아닐까? 《증보문헌비고》〈상위고〉의 서양 천문학에 대한 견해는 앞에서 살펴본 조선시대 지식인들의 서양 천문학에 대한 견해와 그다지 다르지 않아 보인다. 앞 장에서 살펴본 서양 천문학의 중국기원설이 조선 지식인들에게 파급되어 서양 천문학을 수용하는 데 이념적인 가교 역할을 했다는 점에서도 그러한 요소를 발견할 수 있다.

앞에서 보았듯이, 《증보문헌비고》〈상위고〉의 편찬을 담당했던 서명응(徐命膺, 1716~1787)은 서양 천문학의 중국기원설을 주장한 대표적인 인물이다. 서명응이 《증보문헌비고》〈상위고〉의 편찬을 담당했다는 점은 일견 〈상위고〉의 편찬 태도를 짐작하게 한다. 《증보문헌비고》〈상위고〉에는 《역상고성(曆象考成)》의 천문 지식뿐만 아니라 케플러(Kepler)의 타원궤도설을 바탕으로 한 《역상고성후편(曆象考成後篇)》등 조선 후기에 도입된 최신의 천문 지식이 망라되어 있지만, 〈상위고〉는 전통 천문학의 처지에서 서양 천문학을 수용하겠다는 자세를 견지했다. 이러한 태도는 서양 천문학에 대한 서명응의 태도와도 관련이 있다.

아울러 《증보문헌비고》〈상위고〉가 최신의 서양 천문학을 소개하면서도 지전설에 대해 아무 언급을 하지 않는다는 점은 의문이다. 물론 《증보문헌비고》가 국가 편찬 저작이었다는 측면에서 본다면, 확실히 검증된 천문학 지식만을 소개할 수밖에 없었던 한계도 있었을 것이다. 이러한 한계 때문인지는 몰라도 《증보문헌비고》〈상위고〉가 12중천설을 바탕으로 한 낡은 우주관을 주류로 소개하기는 했으나, 김석문을 통해 볼 수 있는 티코 브라헤의 우주관을 전혀 소개하지 않은 것은 아니다.[84] 비록 지구의 자전을 언급한 부분은 없지만, 종동천에서 멀어질수록 그리고 지구에 가까울수록 5성 및 달의 회전이 빨라진다고 한 것으로 보아 티코의 체계를 일견 소개하려는 의도가 있지 않았을까 싶다.[85] 즉, 지구의 중심과 여러 하늘의 중심이 같지 않은 탓에 영축(盈縮)이 생긴다고 하면서 지구가 하늘의 중심이라는 기존의 12중천설과는 다른 티코 브라헤의 우주관을 설명하고 있는 데서도 그 의도를 짐작할 수 있다. 〈상위고〉에 보이는 이 같은 태도는 김석문의 우주관과 마찬가지로 전통적인 천문학 속에서 서양 천문학을 수용하려는 양상을 보여주는 것이라고 생각한다. 비록 〈상위고〉는 김석문의 우주관처럼 서양의 우주관과 송대의 우주관을 결부해 설명한 것은 아니지만, 한편으로 서양 천문학의 중국기원설을 적극적으로 주장해 서양 천문학과 동양 천문학의 결합을 시도하려 했다고 볼 수 있을 것이다.

---

84) 문중양은 이 점에 대해 《증보문헌비고》〈상위고〉가 우주의 구조에 대해서는 여전히 《건곤체의》에서 처음 제시되었던 12중천설을 소개하고 있으며, 티코의 新圖 및 지전설에 대해서는 언급조차 하지 않았다고 했다(앞의 글, 42쪽). 그러나 〈상위고〉의 내용을 자세히 보면, 티코의 신도를 바탕으로 12중천설을 설명하고 있음이 발견된다.

85) 《增補文獻備考》 卷1, 〈象緯考〉 天地, 13쪽.

제2부

역법과 역서

제1장 시헌력의 도입과 관상감 관원

1. 시헌력 도입 이전의 역법

한국의 전통 천문학에 큰 영향을 끼친 중국 천문학의 주요 영역은 천문(天文)과 역법(曆法)이었다. 고대 중국에서는 일찍이 천문학자들을 관료제 속에 편입해 천문학을 발전시켰으며,[1] 이후 천문학은 공적인 학문으로서 기능했다.[2] 특히 역법은 천문학 가운데서도 가장 발달

---

1) 고대 중국에서 최초의 천문관직은 唐虞시대의 羲和로 알려져 있다. "故自上古以來 天文有世学之官 唐虞羲和 夏昆吾 商巫咸 周史佚甘德 石申之流 居是官者 專祭天象之常變 而述天心告戒之意"(《宋史天文志》卷48 ; 楊家駱 主編, 《中國史料系編》2冊, 鼎文書局印行, 795쪽). 한대 이후 역대 관료조직 속에서 天文制度는 빠짐없이 존속했다. 한국에서도 일찍이 삼국시대 때 누각박사와 천문박사 등 천문관제로 보이는 관직이 있었음이 《三國史記》에서 확인된다. "景德王 八年 春三月 置天文博士一員 漏刻博士六員"(《三國史記》〈新羅本紀〉第9).

2) 고대 중국에서 천문학자는 관리로서 천문학에 종사할 뿐, 사적인 활동은 금지되어 있었다. "凡元象器物 天文圖書 苟非其任 不得與焉 觀生不得讀占書 所見微祥災異 密封聞奏 漏泄角刑"(《唐六典》卷10, 太史令).

했으며, 이른바 하늘의 명을 받아 제도를 고친다는 수명개제사상(受命改制思想)과 맞물려 정치적 색채를 강하게 띠었다.[3] 역(曆)의 개정은 "왕 된 사람이 하늘의 명을 받아 위정자로 섰을 때 먼저 정삭(正朔)을 고치고 옷의 색깔을 바꾸어 근본적인 제도 그 자체 안에서 하늘의 뜻을 받아들인다"[4]는 수명개제사상을 바탕으로 했다. 때문에 역의 개정은 국가의 중대한 사업이기도 했다. 전통시대 중국을 비롯한 동아시아 국가들은 농업국가였으로, 이러한 수명개제사상 외에 백성들에게 농사짓는 때를 알려주어야 하는 관상수시(觀象授時) 또한 역법의 중요 역할 가운데 하나였다.

고대 중국 역사에서 역법이 차지하는 의미와는 달리, 한국 전통시대 역법의 발달과 변천은 중국 역법의 도입과 이해 과정이었다고 해도 과언이 아니다. 전통시대 중국과 긴밀한 정치관계를 맺어왔던 한국으로서는 중국에 새로운 역법이 생기면 이를 도입하고 사용하지 않을 수 없었기 때문이다. 중국은 앞에서 말한 수명개제사상에 따라 수없이 역법이 바뀌었다.[5] 이들 역법 가운데 한국에 도입된 것은 극

---

3) 역법과 수명개제의 관련성에 대해서는 논란의 여지가 있기는 하다. 藪內淸의 연구 이래 고대 중국의 개력은 수명개제의 이념 속에서 진행된 것으로 이해되었으나(藪內淸,《中國の天文曆法》, 日本 : 平凡社, 21~30쪽), 최근 이문규의 연구를 보면 태초력의 개력은 수명개제보다는 역법 자체의 문제에서 출발한 것으로 파악하고 있다(이문규,《고대 중국인이 바라본 하늘의 세계》, 문학과 지성사, 2000, 233~257쪽). 그러나 이문규 또한 수명개제가 개력의 실질적인 요건은 되지 않으나 관념상으로는 여전히 영향력이 있었다는 점에서는 동의하고 있다. 전통시대 한국의 역은 중국력의 영향 안에 있었으므로 수명개제에 따른 실질적인 개력은 거의 없었으나, 관념상으로는 여전히 존재했다. 1897년(고종 34년)에 중국 연호를 버리고 대한제국 연호를 사용하면서 역서 또한 明時曆으로 개칭했는데, 비록 역법상의 개력은 아니었으나 이념상 수명개제의 영향 안에서 역서명을 개칭했다고 판단된다.

4) "王者易姓受命 必愼始初 改正朔 易服色"(《史記》〈曆書〉).

히 일부분이었고 개력(改曆) 또한 상대적으로 적었다. 물론 이러한 측면은 중국에 견주어 수명개제사상의 영향이 적었다는 것을 반영한 다. 그러나 중국 역법의 사상적 영향으로부터 크게 벗어난 것은 아니 었다.

중국에서 역이 국가적인 차원에서 사용된 것은 진시황(秦始皇) 26 년(기원전 221년)부터였다고 한다.[6] 이는 강력한 중앙집권 체재를 유 지하기 위해 공식력의 사용이 절대적으로 필요했기 때문이지만, 이때 의 역은 완전한 체계를 갖춘 역법은 아니었다. 중국에서 고대 역법이 체계를 갖춘 것은 한대(漢代) 이후라고 알려져 있으며,[7] 한국에서 중 국력이 사용된 것은 삼국시대에 와서였다.

삼국시대에 사용된 역법을 살펴보면, 고구려가 무인력(戊寅曆), 백 제가 원가력(元嘉曆), 신라는 인덕력(麟德曆)을 사용한 것으로 추정된 다.[8] 인덕력에 이어 통일신라 때는 당나라 승려 일행이 지은 대연력 (大衍曆)과 당의 서앙(徐昻)이 지은 선명력(宣明曆)[9]을 도입해 사용했

---

5) 중국은 수명개제사상으로 여러 차례 개력을 했으나, 개력할 때마다 역법 전 체를 새로 한 것은 아니며 歲首만을 바꾸는 경우가 많았다. 중국 역법을 전체 적으로 보기 위해서는 藪內淸의 《中國の天文曆法》을 참고하기 바란다.

6) 《史記》〈秦始皇本紀〉, 237~238쪽 참조. 고대 중국 역법에 대해서는 다음의 자료들을 참고하기 바란다. 藪內淸, 《中國の天文曆法》, 日本 : 平凡社, 1969 ; 이문규, 《고대 중국인이 바라본 하늘의 세계》, 문학과지성사, 2000, 211~266 쪽 ; 陳遵嬀, 《中國天文學史》 5, 臺北 : 明文書局, 1986 ; 朱文鑫, 《曆法通志》, 臺北 : 商務印書館, 1934.

7) 이문규, 앞의 책, 209쪽.

8) 삼국시대의 역에 대한 자세한 사항은 이은성의 《曆法의 原理分析》(정음사, 1988), 321~333쪽과 나일성의 《한국천문학사》(서울대학교 출판부, 2000), 206~210쪽을 참조하기 바란다.

9) 선명력은 唐曆 가운데 가장 좋은 역이라고 알려져 있으며, 당말에 가장 오랫 동안 쓰인 역법이다. 선명력은 通法을 8400(1일 8400분), 章歲를 3068055(1

다. 선명력은 고려에도 그대로 이어져 충선왕대에 원(元)의 수시력
(授時曆)으로 개력할 때까지 무려 500년 가까이 사용되었다.[10]《고려
사》역지(曆志)에 따르면, 고려시대에는 별도로 역서를 만들지 않고
당의 선명력을 사용했다고 한다.[11] 당이 822년에 선명력을 사용한 뒤
로 한국은 신라를 거쳐 고려시대까지 선명력을 사용했다. 선명력은
신라를 거쳐 이렇듯 고려에서도 사용되었지만, 그 사이 중국에서는
스물두 차례나 개력이 진행되었다. 낡은 역법을 여전히 사용하던 고
려시대에는 역의 오차가 빈번했고, 충선왕대에 수시력으로 개력할 때
까지 역의 오차는 불가피했다. 그러나 고려시대에 수시력이라는 최신
의 역법으로 개력했다고 해서 역의 오차가 줄어든 것은 아니었다. 수
시력에서 사용하는 개방법(開方法)이 전해지지 않아 일식·월식과 관
련해서는 여전히 선명력의 계산법을 사용했다. 그런 까닭에 고려 전
시대를 거쳐 일식과 월식의 예보 시각이 실제와 맞지 않았다. 수시력
으로 개력한 지 얼마 지나지 않아 고려는 1370년(공민왕 19년)에 명나
라의 대통력(大統曆)으로 다시 역을 고쳤다. 고려 말의 대통력은 수시
력과 비교해 역원(曆元) 및 세실소장법(歲實消長法)만 다를 뿐 그 밖

년 3068055분), 章月을 248057(1삭망월 248057분)로 정했다. 따라서 1태양년
은 3068055/8400=365.24464일, 1태음월은 248057/8400=29.530595일이 된다
(朱文鑫,《曆法通志》, 163~164쪽).

10) 수시력은 郭守敬을 중심으로 1276년(至元 13)부터 5년 동안의 준비 기간을
거치며 정밀한 천문 관측을 하고 여러 역법을 참작해 만든 것이다. 수시력의
우수성은 정밀한 관측과 창의적인 계산법에 있다. 수시력법은 동지일시를 정
확히 측정해 1년의 길이를 365.2425일로 정했으며, 동지의 태양 위치가 확정
되어 있다. 또한 달의 운행을 추적해 일식과 월식의 한계를 정했다. 계산에서
는 積年과 日法을 폐지하고, 1년의 길이가 시대의 경과에 따라 점차 바뀐다
는 消長法을 채택했다(山田慶兒,《授時曆の道》, 東京 : みすず書房, 1980).

11)《高麗史》卷50, 志4, 曆.

의 것은 모두 같았으므로 역법상 큰 변화는 없었다.[12]

조선 건국과 함께 역법은 고려 말과 마찬가지로 수시력·대통력이 쓰였으며, 일부는 선명력이 쓰였다. 조선 초에 들어와 역법이 정비된 것은 세종대에 와서였다. 세종은 1433년(세종 15년)에 교식(交食, 일식·월식의 계산법)과 5성(五星)만이 입성(立成, 역법 계산에 필요한 천문상수들을 적어 놓은 수표[數表])이 없다 하여 정인지(鄭麟趾)·정초(鄭招)·정흠지(鄭欽之) 등에게 계산하게 하고, 명나라 원통(元統)이 편찬한《대통통궤(大統通軌)》에서 오류를 조금 고쳐《칠정산내편(七政算內篇)》을 편찬하게 했다.[13] 뒤이어 이순지(李純之)·김담(金淡) 등에게 회회력(回回曆)을 바탕으로 조선의 실정에 맞도록 교정한《칠정산외편(七政算外篇)》을 만들게 했다.[14]

《칠정산내외편》의 편찬으로 조선의 역법은 일단 완성되었으나, 임

---

12) 1368년 명의 건국과 함께 수시력은 대통력으로 이름이 바뀌었는데, 대통력은 수시력법을 그대로 답습한 역법이다. "盖授時以至元十八年辛巳爲元 而大統則以洪武十七年甲子爲元 授時推步法 有消長之術 而大統則去之 氣朔發斂授時原分二章 而大統通軌合爲一 定朔經朔授時離爲二處 而通軌則經朔後 卽求定朔 此外更無增損"(《增補文獻備考》卷1,〈象緯考〉曆象沿革).

13)《칠정산내외편》에 대해서는 다음과 같은 연구 성과들이 있다.
　유경로·이은성·현정준,《칠정산내편》, 세종대왕기념사업회, 1973.
　_____,《칠정산외편》, 세종대왕기념사업회, 1974.
　박성래,〈世宗代 天文學 발달〉,《世宗朝文化硏究》, 韓國精神文化硏究院, 1984.
　배현숙,〈七政算內外篇의 字句異同〉,《書誌學硏究》3집, 서지학회, 1988.
　이면우,〈李純之와 金淡 撰 大統曆日通軌 等 6篇 通軌本에 대한 연구〉,《한국과학사학회지》10권, 한국과학사학회, 1988.
　이은희,〈칠정산 내편의 연구〉, 연세대학교 대학원 박사학위논문, 1996.
　나일성,《한국천문학사》, 서울대출판부, 2000.

14) "我朝開國 曆法仍授時 上以交食五星之獨缺立成 命鄭麟趾鄭招鄭欽之等推步取明朝大統通軌 稍加檃括 合爲內篇 又得回回曆法 命李純之金淡等 考校爲外篇"(《增補文獻備考》卷1,〈象緯考〉曆象沿革).

진왜란이 발발하면서 독자적인 역 계산을 바탕으로 한 역서(曆書)의 제작이 힘들어지기도 했다. 예컨대, 임진왜란(壬辰倭亂)의 와중에 선조(宣祖)는 명군(明軍)이 조선이 자체 제작한 역서를 사용하고 있다는 사실을 알게 될까 두려워했다. 선조는 자진하여 "제후 나라에 어찌 두 가지 역서가 있을 수 있겠는가? 우리나라에서 개별적으로 역서를 만드는 것은 매우 떳떳하지 못한 일이다. 중국 조정에서 알고 힐문하여 죄를 가한다면 답변할 말이 없을 것이다"라며 자체적인 역서 제작을 금지하기도 했다.[15] 이 때문에《칠정산내외편》이후 임진왜란과 함께 자주적인 역법에 따른 역서의 제작이 중단될 위기에 놓이기도 했지만, 칠정산법은 1653년(효종 4년)에 시헌력(時憲曆)으로 개력된 이후에도 역 계산에서 계속 활용되었다.

2. 개력의 과정과 관상감 관원의 활약

대통력에서 시헌력으로 개력은 1645년(인조 23년)에 관상감 제조(觀象監 提調) 김육(金堉, 1580~1658)의 건의로 이루어졌다. 그러나 1645년에 곧바로 시행되지는 못했고, 10년 뒤인 1653년(효종 4년)에 이르러 비로소 시행되었다.[16] 1645년에 개력이 곧바로 이루어지지 않고 10년의 세월이 소요된 것은 시헌력에 대한 거부감 탓이기도 했지만, 신

---

15) 《宣祖實錄》卷107, 선조 31년 12월 22일(癸酉), 23冊, 538쪽.

16) 시헌력은 1644년(인조 22년)에 관상감 제조 김육이 북경에서 시헌력에 관한 서책을 구입해 돌아온 뒤 본격적으로 그 사용이 주장되었다. 이때 김육이 구입해 온 책의 이름은 분명하지 않으나,《증보문헌비고》〈상위고〉는 徐光啓와 李天經이 지은《日月五星曆指》와《渾天儀說》일 것으로 추정하고 있다(《增補文獻備考》卷1,〈象緯考〉曆象沿革, 6쪽).

력(新曆)에 대한 이해 부족이 가장 큰 이유였다.[17] 초기에 가졌던 개력에 대한 거부감과 이해 부족에도 불구하고, 10년의 준비 기간을 거쳐 시헌력이 반포되기까지는 관상감 제조 김육과 관상감 관원(觀象監官員) 김상범(金尙范, ?~1655)의 노력이 컸다. 김육이 관상감 제조로서 시헌력의 사용을 주청한 인물이었다면, 김상범은 시헌력법을 실용화하는 데 기여한 인물이었다.

일반적으로 시헌력의 사용에 대한 최초의 건의자는 관상감 제조 김육이라고 알려져 있다. 1644년(인조 22년)에 관상감 제조 김육은 북경(北京, 연경[燕京])에 갔다가 시헌력의 우수함을 알고 그에 관한 서책을 구입해 돌아왔으며, 이듬해인 1645년에 시헌력의 시행을 건의했다. 동시에 김육은 관상감의 관원인 김상범 등에게 새로운 역법인 시헌력을 연구하게 했고, 이때부터 신력 시행 준비가 시작되었다고 전해진다.[18]

그런데 실록에 따르면, 시헌력의 최초의 주청자는 김육이 아니라 한흥일(韓興一, 1587~1651)이었다. 한흥일은 1644년에 김육에 앞서 대군호행재신(大君護行宰臣)으로 북경에 갔다가 그 이듬해에 돌아온 뒤 새로운 역법인 시헌력으로 개력할 것을 다음과 같이 건의했다.

　달력을 반포하여 백성들에게 농사철을 알려주는 일은 제왕으로서 가장 먼저 해야 할 일입니다. 원조(元朝)의 곽수경(郭守敬)이 역서(曆書)

---

17) 이에 대해서는 이 책 제2부 2장의 '2. 개력에 따른 갈등'에서 살펴볼 것이다.
18) "仁祖二十二年甲申　觀象監提調金堉　奉使入燕　聞西洋人湯若望　立時憲曆法　購得其數術諸書而歸　疏請令觀象監官金尙范等　極力講究　至是十年　始得其門路　會堉領監事　乃奉請行之"(《增補文獻備考》卷1,〈象緯考〉曆象沿革, 5~6쪽).

를 고쳐 만든 지가 거의 400여 년이나 되었으니, 지금은 의당 바로잡아
야 할 것입니다. 또 탕약망(湯若望)이 만든 역서를 본 결과 더욱 고쳐
바로잡아야 하겠기에, 감히 《개계도(改界圖)》 및 《칠정력비례(七政曆
比例)》 각 1권씩을 바치오니, 해당 관원에게 자세히 살피게 하고 헤아
려 결정하여 역법(曆法)을 밝히도록 하소서.[19]

한홍일이 시헌력으로 개력할 것을 주장하게 된 데는 원의 곽수경
(1231~1316)이 만든 역서, 즉 수시력의 오류가 가장 큰 이유였다. 수
시력은 고려 말 충선왕(忠宣王)대에 들어온 이후 400년 가까이 사용
되면서 점차 일식과 월식 예보에 오차를 보이기 시작했다.[20] 한마디
로, 한홍일의 주장은 수시력을 바탕으로 한 대통력이 오랜 기간 사용
되어 역법상 오차가 많이 나게 되었으므로 시헌력으로 개력해야 한
다는 것이었다. 앞의 인용문에서 보다시피 한홍일은 아담 샬(湯若望,
1591~1666) 등 서양 선교사들이 만든 시헌력이 대통력보다 우수하다
는 것을 어느 정도 숙지한 상태였다.

한홍일의 뒤를 이어 김육도 1644년 12월 북경에 원접사(遠接使)로
갔다가 돌아온 뒤 이듬해 12월에 개력을 건의했다. 개력의 명분은 앞
에서 살펴본 한홍일의 개력 명분과 거의 같다.

천체의 운행은 매우 강건하여 (쉬지 않는데) 쌓인 차이는 날로 더 많
아져서, 초저녁과 새벽에 나타나는 별자리의 위치가 조금씩 틀립니다.
천체 운행의 수가 이미 다 찼으므로 당연히 책력(冊曆)을 고쳐야 하는
데, 서양의 역이 마침 이러한 시기에 나왔으니 이는 참으로 역을 고칠

---

19) 《仁祖實錄》 卷46, 인조 23년 6월 3일(甲寅), 35冊, 226쪽.
20) 《增補文獻備考》 卷1, 〈象緯考〉 曆象沿革, 2~3쪽.

기회입니다. 다만 한흥일이 가지고 온 책은 의논은 있으나 입성은 없으니 대개 이 책을 지을 수 있는 자라야만 이 책을 제대로 알 수 있으며, 그렇지 않으면 10년을 탐구한다 해도 그 깊은 원리를 알 수 없을 것입니다. 중국이 병자(丙子)·정축(丁丑) 연간에 이미 역법을 고쳤으니, 내년의 새 책력은 반드시 우리나라의 책력과 크게 다를 것입니다. 새 책력 속에 만약 잘 맞아떨어지는 곳이 있다면 당연히 낡은 것을 버리고 새것을 만들어야 합니다. 이번 사행(使行) 때 일관(日官) 한두 사람을 데리고 가서 역관을 시켜 흠천감(欽天監)에 탐문해보도록 하여 근년의 책력 만드는 방법을 알아내게 하고 그 법을 따져보아 의심나고 어려운 곳을 풀어 온다면 아마도 추측하여 알 수 있을 것입니다.[21]

　김육의 개력 건의를 보면, 시헌력으로 개력하는 일은 당연한 것이고 이를 위해서는 시헌력의 원리를 터득해야 한다는 데까지 논의를 진행시키고 있다. 그런데 여기서 김육이 언급하고 있는 책, 즉 한흥일이 북경에서 돌아올 때 가지고 온 시헌력에 관한 책은 아담 샬이 펴낸 《신력효식(新曆曉式)》이었다.[22] 《신력효식》은 성도(星度)의 차수(差數)와 절기(節氣)의 영축(盈縮)에 관한 천문학서이다. 《신력효식》에 계산법이 없어서 조선의 천문학자들은 그 원리를 정확히 알 수 없었던 듯하다.[23]

---

21) "然天行甚健 積差日多 昏曉中星 少失躔次 周天之數 旣滿當變 而西洋之曆 適出於此時 此誠改曆之幾會也 但韓興一持來持之冊 有議論而無立成 蓋能作此書者 然後能知 此書不然則 雖探究十年 莫知端倪矣 中國自丙子丁丑間 已改曆法 則明年新曆 必與我國之曆 大有所逕庭 新曆之中 若有妙合處 則當舍舊曆新 今此使行帶同日官一二人 探問於欽天監 推考其法 解其疑難處來則 庶可推測而知之矣"(《仁祖實錄》 卷46, 인조 23년 12월 18일[丙申], 35冊, 254쪽 ; 《增補文獻備考》 卷1, 〈象緯考〉 曆象沿革, 6쪽).
22) 실록에는 《新曆曉式》이라고 되어 있으나, 《明淸間耶蘇會士譯著提要》(徐宗澤 編著, 中華書局)에는 《新曆曉惑》이라고 나온다.

한흥일과 김육의 개력 주장에 이어 1645년 왕세자인 소현세자도 북경에서 아담 샬을 만나 그로부터 기증받은 천문역법서를 가지고 돌아와 개력의 분위기는 더욱 고조되었다. 이후 시헌력에 대한 연구가 필요하다고 인식한 김육은 1646년(인조 24년)에 김상범 등 역관(曆官) 두 명을 직접 대동하고 북경으로 갔다. 그러나 흠천감의 감독이 심해 아담 샬을 만나지는 못했으며, 단지 구할 수 있는 역서만을 손에 넣고 돌아왔다.[24] 시헌력서를 구입해 들어온 뒤 김상범은 몇 년 동안 시헌력에 대한 연구를 하고 그 대강을 터득했지만, 시헌력을 반포하는 데까지는 숙달하지 못했다. 그런 까닭에 김육은 1651년(효종 2년)에 김상범을 다시 북경에 보내 뇌물을 쓰면서까지 역법을 배워 오게 했고, 2년 뒤인 1653년(효종 4년)에 김상범은 시헌력의 계산법으로 추산한 역서를 완성했다.[25]

시헌력법에 의거한 역서가 사용된 것은 1654년 갑오년(甲午年) 역서부터였다.[26] 실제 김상범은 1652년에 시헌법을 터득해 역서 제작에 착수했지만, 역서 제작일이 촉박한 바람에 1653년 계사년(癸巳年) 역서는 대통력에 따라 제작되었다. 따라서 1653년에 시헌력으로 개력했다고는 하나 곧장 역서의 사용으로까지는 이어지지 못했다. 시헌력은 정확히 1654년(효종 5년) 갑오년 역서부터 반영되었다.

1653년에 시헌력이 시행되었음에도 이에 따른 역서가 이듬해부터

---

23) 《인조실록》 卷46, 인조 23년 12월 18일(丙申), 35冊, 254쪽.

24) 이 당시 김육·김상범과 함께 북경에 들어간 사람은 譯官 李點으로 추정된다. 역관 이점은 효종 4년에 시헌력이 실시되자 김상범과 함께 효종으로부터 그 공로를 치하받았다(《孝宗實錄》 卷10, 효종 4년 1월 6일[癸酉], 35冊, 606쪽).

25) 《增補文獻備考》 卷1, 〈象緯考〉 曆象沿革, 6쪽.

26) 《孝宗實錄》 卷8, 효종 3년 3월 11일(壬午), 35冊, 537쪽.

간행·반포된 것은 시헌법(時憲法)에 따른 역 계산이 정확한지 검증이 이루어지지 못했기 때문이다.[27] 김상범이 시헌력을 완성하자 관상감은 곧바로 반포하는 것은 성급한 일이라며 계산이 맞는지 검증하기를 요청했다. 관상감이 이러한 요청을 한 것은 한양(漢陽)의 일출시각과 중국의 일출시각이 다르기 때문에 청력(淸曆)과 충분히 비교한 뒤 반포하는 것이 합당하다는 이유에서였다.[28] 이와 같은 이유를 들어 관상감은 새로 완성된 역서에 대해 청력의 절기 시각과 대조하는 작업을 했다. 그런 뒤 1654년 갑오년 역서부터 시헌력을 반영한 역서가 간행되었다.[29]

이처럼 시헌력은 1652년에 김상범의 손에서 완성된 뒤, 1년의 검증기간을 거쳐 1654년 역서부터 사용되었다. 이때 김상범이 만든 시헌력은 청의 시헌력과 견주어 오차가 전무할 정도로 정확했다.[30] 이에 관상감은 시헌력 반포에 앞서 다음과 같이 강한 자신감을 나타냈다.

시헌력이 나온 뒤 이를 우리나라의 신조력(新造曆)으로 고준(考準)해보니, 북경(北京)의 절기와 시각이 시헌단력(時憲單曆)과 일일이 서로 합치되었고, 우리나라의 단력(單曆)은 시헌력에 들어 있는 각 성(省)의 횡간(橫看) 및 조선의 절기·시각과 또한 서로 합치되었습니다. 사소하게 순차를 바꾸어놓은 곳은 있었습니다만, 또한 그렇게 어긋나는 것은 아니었습니다. 따라서 갑오년부터 모두 신법(新法)에 의거하여 추

---

27) 《增補文獻備考》 卷1, 〈象緯考〉 曆象沿革, 6쪽.

28) 《孝宗實錄》 卷8, 효종 3년 3월 11일(壬午), 35冊, 537쪽.

29) 《孝宗實錄》 卷8, 효종 3년 3월 11일(壬午), 35冊, 537쪽. 시헌법에 따른 역서의 사용은 1654년부터이지만, 시헌법은 그에 앞서 1653년부터 시행하기로 결정되었다(《增補文獻備考》 卷1, 〈象緯考〉 曆象沿革, 6쪽).

30) 《孝宗實錄》 卷10, 효종 4년 1월 6일(癸酉), 35冊, 605쪽.

산해서 인행(印行)하는 것이 마땅하겠습니다. 그리고 역법에 대해 이미
바꿀 때가 지났는데도 300년 이래 단력을 만들 사람이 없이 그럭저럭
지금에 이르렀으니, 지금이야말로 개력할 시기입니다.[31]

이처럼 10년에 걸친 김상범과 관상감의 노력으로 1653년에 시헌력
으로 개력이 결정되고, 그 이듬해 역서부터 시헌력을 사용하기에 이
르렀다. 하지만 이는 완전한 것이 아니었다. 여전히 교식추보법(交食
推步法)에 관한 지식이 미흡했고 5성의 입성도 얻지 못했으므로, 오
성추보(五星推步)만은 구법(舊法)인 칠정산법에 의존할 수밖에 없었
다. 결국 시헌력의 완비를 위해 1655년(효종 6년) 관상감의 요청으로
또다시 김상범을 북경에 보냈으나, 불행히도 김상범이 도중에 사망하
여 수포로 돌아갔다.[32] 비록 김상범의 사망으로 시헌력에 대한 준비는
완성되지 못했지만, 1655년 관상감에서 올린 계문(啓文)을 보면, 시헌
력에 대한 이해와 개력에 대한 명분이 뿌리를 내렸음을 알 수 있다.

역서를 고치는 것은 왕법(王法)의 급선무입니다. 역법이 오래되면
차이가 나므로 수시로 개정하니 100년이 지나도 수정하지 않는 것은 없
습니다. 수시력은 이미 300년이 지나서 천문에 어그러지는 증험이 많이
나타나므로 숭정(崇禎) 초에 비로소 서양의 역법을 구하여 여러 해 시
험하면서 그 논설이 정밀한 것을 살펴어 제가(諸家)의 허술한 것을 한
결 새롭게 변모시켰는데, 이따금 이의하는 자가 있었으나 다들 그 까닭
은 지적하지 못했습니다.[33]

---

31) 《孝宗實錄》卷10, 효종 4년 1월 6일(癸酉), 35冊, 605쪽.
32) 《增補文獻備考》卷1, 〈象緯考〉曆象沿革, 6쪽.
33) 《孝宗實錄》卷14, 효종 6년 1월 16일(辛丑), 36冊, 1쪽.

이처럼 관상감에서는 시헌력의 정밀성을 부각시키는 동시에 개력의 타당성을 제왕지법(帝王之法)과 결부해 설득력을 얻으려 했다.

한편, 시헌력은 김상범이 죽음으로써 일전(日躔, 해의 운행)·월리(月離, 달의 운행)의 법이 미진한 채로 계산되었다. 이에 따라 달의 대소(大小)가 중국과 계속 틀리게 되었고, 이는 결국 관상감 관원들을 문책하는 일로 이어졌다. 일례로 숙종대의 을유년(乙酉年) 역서와 관련한 일을 들 수 있겠다. 1704년(숙종 30년) 시헌법에 의거해 그 다음해인 을유년 역서를 완성했는데, 청국의 역서에 견주어 11월과 12월의 날짜 크기가 틀리는 일이 생겼다. 역서에 오차가 발견되자 조정에서는 즉시 관상감의 역관들에게 다시 계산하도록 했다. 이 과정에서 역관들은 자신들의 계산이 맞다고 계속 주장했다. 결국 이 문제는 시헌력을 토대로 만든 중국의 일전월리표인 《문자책(文字冊)》을 인쇄하여 간행하는 과정에서 역관들이 연근(年根)[34]을 제대로 기입하지 않은 바람에, 시헌력이 아닌 대통력의 추보법으로 계산하면서 생긴 문제임이 판명되었다.[35] 역관들의 잘못으로 역서가 틀리게 되자, 관상감은 을유년 역서를 다시 수거해 고쳐 인쇄했으며, 대월(大月)과 소월(小月)을 청력에 맞추어 다시 만들었다. 때문에 다행히 역서는 정정되었으나, 해당 역관들은 장(杖) 80대에 수속(收贖)하는 율에 처해졌다. 당시 예조판서였던 윤세기(尹世紀, 1647~1712)는 "일·월·성신을 역상(曆象)하여 공경히 사람들에게 알려주라"는 《서경(書經)》의 말

---

34) 年根이란 구하려고 하는 해의 前年 冬至日, 즉 천정동지의 다음날 자정 初刻의 태양 위치가 동지점으로부터 떨어진 平行經度로서, 멀어진 태양이 다시 지구에 접근하는 회귀점을 말한다(《국역 증보문헌비고》 상위고 1, 세종대왕기념사업회, 1979, 69쪽).

35) 《肅宗實錄》 卷42, 숙종 31년 6월 10일(壬寅), 40冊, 159쪽.

과 "희화(羲和)가 그 직분을 다하지 못하여 천상(天象)이 혼미하니 제 때에 앞서게 한 자도 죽여 용서하지 않고 제때에 미치지 못하게 한 자도 죽여 용서하지 않았다"는 말을 인용하며 역관들의 실수를 비난 했다.[36]

문제점이 판명된 이상 매년 틀린 역서를 간행할 수는 없는 문제였다. 조정에서는 이를 해결하기 위해 1705년(숙종 31년)에 관상감의 추산관(推算官) 허원(許遠, 1662~?)을 북경에 보내 흠천감 역관인 하군석(何君錫)으로부터 방술서(方術書)를 사오게 했다.[37] 김상범의 뒤를 이어 시헌력 연구에 종사한 관상감 추산관 허원은 시헌력의 오성추보법을 익히고 입성에 관한 서책들을 구입하는 데 공헌한 인물이다. 1715년에 허원이 북경에서 사가지고 온 방술서는 《역법보유방서(曆法補遺方書)》와 《추산기계(推算器械)》·《일식보유(日食補遺)》·《교식증보(交食證補)》·《역초병지(曆草騈枝)》 등 도합 9책이며, 이 밖에 측산기계(測算器械) 6종과 서양의 자명종도 얻어 왔다. 이 무렵 허원의 부연(赴燕)으로 페르비스트의 〈영대의상지도(靈臺儀象志圖)〉가 새로이 소개되었다. 1714년(숙종 40)에 허원이 북경에서 도본(圖本) 2책을 구입해 왔는데, 이용범의 연구에 따르면 이 도본은 페르비스트의 〈영대의상지도〉라고 한다. 허원의 공로로 그 뒤부터는 달의 크기와 24절기 그리고 상하현망(上下弦望)의 시각과 분초가 모두 잘 맞아떨어졌다. 그러나 이어서 《이백항년표(二百恒年表)》 가운데 일전의 최고충(最高衝)과 금성(金星)·수성(水星)의 인수(引數)[38] 및 연근이 계산법

---

36) 《肅宗實錄》 卷42, 숙종 31년 6월 10일(壬寅), 40冊, 159쪽.

37) 《肅宗實錄》 卷56, 숙종 41년 4월 10일(癸未), 40冊, 549쪽 ; 이용범, 〈法住寺 所藏 '新法天文圖說'에 대하여〉, 《韓國科學思想史硏究》, 179쪽.

38) 행성의 평균 운행 度數에서 그 행성의 遠日點의 평균 운행 도수를 겸해 얻

과 맞지 않는 문제가 발생했다. 허원은 다시 흠천역관(欽天曆官) 하군석에게 서신 왕래를 통해 추보술(推步術)을 배워 의문점을 해결했다. 이때 허원이 북경에 가지 않고 하군석과 서신만으로 소식을 주고받은 까닭은, 더 정확한 역 계산을 위한 의기(儀器)가 완성되지 않은데다가 그때까지 산법(算法)을 미처 습득하지 못했기 때문이다.[39]

허원과 하군석 사이의 서신 왕래로 연근법에 대한 의문점은 어느 정도 해결되었으나, 완전히 터득한 것은 아니었다. 연근은 역을 만드는 기본법인데, 1713년 이후로 연근을 계산할 길이 어려워지자 일식과 월식의 시각 및 분초가 번번이 틀릴 가능성이 컸다. 이에 관상감은 하군석이 사망하기 전에 배워두어야 한다며 허원을 북경에 보내 연근법을 완전히 배울 수 있도록 할 것을 요청하기도 했다.[40] 연근법에 앞서서 시헌력의 오성법(五星法)은 1708년(숙종 34년)에 이르러 비로소 사용하게 되었다. 이는 허원이 북경에 들어가 흠천감에서《시헌법칠정표(時憲法七政表)》를 사온 뒤, 이를 바탕으로 한 추보로 가능해진 것이었다.[41]

김상범이 채 습득하지 못한 시헌력의 추보법을 배운 허원은 1711년에 이를《세초류휘(細草類彙)》라는 책으로 간행했다.[42]《세초류휘》

은 값을 말한다(《국역 증보문헌비고》〈상위고〉1, 세종대왕기념사업회, 1979, 69쪽).

39)《肅宗實錄》卷54, 숙종 39년 9월 18일(壬戌), 40冊, 516쪽.

40)《增補文獻備考》卷1,〈象緯考〉曆象沿革, 6~7쪽.

41)《增補文獻備考》卷1,〈象緯考〉曆象沿革, 6쪽.

42) 허원이 저술한《세초류휘》는 현재 규장각 소장본으로, 1986년에《韓國科學技術史資料大系》天文學篇이 출간될 때 影印되어 출판되었다. 책의 원래 이름은《玄象新法細草類彙》이며, 통상《세초류휘》라고 불린다.《세초류휘》는 시헌력의 도입 초기에 이를 소화하는 과정에서 탄생한 책이라고 할 수 있다. 이 책은 일전월리와 연근법 그리고 오성추보 등에 대해 다루고 있다.《세초

는 허원이 김상범의 행적을 따라 북경을 왕래하면서 배우는 동안에 서로 문답하며 쪽지에 적고 했던 것을 정리해 편찬한 책이다. 허원은 서문에서 "이 책은 역을 추보(推步)하는 사람에게 마치 목수의 먹줄이나 자와 같은 역할을 할 것이다"라고 하여 시헌법이 완성되었음을 알렸다. 이와 같이 시헌력의 사용은 김상범과 허원 등 관상감 관원들이 그 계산법을 터득하려고 노력한 지 60여 년 만에 어느 정도 완성을 보게 되었다.

3. 시헌력에 대한 고찰

관상감 관원들의 시헌력 연구는 영조대에 들어 새로운 전기가 마련되었다. 1721년에 하국종(何國琮)과 매곡성(梅穀成)이 아담 샬의 《신법서양역서(新法西洋曆書)》를 재정리해 《역상고성(曆象考成)》 상·하편을 편찬해내자 조선에서도 그에 따른 역 계산을 도입해야 했기 때문이다.[43] 앞서 서광계(徐光啓, 1562~1633)가 편찬한 《숭정역지(崇禎

류휘》에 담긴 내용을 소개하면 다음과 같다. (1) 新法日月食入交, (2) 新法日食細草, (3) 新法日食假令, (4) 新法日食細草, (5) 新法月食假令, (6) 日躔細草, (7) 算日月五星, (8) 金星細草, (9) 推月離細草, (10) 推節氣, (11) 推合朔弦望, (12) 推合朔弦望時刻法, (13) 推太陰更宮法, (14) 推五星退行交宮法, (15) 推五星退伏時刻法, (16) 推五星順行同度時刻法, (17) 推五星逆行同度時刻法, (18) 取五星順伏留同度衝等法, (19) 求日升法, (20) 求日躔月離次年年根法, (21) 求月離年根法, (22) 推測時刻, (23) 晨見夕見 晨不見夕不見法, (24) 取五星順退伏留同度衝等法, (25) 金星紀年, (26) 火星紀年, (27) 推時求星 星求時, (28) 天文科算中星法 星求時 時求星.

43) 《역상고성》 상·하편은 1721년에 편찬되었으며, 《역상고성》에 따른 역서는 1722년에 완성되었다. 간행이 된 때는 편찬 2년 뒤인 1723년이며, 청의 시헌서에서 《역상고성》의 법을 따른 것은 1726년부터이다(〈淸史稿〉 時憲志 1;

曆指)》는 숭정 무진년(戊辰年, 1628) 천정동지(天正冬至, 역 계산에서 구하고자 하는 해의 동지)를 역원(역법 계산의 기준점)으로 삼았다. 반면, 이른바《역상고성》으로 불리는《역상고성》상·하편은 강희 갑자년(康熙 甲子年, 1684) 천정동지를 역원으로 삼았다.[44]

시헌력을 사용한 이후 숙종대에 이르러서는 항성의 세차(歲差)가 생기기 시작했기 때문에 시헌력에 대한 수정이 불가피했다.[45] 따라서 조선에서는 1725년(영조 원년)에 강희 갑자년 천정동지를 역원으로 삼은《역상고성》의 매법(梅法, 매곡성의《역상고성》에 바탕을 둔 시헌력법)에 따라 일·월·5성의 운행을 계산했다.[46]《증보문헌비고(增補文獻備考)》에 "영조 원년에 새로 수찬(修撰)한 시헌칠정법(時憲七政法)으로 고쳐 썼다"[47]는 기사는 아마도《역상고성》의 매법에 따라 새롭게 일·월·5성을 추보했다는 내용을 가리키는 것으로 보인다.

조선에서는 신속하게 1725년부터《역상고성》의 매법에 따라 일·월·5성의 운행을 계산해냈지만, 정확한 것은 아니었다. 결국《역상고성》에 따른 예보가 계속 오차를 보이는 문제가 지적되었는데,[48] 이때의 오차는 조선 측의 잘못이라기보다는《역상고성》이 가진 결함 때

《中國天文曆法史料》5冊, 臺北 : 鼎文書局, 8~9쪽).

44) "擁正元年 頒曆象考成 於欽天監 是爲康熙甲子元法"(《淸史稿》時憲志 1 ; 《中國天文曆法史料》5冊, 鼎文書局).

45)《書雲觀志》에 따르면, 서광계의《崇禎曆書》는 숭정 무진년 천정동지를 역원으로 삼았는데, 숙종 때 이르러 항성의 세차가 이미 半度를 넘었다고 한다(《書雲觀志》卷2, 治曆, 3쪽)

46) "徐光啓崇禎曆指 以崇禎戊辰天正冬至爲元 至我肅宗朝 恒星歲差已過半度 梅毅成曆象考成前篇 以康熙甲子天正冬至爲元 卽我肅宗十年也 英宗乙巳 始 依梅法 推步日月五星"(《書雲觀志》卷2,〈治曆〉).

47) "英祖元年 改用新修時憲七政法"(《增補文獻備考》卷1,〈象緯考〉, 曆象沿革).

48)《英祖實錄》卷28, 영조 6년 10월 4일(己亥), 42冊, 229쪽.

문이었다. 즉, 《역상고성》은 아담 샬의 《서양신법역서(西洋新法曆書)》를 중국인인 매곡성이 재편집한 것으로 서양 역법을 중국 역법으로 풀어낸 것이었다.[49] 이 때문에 청(淸)에서 《역상고성》에 따른 계산은 1730년(옹정〔擁正〕 8년) 6월 1일의 일식 예보에서 문제점을 드러냈다. 결국 이를 해결하기 위해 쾨글러(戴進賢, I. Kögler)는 케플러(刻白爾, J. Kepler)의 타원궤도설(橢圓軌道說)에 따른 《역상고성후편(曆象考成後篇)》을 편찬했다.[50] 실록에서는 이 무렵에 발생한 오류에 대해 "강희 갑자년을 상원(上元)으로 하던 것을 옹정(雍正) 원년(元年)으로 바꾸었기 때문에 예보에 오류가 벌어졌다"고 지적하고 있다.[51] 그러나 실질적으로는 역원의 문제가 아니라 《역상고성》이 가진 오류에서 비롯되었다고 보아야 할 것이다.

《역상고성》에 따른 24기(二十四氣)·합삭현망(合朔弦望)의 계산이 청력과 일치하지 않자, 조정에서는 역서에서 달의 크기가 틀려질 것을 우려했다. 결국 역서 발행을 책임지고 있는 관상감의 요청에 따라 1732년(영조 8년)에 역관을 북경에 보내 자세한 역법을 알아오게 했다.[52] 그리고 이듬해에도 혼란을 줄이기 위해 다시 관상감 관원 안중

---

49) 이와 관련해서는 藪內淸, 유경로 옮김, 《中國의 天文學》, 190∼191쪽을 참조하기 바란다.

50) 〈淸史稿〉 時憲志 1(《中國天文曆法史料》 5冊, 鼎文書局), 9∼11쪽. 쾨글러의 《역상고성후편》은 1742년에 완성되었다.

51) 《英祖實錄》에 따르면, 1734년(영조 11)부터 《역상고성》에 따른 절기 계산이 어긋나는 것이 많았기 때문에 관상감 관원 안중태를 북경에 보내 이를 알아오게 했는데, 구법은 강희 갑자년을 상원으로 삼았고, 신법은 옹정 원년을 상원으로 삼았기 때문에 안중태로 하여금 돌아오는 길에 《日躔表》·《月離表》·《七曜曆法》 등의 책을 사오게 했다고 한다(《英祖實錄》 卷40, 英祖 11년 1월 30일〔辛丑〕, 42冊, 468쪽).

52) 이때 청으로 간 관상감 관원은 李世澄이 아닌가 싶다. 이세징은 1732년(영조

태(安重泰)를 북경에 보냈다.[53] 그러나 안중태가 미처 귀국하기도 전에 청력이 반포되는 바람에 청력과 조선력 사이에 약간의 혼란이 생기고 말았다. 이때 청력과 조선력 사이에 발생한 문제는 윤달을 언제 정하는가 하는 것이었다. 이 논란과 관련한 내용을 소개하면 다음과 같다.

(관상감 제조 신사철[申思喆]이 아뢰기를)…… "역관을 청에 보내 역서 만드는 신법을 알아 오도록 했는데, 미처 돌아오기 전에 청력이 반포(頒布)되어, 명년(明年)에는 윤4월을 두었습니다. 역법은 중기(中氣)가 없는 달에 윤달을 두는데, 청력에는 소만(小滿) 중기가 4월 29일 밤 자시초(子時初) 2각(刻) 11분(分)에 있으므로 그 다음 달에 중기가 없어 윤달이 되지만, 우리나라는 분야(分野)와 절후(節候)가 조금 다르므로 소만 중기가 29일 야분(夜分) 뒤 자정(子正) 1각 8분에 있어 문득 다음달 초 1일에 속합니다. 신법으로 미루어 보면 청나라의 4월은 당연히 우리나라의 윤3월이 되겠으나, 《역상고성》의 옛법으로 미루어 보면 우리나라에서도 윤4월을 두는 것이 마땅합니다. 만약 청력을 따른다면 절후가 어긋나게 되고, 따르지 않는다면 저들과 문서를 왕복할 적에 불편함이 있습니다."[54]

8년)에 청에서 개정한 萬年曆을 사가지고 온 공으로 한 資級 승진했다. 이세징에 앞서 1706년(숙종 45년)에 허원이 만년력을 구해왔는데, 1722년(경종 2년)부터 譯註의 吉凶과 意忌가 가끔씩 차이가 나게 되어 이세징을 청으로 보낸 것으로 보인다(《英祖實錄》, 卷31, 英祖 8년 9월 6일[庚寅], 42冊, 318쪽).

53) 안중태는 1733년(영조 9년)에 동지사행을 따라 청에 들어가 흠천감관으로서 추보에 능한 何國勳으로부터 推考法을 익혔으며, 돌아오는 길에 私財를 내어 《七政四餘萬年曆》 3책, 《時憲新法五更中星紀》 1책, 《二十四氣昏曉中星紀》 1책, 《日月交食稿本》 각 1책과 서양에서 만든 日月圭 1坐를 사가지고 왔다(《英祖實錄》 卷35, 영조 9년 7월 20일[己亥], 42冊, 367쪽).

54) 《英祖實錄》 卷39, 영조 10년 11월 19일(庚寅), 42冊, 459쪽.

1734년(영조 10년)에 청에서 보내온 역서에는 소만 중기가 4월 29
일 밤 자시초 2각 11분에 있었고 그 다음달에 중기가 없으므로 4월이
윤달이 되었다. 조선에서는 소만 중기가 4월 29일 야분 뒤 자정 1각
8분에 있어 다음달인 5월 1일에 속하게 되므로, 청의 4월은 조선의
윤3월이 되었다. 이는 조선과 중국 사이의 지리적 차이로 말미암은
것이었다. 그러므로 조선의 절후를 따른다면 윤3월이 되는 것이 당연
한 것이었으나, 청력을 따라야 하는 정치·외교적 이유 때문에 결국
청력과 동일하게 윤4월을 두게 되었다.[55]

시헌력의 사용 이후 윤달을 정하는 문제가 제기된 것은 다음과 같
은 이유에서였다. 시헌력이 사용되기 이전에는 중기가 없고 1절기만
있는 달을 윤달로 했다. 그런데 시헌력에서 정기법(定氣法)을 채용한
결과 중기에서 그 다음의 중기까지의 기간이 때로 태음력(太陰曆)의
한달보다도 짧을 때가 있어서, 이런 경우에는 한 달 안에 세 개의 절
기가 포함되는 일까지 생겼다. 이 문제는 시헌력의 절기 계산법에서
비롯된 것이다. 시헌력의 정기법 계산에 따르면, 절기와 중기 사이의
시간 간격이 14.42일에서 15.73일 사이로 변하기 때문에 중기에서 다
음 중기에 이르는 기간이 29.48일로 줄어들 수 있었다. 따라서 한 달
동안에 두 개의 중기가 들어갈 수도 있었다.[56] 이러한 까닭에 중기를
윤월(閏月)로 하는 종래의 치윤법(置閏法)이 부적당하게 되어 윤달을
두는 데 상당한 혼선이 생겼던 것이다.[57] 그런데 이러한 불편이 일어

---

55) 《英祖實錄》卷39, 영조 10년 11월 19일(庚寅), 42冊, 459쪽.

56) 시헌력의 절기 계산법에 대해서는 藪內淸,《中國の天文曆法》, 280~282쪽
    과 이 책의 다음 장을 참조하기 바란다.

57) 《淸史稿》〈時憲志〉, '康熙甲子元法'에 따르면, '중기 없는 달은 전월의 이름
    을 따서 윤달'로 한다고 되어 있다. "求閏月 以前後兩年 有冬至之月 位準中積

난 것은 서양 천문학의 결함이라기보다는 서양 역법을 무리하게 재
래의 중국력(中國曆) 전통에 적용하려는 데서 벌어진 일이었다.[58]

청에서는 《역상고성》에 따른 추보 오류를 개선하기 위해 《역상고
성후편》을 편찬했다. 《역상고성후편》은 1742년에 쾨글러와 페레이
라(徐懋德, A. Pereira)가 카시니(噶西尼, Cassini)의 관측치와 케플러의
타원궤도론을 도입해 만든 역법서이다.[59] 《역상고성후편》의 출현으
로 시헌력은 탕법(湯法)에서 매법으로, 다시 대법(戴法, 또는 갈법[噶
法])으로 변했고, 조선에서도 이에 따라 대법을 도입해야 했다.[60] 이때
대법의 도입에 공로를 세운 관상감 관원은 안국빈(安國賓)과 김태서
(金兌瑞)였다. 안국빈은 1744년(영조 20년) 흠천감원 쾨글러와 하국신
(何國宸)으로부터 추보법·좌향법(坐向法)·연길법(涓吉法)·교식 등 신
법 가운데 미진했던 것들을 터득해 돌아왔다.[61] 또한 김태서도 같은
해 북경에서 《태을통종(太乙統宗)》·《도금가(淘金歌)》 등의 방서(方
書)를 사재를 들여 구입해 왔으며, 쾨글러와 주법(籌法)에 대해 문의
하고 논란해 그 방법을 모두 배워 왔다.[62] 그 이듬해에도 김태서는 황
력재자관(皇曆齎咨官)의 자격으로 다시 북경에 가서 최신의 역법서인

十三月者 以無中氣之月 從前月置閏 一歲中 兩無中氣者 置在前無中氣之月爲
閏"(《淸史稿》〈時憲志〉1).

58) 藪內淸, 유경로 편역, 《中國의 天文學》, 200~201쪽.

59) 《역상고성후편》의 편찬과정에 대해서는 〈淸史稿〉時憲志 1(《中國天文曆法
史料》5冊, 鼎文書局), 9~11쪽을 참조하기 바란다.

60) 아담 샬 등이 편찬한 《서양신법역서》에 바탕을 둔 초기의 시헌력법을 탕법
이라고 하고, 매곡성·하국종 등이 이를 개정해 편찬한, 《역상고성》에 바탕
을 둔 시헌력법을 매법이라고 부른다. 대법은 쾨글러의 《역상고성후편》에 바탕
을 둔 시헌력법을 말한다.

61) 《英祖實錄》卷59, 영조 20년 5월 15일(壬辰), 43冊, 146쪽.

62) 《英祖實錄》卷59, 영조 20년 7월 3일(戊寅), 43冊, 140쪽.

《신법역상고성후편(新法曆象考成後編)》을 구입했다. 안국빈 또한 신
법에 관한 여러 가지 계산법들을 배워 돌아왔다.[63]

관상감 관원 안국빈과 김태서의 노력으로 1744년에 일전월리와 교
식이 대법(역상고상후편법)에 따라 시행되었는데, 완전한 것은 아니었
다. 오성법만은 준비가 미진해 매법(역상고성법)을 그대로 준용했다.[64]
때문에 대법에 따른 시헌력의 시행은 오성법을 빼고 시행되었다. 역
상고성후편법, 즉 대법이 언제 완전히 소화되었는지는 정확한 기록이
없어 알 수가 없다. 다만, 1782년(정조 6년)에 시헌법에 따라 천세력
(千歲曆)이 처음으로 편집·간행된 것을 볼 때, 늦어도 이때까지는 완
전히 소화되었을 것으로 추측하고 있다.[65] 다음 장에서 살펴보겠지만,
향후 100여 년 동안의 절기일을 예측해놓은 천세력은 시헌력의 소화
없이는 편찬하기 힘든 역서였다. 따라서 천세력의 간행은 시헌력의
완전한 소화를 의미한다. 하지만 1791년(정조 15년)에 팔도의 일출·일
몰시각과 절기를 북경의 시각과 혼동해 쓰는 것에 대한 지적이 있었
고 그 이듬해 이를 역서에 반영했다는 내용이 있는 것으로 보아, 조선
의 실정에 맞는 일출·일몰시각과 절기 등을 토대로 한 역서의 제작은
1792년 무렵부터 시작되지 않았을까 싶다.[66]

앞에서 언급했던 일부 관상감 관원들의 적극적인 연구와는 달리,
시헌력에 대한 관상감의 교육은 전반적으로 이루어지지 못했다. 1791
년에 관상감은 삼학(三學)을 개정하는 절목을 올리면서 "천문학에서
지금 시헌력을 쓰는데도 태초력(太初曆)과 대연력을 여전히 강론하고

---

63) 《英祖實錄》 卷62, 영조 21년 7월 13일(癸未), 43冊, 187쪽.

64) 《書雲觀志》 卷2, 治曆. 1744년은 갑자년으로, 시헌력의 역원이 되는 해이다.

65) 유경로, 《한국 천문학사 연구》, 녹두, 1999, 188쪽.

66) 《正祖實錄》 卷33, 정조 15년 10월 11일(壬子), 46冊, 248쪽.

있다"고 지적했다. 또한 "시헌력의 신법을 쓰면 대통력법은 당연히 익히지 말아야 하는데 관청을 설치하고 대통추보관(大統推步官)을 두는 것은 맞지 않는다"고 지적한 것으로 볼 때,[67] 18세기 말까지 관상감 소속의 천문학 관원과 생도들은 여전히 시대에 맞지 않는 교육을 받고 있었다. 1791년에 삼학 개정안이 올려진 뒤로 《역상고성》과 《수리정온(數理精蘊)》으로 과시과목(科試科目)을 바꾸어 관상감에서 시헌력에 대한 교육을 진행하기는 했다. 그러나 여전히 《역상고성후편》에 따른 교육은 실시하지 못했으므로 시헌력에 대한 완전한 교육은 이루어지지 않았던 것으로 보인다.[68]

　관상감에서 《역상고성후편》의 신법에 따라 교과서를 만들고 이를 바탕으로 교육하기 시작한 것은 1860년(철종 11년)에 남병길(南秉吉, 1820~1869)[69]이 《시헌기요(時憲紀要)》을 편찬하면서부터였다. 《시헌기요》는 《수리정온》과 《역상고성》 상·하편 그리고 《역상고성후편》이 체계적으로 잘 정리된 책으로, 시헌법의 정수를 요약해놓은 것이다. 《시헌기요》의 서문을 쓴 김병익(金炳翼, 1837~1921)이 "서운관에 예로부터 천문 역법의 두 서적이 있어서 과거시험에 썼으나, 그 책은 이전 시대의 역지(曆志)와 흔궁구천(昕窮九天)의 구론(舊論) 약간을 주위 모은 것이어서 그 설이 이미 없어지고 틀려졌으므로 학도에게는 맞지 않아, 관상감 제조 남병길이 《역상고성후편》의 칠요(七曜)와

---

67) 《正祖實錄》 卷33, 정조 15년 10월 27일(戊辰), 46冊, 255쪽.

68) 《正祖實錄》 卷33, 정조 15년 10월 27일(戊辰), 46冊, 255쪽.

69) 南秉吉은 형 南秉哲(1817~1863)과 함께 조선시대 3쌍의 천문학자로 꼽히는 인물이다(유경로, 《한국 천문학사 연구》, 254~255쪽). 字는 子裳, 號는 六一齊이며, 그가 남긴 천문학서로는 《時憲紀要》 외에도 《星鏡》·《春秋日食攷》·《太陽出入表》·《恒星出中入表》·《中星新表》·《推步捷例(序)》 등이 있다.

교식의 제론(諸論)에서 그 줄거리를 뽑아내어 시헌기요를 만들었
다"[70]고 지적한 것으로 보아, 관상감에서 생도(生徒)들에게 《역상고
성후편》을 가르치는 일은 시헌력이 도입된 뒤 상당한 시간이 지나서
야 비로소 가능해진 것으로 판단된다.

---

70) "雲監舊有天文曆法二書 用之科試 蓋其書掇拾 前世曆志及昕窮九天 舊論若
干焉 其說已祧 其數已舛…… 以是隸習學徒 實無當焉…… 提擧是監乃於曆象
後篇七曜交食諸論法 取其詳簡 纂集成篇名曰 時憲紀要"(《時憲紀要》〈時憲紀
要序〉).

제2장 역법관의 충돌

1. 시헌력 수용의 배경

앞 장에서 살펴본 것처럼 시헌력은 1645년에 관상감 제조 김육(金堉)의 사용 건의 이후 10년이 지난 1653년에 시행되었다. 10년에 걸친 관상감 관원들의 눈물겨운 노력이 뒷받침되지 않고서는 힘든 일이었다. 이처럼 시헌력은 관상감을 동원해 국가적인 차원에서 적극적으로 도입이 추진되었지만, 실생활에서 시헌력으로 개력(改曆)하는 일이 쉽게 이루어진 것은 아니었다. 당시 조선은 시헌력법을 배우기 위해 노력을 기울이기도 했지만, 대통력(大統曆)에 대한 집착과 시헌력에 대한 이해 부족으로 개력의 필요성을 그다지 크게 느끼지 않은 측면도 있었다. 가령, 1648년(인조 26년)에 관상감에서 올린 대통력서(大統曆書)에 윤달이 청력(淸曆)과 달라 문제가 된 사례가 있었다. 이때 영의정 김자점(金自點, 1588~1651)과 우의정 이행원(李行遠)이 청의 신력(新曆)인 시헌력과 조선의 대통력 사이에는 별다른 차이점이

없다고 주장함에 따라 문제가 가라앉기는 했으나, 향후 개력이 몰고
올 파장을 예고했다. 당시 김자점과 이행원이 펼친 논지를 소개하면
다음과 같다.

청나라에서는 지금 탕약망의 신법(新法)을 쓰고 있습니다만, 우리나
라는 그대로 구법(舊法)을 쓰고 있습니다. 하지만 지금 일식과 월식을
가지고 증험해보면 (청력과) 어긋나는 점이 없습니다. 따라서 우리나라
의 산법(算法)이 완전히 착오를 보인다고는 할 수 없습니다. 정축년
(1637)의 역서를 가져다가 상고해보면, 이것은 명나라에서 반사한 것을
병자년에 인출한 것인데, 그 역법이 우리나라의 역법과 다른 것이 없습
니다.[1]

1645년(인조 23년)에 처음으로 김육과 한흥일(韓興一)이 개력을 주
장하기는 했지만, 인조대에는 개력의 필요성이 크게 대두되지는 않았
던 것으로 보인다. 요컨대, 신력인 시헌력과 구력(舊曆)인 대통력 사
이에 큰 차이점이 없다는 인식이 인조대의 일반적인 개력관이었던
것 같다. 물론 이와는 반대로 개력의 주장자였던 한흥일은 청력이 옳
다며 집안의 제사를 모두 청력에 따라 지내기도 했지만, 당시에 이
일은 극심한 비난의 대상이 되었다. 이로 볼 때 인조대에는 일반적으
로 개력에 대한 거부감이 있었음을 짐작할 수 있다.[2]

---

1) 《仁祖實錄》卷49, 仁祖 26年 윤3월 7일(壬申), 35冊, 321쪽.
2) 《仁祖實錄》卷49, 仁祖 26年 윤3월 7일(壬申), 35冊, 321쪽. 앞 장에서 살펴
   보았듯이 한흥일은 護行宰臣으로 청에 볼모로 갔던 鳳林大君을 수행한 인물
   로, 귀국 당시 아담 샬로부터 《改界圖》와 《七政曆比例》를 받은 뒤 시헌력의
   사용을 주장한 인물이다. 시헌력의 사용을 주장한 한흥일과 김육 등 서인 집
   권층들은 병자호란 뒤 親淸的 성향 속에서 개력을 주장한 것으로 보이는데,
   그럼에도 인조대에는 청력인 시헌력으로 개력하는 데 정서상 거부감이 있었

인조대의 개력에 대한 부정적인 태도는 효종대에 들어와 전혀 다른 양상으로 전개되었다. 1649년(효종 즉위년)에 승지 심지원(沈之源)은 다음과 같이 개력을 적극적으로 건의했다.

청(淸)에서 인출한 역서(曆書)에 윤월(閏月)이 없는데, 우리나라 역서에는 윤11월이 있으며, 기타 절일(節日) 역시 모두 같지 않습니다. 지난번 일관(日官)을 청나라에 보내 서양의 역법(曆法)을 전수해 오도록 했는데, 이제 이와 같습니다. 그렇게 되면 사시(四時)가 차례를 잃음을 면치 못하게 되니, 조사한 일관을 추고하소서.[3]

인조대와 달리 효종대에는 즉위년부터 국가적 차원에서 개력을 진행시켰으며, 결국 효종 4년에 시헌력을 시행하기에 이르렀다. 그런데 인조대의 개력에 대한 반감과는 달리 효종대로 접어들자마자 개력의 분위기로 반전된 이유는 무엇일까? 병자호란(丙子胡亂)을 겪고 반청(反淸) 감정이 드높았던 효종대에 청력인 시헌력으로 개력한 이유는 얼핏 납득이 되지 않는다. 요컨대,.효종대에 개력을 단행한 것은 시헌력이 대통력에 견주어 우수한 역법이라는 과학적인 이유 때문만은 아닌 듯하다. 이 점은 정치사 연구를 통해 풀어야 할 것이지만, 효종대에 시헌력의 도입이 적극적으로 진행된 것은 왕권 안정책과 관련이 있지 않을까 싶다.[4]

다(정성희, 〈朝鮮後期 時憲曆 導入의 정치적 배경〉, 《朝鮮時代의 社會와 思想》, 朝鮮社會研究會, 1998, 488쪽).
3) 《孝宗實錄》 卷2, 효종 즉위년 11월 23일(戊寅), 35冊, 405쪽.
4) 曆法의 정치적 성격은 조선에서도 예외는 아니었다고 본다. 예컨대, 태조는 조선왕조가 천명을 받아 이루어졌다는 것을 과시하기 위해 石刻天像列次分野之圖를 만들었다. 이러한 측면에서 보면, 효종조에 시헌력을 적극적으로

인조반정(仁祖反正)의 명분뿐만 아니라 자신의 변칙적인 왕위 계승의 명분을 유지하고 확보하기 위해 효종은 즉위하자마자 대청(對淸) 강경책인 북벌(北伐)을 표방했다.[5] 북벌운동은 당시 팽배해 있던 배청감정을 통해 국민적 일체감을 이루고자 하는 의도와 더불어 왕권을 강화하고자 하는 측면이 강했다.[6] 더욱이 시헌력이 효종의 강력한 지지를 등에 업고 있던 한당(漢黨)의 영수이자 대동법(大同法)의 주청자이기도 한 김육의 강력한 건의로 이루어진 것에서, 일면 효종의 왕권 강화와 관련한 개혁의 일환으로 추진된 듯한 인상을 준다.

2. 개력에 따른 갈등

효종대(孝宗代)의 적극적인 시헌력 수용과는 달리 현종대(顯宗代)에 들어서는 역법을 주관하는 부서인 관상감(觀象監)에서조차 시헌력

도입하고자 했던 것은 백성들에게 觀象授時를 정확히 알려주어야 한다는 군주의 직분에 충실했다는 것을 의미하는 것으로, 天象의 변화를 정확히 예측하지 못한 왕조는 천명을 받지 못한다는 전통적인 天文觀의 견지에서 취한 조처인 것으로 보인다. 때문에 次子이며 기반이 약했던 효종은 청에 대한 반감과는 별개로 시헌력을 적극적으로 도입하고자 했던 것이 아닐까 싶다. 효종대의 북벌론과 시헌력 도입 문제에 대해서는 필자의 〈朝鮮後期 時憲曆 導入의 정치적 배경〉(《조선시대의 사회와 사상》, 조선사회연구회, 1998), 488~490쪽을 참조하기 바란다.

5) 우인수, 〈朝鮮 孝宗代 北伐政策과 山林〉, 《역사교육론집》 15, 1992, 99쪽. 효종대의 북벌과 관련해서는 다음과 같은 연구 성과가 있다.
조종업, 〈北伐과 春秋大義〉, 《백제연구》 10, 1979.
이이화, 〈北伐論의 思想史的 檢討〉, 《창작과 비평》 10, 1975 겨울호.
이경찬, 〈朝鮮 孝宗朝의 北伐運動〉, 《淸溪史學》 5, 1988.
우인수, 〈朝鮮 孝宗代의 北伐政策과 山林〉, 《역사교육론집》 15, 1990.
6) 이경찬, 앞의 글, 244쪽.

의 사용에 부정적인 태도를 보이고 있다. 가령, 1661년(현종 2년)에 전 관상감직장(觀象監職掌) 송형구(宋亨久)가 시헌력의 폐지를 건의하는 상소를 올린 일이나 1666년(현종 7년)에 구력인 대통력으로 회귀한 사실 등은 시헌력이 완전히 정착되기까지 여러 가지 갈등이 있었음 을 짐작케 한다. 특히 송형구는 "측후(測候)의 방법은 오직 육합(六 合)을 위주로 해야 하는데, 시헌력법은 전혀 이를 적용하지 않고 있으 니 잘못이다"[7]라며 시헌력의 사용을 반대하고 대통력으로 회귀할 것 을 주장한 대표적인 인물이었다.

송형구가 시헌력을 비판한 것은 다음 인용문에서 볼 수 있듯이 절 기(節氣) 문제 때문이었다. 뒤에서도 살펴보겠지만, 정기법(定氣法)에 따른 시헌력의 절기 계산법은 육합을 어그러뜨리는 역법이라는 것이 시헌력 반대론자들의 대체적인 인식이었다.

이분(二分, 춘분·추분)과 이지(二至, 하지·동지)가 일단 정해지면, 그 나머지 절기야 그 위치를 찾아 각각 따라가게 마련입니다. 그런데 지금에 와서 동지와 춘분부터 제자리를 못 찾고 있고 이로 말미암아 모 든 절기들의 위치가 정해지지 않은 채, 어떤 때는 간격이 줄어들기도 하고 늘어나기도 하는가 하면, 순(順)할 때도 있고 역(逆)할 때도 있는 데 어떻게 늘어난 것을 줄일 수 있으며 순한 것을 역하게 할 수 있겠습 니까? 이는 100년 뒤에 절기가 원상 복귀한다는 것을 몰라서 그런 것입 니까, 아니면 생극(生剋)의 이치와 합충의 이치를 몰라서 그런 것입니 까? 위로 천심(天心)을 본받고 아래로 민사(民事)에 합치시킨다고 하 는 역법의 본의가 과연 어디에 있습니까?[8]

---

7) 《顯宗改修實錄》 卷2, 현종 1년 4월 3일(丁亥), 37冊, 150쪽.
8) 《顯宗改修實錄》 卷2, 현종 1년 4월 3일(丁亥), 37冊, 150쪽.

"역법의 본 뜻은 위로 천심을 본받고 아래로 민사에 합치시키는 것"이라는 송형구의 역법관은 종래 전통적인 유학적 견해에서 나온 것이었다. 이처럼 유학적 역법관에서 보자면 시헌력은 그야말로 절기를 깨뜨리는 역법이었다. 그런데 이 당시 역법을 주관했던 관상감에서는 이와 다른 태도를 보였다. 송형구의 상소가 올라오자 관상감 도제조는 "역수(曆數)가 차이 나는지의 여부는 일식과 월식에서 증명될 수 있다. 구법(대통력법)으로 증명해보면 많이 차이가 나는 데 반해 신력(시헌력)으로 증명해보면 상당히 접근하고 있으므로, 선조(효종) 때 성명을 받들었던 만큼 지금에 와서 경솔하게 고칠 수는 없다"[9]며 대통력으로 회귀하는 것에 반대했다.

1661년에 송형구의 상소로 제기된 시헌력 사용 논란은 결국 시헌력을 그대로 사용하는 것으로 결정이 났지만, 1666년(현종 7년)에 결국 대통력으로 회귀하는 일이 발생했다.[10] 이해에 청에서 가져온 역서가 시헌력이 아닌 대통력을 바탕으로 만들어졌다는 것이 확인되자 조정에서는 시헌력을 사용할 것인가 아니면 대통력으로 다시 회귀할 것인가 하는 문제가 심각하게 논의되었다. 이 문제를 놓고 당시 영의정이었던 정태화(鄭太和, 1602~1673)는 "청나라 사람도 제사를 지낼 때는 모두 대통력을 사용하고 있으며, 시헌력의 잘못된 점이 드러나 탕약망의 역법이 간행될 수 없었다"는 사실을 들어 대통력으로 회귀해야 함을 주장했다.[11]

결국 영의정 정태화의 주장한 대로 시헌력은 청력이 시헌력에서

---

9) 《顯宗改修實錄》 卷6, 현종 2년 윤7월 13일(庚寅), 36冊, 306쪽.

10) 《顯宗實錄》 卷4, 顯宗 2년 13일(庚寅), 36冊, 306쪽.

11) 《顯宗實錄》 卷13, 顯宗 7년 12월(丙辰), 36冊, 532쪽.

대통력으로 다시 돌아갔다는 이유로 1666년에 시행이 중단되었다. 당시에 청력이 대통력으로 회귀한 일은 역법을 둘러싼 정치적 사건과 연관이 있었다. 1645년(순치〔順治〕 2년)의 시헌력 반포는 흠천감(欽天監)을 중심으로 아담 샬 등 황제의 신임을 얻은 예수회 선교사들이 주도한 개력이었다. 세력을 잃은 구력법가(舊曆法家)들은 1665년(강희〔康熙〕 4년)에 황권이 약한 틈을 타 천주교를 사교(邪敎)로 지목하여 탄압했고, 1669년(강희 8년)에 신진파의 주도로 다시 시행될 때까지 시헌력의 사용을 금지했다.[12]

현종대에 시헌력에서 대통력으로 회귀한 배경에는 이와 같은 청의 정치적 상황이 자리하고 있었다. 현종대의 시헌력 회귀 사건은 전통시대 한국 역법이 중국 역법과 밀접한 관계를 가지고 있었음을 보여주는 좋은 예라고 할 것이다. 이런 이유로 시헌력은 1653년에 공식적으로 시행되었다가 불과 15년 뒤인 1667년에 사용이 중단되었다. 이에 따라 그 이듬해 왕세자의 생일이 시헌력에서 대통력으로 수정되었다.[13] 그러나 청이 1669년에 다시 시헌력을 사용하자 조선에서도 1770년(현종 11년)부터 다시 시헌력을 시행했다.[14] 이 때문에 왕세자의 생일이 대통력에 따른 9월에서 시헌력에 따른 8월로 옮겨지는 우여곡절을 겪기도 했다.[15]

이상에서 살펴 보았듯이 효종조에 도입되었던 시헌력은 현종조에

---

12) 청의 개력 과정에 대해서는 강재언, 《조선의 西學史》(대우학술총서, 1990)와 《天主敎東傳文獻續編》 第3冊(臺灣 : 臺灣學生書局, 1966) 그리고 藪內淸, 《中國の天文曆法》(日本 : 平凡社, 1969)을 참조하기 바란다.

13) 《顯宗實錄》 卷14, 현종 8일 8일(己卯), 36冊, 563쪽.

14) 《顯宗實錄》 卷19, 현종 12년 8월 8일(丙戌), 36冊, 703쪽.

15) 《顯宗實錄》 卷19, 현종 12년 8월 8일(丙戌), 36冊, 703쪽.

들어와 대통력의 절기와 맞지 않다는 이유와 더불어 청력의 불안정으로 사용이 중단되고 다시 대통력으로 회귀하는 등 갈등을 빚었다. 그러나 시헌력은 점차 그 우수성을 인정받아 이후 자연스럽게 수용되었다. 물론 현종조 때의 갈등에서 벗어나 시헌력이 자연스럽게 수용된 것은 과학적으로 우수하다는 점이 일차적인 이유였다. 하지만 그 이면에는 명말(明末)에 시행하려고 했던 역법이었다는 사실이 일면 작용했음을 부인할 수 없다.[16] 이러한 맥락에서 보면, 시헌력 도입에 따른 갈등의 주요 원인은 중국에 대한 정치관계에서 비롯되었다고 지적할 수 있을 것이다. 갈등의 주요 원인인 시헌력법에 대한 이해부족 역시 시헌력을 도입하는 데 어려움이 되었다. 그러나 과학적 우수성과 명말에 완성된 역법이라는 명분에 힘입어 효종·현종년간 이후로 시헌력은 더 이상 거부할 수 없는 대세가 되었다. 따라서 시헌력의 사용에 대한 갈등은 숙종조 이후로는 거의 자취를 감추었다. 이후 역산(曆算)의 방법이 서양식이기는 하나 중국계의 태음태양력(太陰太陽曆) 형식을 갖춘 시헌력은 1896년 1월 1일에 태양력인 그레고리력으로 개력할 때까지 조선의 공식력(公式曆)으로 사용되었다.

3. 역법 논쟁

(1) 시헌력 이전의 역법관

태양력을 사용하기 이전인 전통시대 한국과 중국의 역법은 여러

---

16) 이러한 사실은 앞의 김자점과 이행원의 상소에서 보았듯이 이미 도입 초기에 알려진 사실이었으며, 시헌력을 자연스럽게 수용할 수 있는 명분으로 작용했다.

차례의 개력을 겪었지만, 문헌에 보이는 역법의 주된 기준은 항상 기삼백(朞三百)과 사분력(四分曆)이었다. 기삼백은 《서경(書經)》 〈요전(堯典)〉에 나오는 "기삼백유육순유육일 이윤월정사시성세 윤리백공 서적함희(朞三百有六旬有六日 以閏月定四時成歲 允釐百工 庶績咸熙)"에서 유래된 가장 뿌리 깊은 동양 전통의 역법관이다. 이것의 의미를 살펴보면, 기(朞)는 일주(一週)라는 뜻으로 곧 1년을 의미하는데, 1년을 366일이라고 한 것은 365일에서 조금 남기 때문에 그런 것이다. 그리고 윤달을 만들어 춘하추동(春夏秋冬) 사계절을 정해 모든 백성의 노동이 하나되게 다스리면 여러 공적이 넓게 된다는 뜻을 담고 있다. 따라서 기삼백에는 일·월·성신의 운행을 잘 관찰해 역상(曆象)을 만들고 이것으로 백성을 잘 다스리고자 하는 지배자들의 역법관이 투영되어 있는 것이다.[17]

기삼백에서 출발하는 고대 역법은 주천도수(周天度數)에 대한 정밀한 계산이 중요했다.[18] 예컨대, 전욱력(顓頊曆)[19]과 사분력은 365와 4

---

17) 기삼백은 비록 古曆의 역법관이었지만, 또한 고전인 《서경》에 실려 있었던 탓에 조선 후기에도 그 영향력이 있었다(《正祖實錄》 卷5, 정조 2년 2월 14일 〔乙巳〕, 45冊, 9쪽).

18) 고대 역법은 주천도수에 대한 정밀한 계산이 관건이었으므로, 주천도수의 常數는 항상 변해왔다. 그런데 중국의 주천도수는 지금과는 상당히 그 의미가 다르다. 서양은 바빌론 이래 지금까지 주천도수가 360도로 고정되어 있지만, 중국류의 度數는 周天 365도 남짓으로 본질적으로 서양과 그 기원을 달리한다. 즉, 태양이 1일에 1도를 움직이므로 주천도수를 1년 일수에 일치시키려고 한 것이다(周天全數一朞之日). 이것이 서양과 다른 점이다. 요컨대, 주천도수를 태양의 위치 관측과 결부시키는 것이 중국류의 주천도수이다. 중국에는 옛날부터 북극을 중심으로 天이 회전하는 것으로 알고, 북극을 천의 중심으로 여겼다. 게다가 중국 고대 역법에서는 태양이 천공을 等速度로 움직인다고 파악하고, 일행(日行)을 1도로 정했다. 서양에서는 주천(360도)과 1년의 일수(365일) 사이에 차이가 나지만, 중국 고대 역법은 일행을 1도로 하므로 주천도수는 1년의 일수와 거의 같은 값을 가진다. 주천도수에 대한

분의 1도, 삼통력(三統曆)[20]은 365와 1539분의 385도 등으로 각기 분모의 상수(常數)를 달리하여 계산한다. 전한(前漢)의 삼통력(태초력〔太初曆〕) 이후 새로운 역(曆)은 거의 언제나 이 분수치에 새로운 수치를 채택하는 것이었다.[21] 특히 사분력은 1년을 365와 4분의 1일로, 곧 분모를 4로 하는 데서 유래한 명칭이며, 1년의 일수를 대략적으로 정함으로써 역법 계산이 가장 간단했다.[22] 그런데 전통 역법관과 관련해 주목되는 것은, 대다수의 한·중 문헌에 나타나는 역법은 이러한 여러 가지 역법들 가운데서도 1년이 365와 4분의 1일이라는 사분력이 언급되고 있다는 점이다. 그 까닭은 대체로 다음과 같다.

첫째, 중국에서 사분력을 채용한 것은 후한(後漢)뿐이었지만, 후한은 고전주석학의 전성기였고, 따라서 고전의 주석에는 사분력의 수치를 사용하는 것이 전통으로 되었다.[23] 이런 까닭에 중국뿐만 아니라 한국의 전통시대 문헌은 거의 사분력을 기초로 한 주천도수, 즉 365와 4분의 1일을 그대로 인용했다. 둘째, 송대(宋代)에 와서 역은 유가(儒家)의 역(역리〔曆理〕)과 역가(曆家)의 역〔曆數〕으로 양분되었다. 그

이와 같은 이해는 시헌력이 도입되기 전까지 조선 후기 역법관을 대표했다 (주천도수에 대해서는 藪內淸의 《中國の天文曆法》을 참고하기 바란다).

19) 중국에서 가장 오래된 역법 가운데 하나로, 司馬遷의 《史記》 26권에 그 내용이 실려 있다. 사분력과 거의 동일한 역법으로 알려져 있다.

20) 이 역법은 太初曆이라고도 부르는데, 《前漢書》 권 21, 律曆志에 그 내용이 실려 있다. 태초력의 常數를 보면 1일을 81分으로 나누고 있는데, 81이라는 상수는 12律의 하나인 黃鐘의 9를 自乘한 값이다(朱文鑫, 《曆法通志》, 69쪽).

21) 이와 관련해서는 朱文鑫, 《曆法通志》, 68~69쪽과 山田慶兒, 김석근 옮김, 《朱子의 自然學》(통나무, 1991), 209쪽을 참조하기 바란다.

22) 朱文鑫은 사분력을 六曆이라 지칭하고 있는데, 六曆은 중국의 皇帝·顓頊·夏·殷·周·魯 시대 때 사용된 역이다(朱文鑫, 《曆法通志》, 51쪽).

23) 이와 관련해서는 山田慶兒, 김석근 옮김, 《朱子의 自然學》, 209쪽을 참조하기 바란다.

결과, 유가들은 역리는 알되 역수는 모르고, 역가들은 역리는 모르고 역수만을 아는 일이 벌어지기에 이르렀다.[24]

조선시대 사상계에 큰 영향을 끼친 주희(朱熹[朱子], 1130~1200)가 생존했던 중국 송대는 개력이 18회나 이루어졌고 전후 왕조 가운데 역법이 최고로 번잡했던 시기였다. 그러나 송대의 개력은 개명(改名)을 의미할 뿐, 역법의 내용은 당(唐) 역법의 아류였다. 따라서 역가들의 역법 연구는 더 이상 발전하지 못했다. 이것은 곧 주희를 위시한 유가들에게 역법을 비판하게 하는 빌미를 제공했다. 송학(宋學)은 그 이전의 유학과는 달리 천문역상(天文曆象)까지 관심 영역을 넓혔기 때문에, 역법은 단지 역가들만의 전유물이 아니었다.[25] 게다가 이 점은 주희의 자연관을 추종하던 조선시대 유학자들에게도 그대로 적용된다. 말하자면, 조선 후기 유학자들이 펼친 전통 역법관은 기삼백을 토대로 한 주희의 역법관이 모태가 되었다고 볼 수 있다. 따라서 조선 후기 유학자들의 역법관을 알아보기 위해서는 먼저 주희의 천문역법관을 살펴볼 필요가 있을 것이다. 먼저, 주희의 천문역법관이 《서집전(書集傳)》에 실려 있는 기삼백과 사분력을 바탕으로 했다는 것은 다음 인용문에서도 잘 나타난다.

하늘의 형체는 둥글며, 둘레는 365와 4분의 1도이다. (하늘은) 땅 주위를 왼쪽으로 돌며, 언제나 하루에 한 바퀴를 돌고 다시 1도를 더 움직

---

24) "儒者知天 知其理而已矣 安用曆 曰曆也者 數也"(《曆算全書》卷6, 50쪽 ; 《欽定四庫全書》天文算法類 子部 100, 104쪽). 이와 관련해서는 藪內淸,《中國の天文曆法》, 104~109쪽과 山田慶兒,《朱子의 自然學》, 240~276쪽을 참고하기 바란다.

25) 藪內淸, 같은 책, 104~109쪽 참조.

인다. 태양은 하늘에 매여 있으나 조금 느리기 때문에 하루에 땅을 한 바퀴 돌지만, (하늘과 비교하면) 1도 미치지 못한다. 365와 940분의 235 일이 되면 하늘과 만나는데, 이것이 1년 동안에 태양이 운행하는 수 이다.[26]

여기서 보듯이, 주희는 하늘의 둘레가 365와 4분의 1도라는 사분력 수치를 그대로 따랐다. 이 밖에도 주희의 역법관이 〈요전〉에 나타난 사분력에 기초한 것임은 다음의 인용문에서도 잘 드러난다.

〈요전〉에 '365일'이라고 하는데, 지금 1년이 354일이라는 것은 삭공 (朔空)과 여분(餘分)을 모아서 윤(閏)으로 한 것이다. 삭공이란 여섯 개의 작은 달이며 여분이란 5와 4분의 1일이다.[27]

주희 역법관의 모태가 된 사분력은 전국시대에 성립한 것으로, 중 국 최초의 체계적인 역이라고 할 수 있다. 사분력은 간결하면서도 상 용력(常用曆)으로서는 매우 뛰어난 역법이었다. 그 명칭은 앞에서도 언급한 것처럼 1년의 일수(日數)로 365와 4분의 1일을 채택한 데서 유래한 것이다.[28] 이 사분력은 19년 동안에 윤달을 일곱 번 삽입하는

---

26) "天體至圓 周圍三百六十五度四分度之一 繞地左旋 常一日一周而過一度 日 麗天而少遲 故日行一日 亦繞地一周 而在天爲不及一度 積三百六十五日九百 四十分日之二百三十五分而與天會 是一歲日行之數也"(《朱子語類》卷2 理氣 下, 黃義剛錄).

27) "堯典云, 朞三百有六旬有六日 而今一歲三百五十四日者 積朔空餘分以爲閏 朔空者 六小月也 餘分者 五日四分度之一也"(《朱子語類》卷78, 余大雅錄).

28) "古法以太陽一日所行 命之爲度 然所謂四之一者 訖無定率 故古今公論 以四 分曆最爲疎闊"(《曆算全書》卷2, 24쪽;《欽定四庫全書》子部 99, 天文算法類, 37쪽).

19년7윤법을 사용한다. 19년7윤법은 이미 서양에서도 메톤주기라는 이름으로 사용된 역법이다. 주희는 비교적 간단한 상수(象數)를 가진 사분력을 근간으로 하여 역법을 설명했던 것이다. 요컨대, 주희는 그 이전 시대보다 천문역법에 대해 다소 발전적인 견해를 제시했다고는 하나, 여전히 고전주석학과 밀접히 결부되어 있는 전통적인 사분력의 수치를 따르고 있었다.[29] 이처럼 주희가 여러 역법(曆法) 가운데 사분력으로 회귀한 까닭은 송대의 번잡한 개력과 관련이 있는 것으로 보인다.

다음으로 주희의 역법관에서 가장 주목되는 것은 바로 좌선설(左旋說)을 주장했다는 점이다. 당시 천문학자들은 하늘은 왼쪽으로 돌고 해와 달 그리고 별들은 오른쪽으로 간다[天左旋 日月星辰右行說]는 우행설(右行說)을 주장했다.[30] 주희는 이를 장형(張衡[張橫渠], 72~139)이 제창한, 하늘과 태양·달이 모두 왼쪽으로 돈다[天左旋 日月星辰左旋說]는 좌선설로 대치했다.[31] 이처럼 주희는 장형의 이론을 바탕으로 하면서 역가들의 기존 견해를 뒤집었다. 다음은 주희가 펼친 좌선설의 내용이다.

역가는 단지 뒤지는 도수만을 계산하여 거꾸로 태양은 1도 운행하고

---

29) 주희만이 사분력의 수치를 따른 것은 아니었다. 陸象山(1139~1192)도 마찬가지로 사분력의 수치를 따르면서 천문을 논했다(山田慶兒, 앞의 책, 227쪽 참조).

30) "問天左旋 日月五星右旋 中西兩家所同也 自橫渠張子 有俱左旋之說 而朱子蔡氏因之"(《曆算全書》 卷2, 22쪽 ;《欽定四庫全書》子部 99, 天文算法類 , 30쪽).

31) "朱子既因舊說釋詩 又極取張子左旋之說 盖右旋者已然之 故而左旋者 則所以然之理也"(《曆算全書》 卷2, 24쪽 ;《欽定四庫全書》子部 99, 天文算法類, 31쪽). 이와 관련해서는 山田慶兒,《朱子의 自然學》, 220쪽을 참조하기 바란다.

달은 13도 남짓 운행한다고 하는데, 이것이 곧 생략법(省略法, 절법[截法])이다. 이런 이유로 태양과 달과 5성이 우행한다는 설이 있지만, 사실은 우행하는 것이 아니다. 장횡거는 "하늘은 왼쪽으로 돌고 그 속에 위치하는 것도 거기에 따르는데 조금 느리므로 도리어 오른쪽으로 가는 것이다"라고 하는데, 이 설이 제일 좋다.[32]

주희는 역가들의 역법이란 것이 단순히 계산상의 편의를 위한 생략법(절법)[33]에 기초한 데 지나지 않는다고 보고,[34] 매너리즘에 빠진 역가들을 비판했다.

주희는 구체적으로 계산법과 관측법에 대해서도 비판했다. 그는 "오늘날 역을 제작하는 사람들에게는 정해진 법이 없고 그저 하늘의

---

32) "曆家只算所退之度 却云日行一度 月行十三度有奇 此乃截法 故有日月五星右行之說 其實非右行也 橫渠云 天左旋 處其中者順之 少遲則反右矣 此說最好"(《朱子語類》卷2, 理氣 下).

33) 생략법[截法]은 계산상 편의를 위해 적당한 기준을 마련하는 것이다. 예를 들면, 시속 100킬로미터와 90킬로미터로 땅 위에서 평행하게 앞으로 나가는 열차가 있을 경우, 땅 위를 기준으로 하지 않고 빠른 열차를 기준으로 하여 느린 열차는 시속 10킬로미터 뒤로 나간다고 보는 것이 생략법이다. 그러므로 우행설에서 달이 13도 반만큼 오른쪽으로 나아간다고 표현한다면, 좌선설에서는 그것과는 거꾸로 기준점으로부터 351과 4분의 3도만큼 왼쪽으로 나아간다고 표현하지 않으면 안 된다. 그러나 주희는 이러한 생략법을 비판한 것이 아니라, 운동의 상대성을 알지 못하고 그것을 실제 천체 운동이라고 보는 데 반대한 것이다(山田慶兒, 앞의 책, 222~223쪽 참조).

34) 주희는 "역가는 나아간 수치로 계산하기 어려워서 뒤처진 수치로 계산했기 때문에 오른쪽으로 움직인다"고 말했으며, 또한 "해의 운행은 느리고 달의 운행은 빠르다고 했다"고 주장했다. "曆家以進數難算 只以退數算之 故謂之右行 且曰日行遲 月行速"(《朱子語類》卷2, 理氣 下). 주희의 이러한 좌선설은 《禮記》月令에 나오는 '해가 28수의 위치에 머무는 것을 끝마친다'는 구절과 공영달의 주석에 나오는 '하늘의 운행은 1도를 더 움직인다'는 내용을 통해 알게 된 것이었다. "因讀月令 日窮於次 疏中有天行過一度之說 推之乃知其然"(《朱子語類》卷2, 理氣 下).

운행 도수를 쫓아서 맞추려고만 할 뿐이다"[35]라고 비판하면서 "단지 수치를 맞추는 식으로는 역과 천문현상이 어긋나는 일을 없앨 수 없으며 중요한 것은 일정한 정법(定法)으로 계산하는 것이다"라고 주장했다.[36] 주희에 따르면, 역법상의 혼란은 삼대(三代) 이후 역법을 만들 때부터였다. 삼대 이전의 역서에는 일정한 법칙이 있었는데, 그 뒤로 역법이 분분하여 일정한 법칙이 없어졌기 때문에 정밀하면 정밀할수록 더욱 차이가 많이 생겼다는 것이다.[37] 결국 주희가 가졌던 삼대 이후의 역법에 대한 불신이 그를 사분력의 추종자로 돌아서게 만들었던 것이다.

지금까지 살펴본 주희의 천문역법관이 가진 특징을 대별해보면, 사분력에 기초한 주천(周天) 365와 4분의 1도 그리고 하늘·일월·5성의 좌선설로 요약할 수 있다. 사분력과 좌선설로 대표되는 주희의 천문역법관은 조선시대 유학자들에게 커다란 영향을 미쳤을 것으로 보인다. 따라서 조선 후기에 전래된 서양의 천문역법 체계는 주희 중심의 전통적인 천문역법관을 가지고 있던 조선 유학자들에게 이질적인 것일 수밖에 없었으며, 이를 이해하는 데 상당한 진통을 겪지 않을 수 없었다.

(2) 시헌력의 역법관

앞에서 언급한 주희의 역법관은 주자학(朱子學)의 도입과 함께 자

---

35) "今之造曆者無定法 只是趕趁天之行度以求合 或過則損 不及則益 所以多差"(《朱子語類》 卷2, 理氣 下).

36) "以我法之有定 而律彼之無定 自無差也"(《朱子語類》 卷2, 理氣 下).

37) "意古之曆書 亦必有一定之法 而今亡矣 三代而下 造曆者紛紛莫有定議 愈精愈密而愈多差 由不得古人一定之法也"(《朱子語類》 卷2, 理氣 下).

연스럽게 조선 유학자들의 역법관 형성에 영향을 주었다. 그러나 시헌력의 도입과 함께 전통적인 주자 중심의 역법관은 수정되지 않으면 안 되었다. 시헌력은 기존의 전통 역법과는 상충되는 점이 많았을 뿐만 아니라, 역법관의 변화 없이는 시헌력을 수용하기가 어려웠기 때문이다.

대통력과 시헌력 사이의 갈등은 이미 살펴보았지만, 시헌력의 도입은 역서상의 갈등뿐만 아니라 전통적인 역법관과 시헌력을 바탕으로 하는 역법관 사이의 갈등도 심각하게 불러일으켰다. 다시 말해서, 기존의 대통력과 시헌력 사이의 상충점은 강하게 전통 역법을 고수하려는 태도와 반대로 전통 역법을 비판하고 시헌력의 원리를 받아들이려는 태도로 나뉘게 만든 것이다. 그런데 이러한 갈등 양상이 벌어지게 된 데는 유학자들의 역법관이 밀접한 관련이 있었다. 전통적으로 유학자들은 역수보다는 역리에 치중한 경향이 있었으므로, 시헌력을 받아들이는 데 문제가 되는 것은 관상감 관원들이 중요시했던 역산이 아니라 역리였던 것이다. 역리를 중요시했던 유학자들의 역법관은 시헌력을 받아들이면서도 전통 역리는 포기하지 않는 현상을 낳았고, 시헌력 사용 이후에도 한동안 전통 역법관이 그대로 남아 있게 하는 원인이 되었다.

시헌력의 도입은 곧 새로운 서양 역법관의 도입이었다. 비록 서양의 역법이기는 하나 시헌력을 중요시했던 이유는 역법에 조금이라도 조예를 가진 유학자라면 신·구력의 차이점 정도는 충분히 인식하고 있었기 때문이다.[38] 그러나 시헌력의 도입 과정에서 살펴 본 바와 같

---

38) 시헌력의 특징은 우선 천문상수와 계산법에서 서양식을 따른다는 점이다. 이를테면, 각도는 60진법을 쓰고 일주는 360도로 상정하며 삼각함수를 쓰는 등의 특징이 있었다. 이 밖에도 시헌력은 1년을 365.2422일(또는 365.2423일)

이 초기에는 비판적인 견해가 지배적이었다. 그 원인은 크게 세 가지로 나누어볼 수 있다. 첫째, 명(明)에 대한 존주(尊周)의식과 청에 대한 상대적인 반감, 둘째, 조선 후기 유자(儒者)들의 의식에 자리하고 있던 고전 역법, 즉 주희의 역법에 대한 미련, 그리고 셋째, 서양 역법, 즉 시헌력에 대한 이해 부족 등이 그것이다. 따라서 조선 후기 유학자들의 역법관을 살펴보는 일은 시헌력의 도입에 따른 조선 후기 역법관의 변화 양상을 구명해볼 수 있는 작업이 될 것이다. 필자는 여기서 신·구력의 가장 큰 차이점이라고 할 수 있는 주천도수·절기·시각에 국한해 주제에 접근하고자 한다.

상술한 바와 같이 시헌력의 도입 초기에는 비판적 견해가 많았는데, 우선 시헌력의 도입 초기에 해당하는 효종과 현종년간 당시 예조 참판까지 지냈던 김시진(金始振, 1624～1669)[39]의 역법론에 이러한 면이 잘 나타나고 있다. 김시진은 전통 역법관의 견지에서 시헌력을 비판한 인물로, 그는 "구력개용고법 고지어상서기삼백장(舊曆皆用古法考之於尙書朞三百章)"[40]이라고 하여 기삼백이 전통 역법의 모태라고 인식했다. 김시진은 이러한 전통 역법관을 토대로 다음과 같이 구력과 신력의 차이를 인식했다. 첫째, 구력은 한 달이 30일 5시 2각이며

로, 한 달(태양일)을 29.53059일로 정하고 있다는 점에서 지금과 거의 일치한다(金容雲, 〈韓國數理曆算史考〉, 《傳統科學》 2, 한국전통과학연구소, 1981, 92～93쪽).

39) 伯玉 김시진은 1644년 庭試에 합격해 관직에 나간 인물로, 사무에 통달하고 산법에 밝아 均田使가 되기도 한 인물이다(《顯宗實錄》 卷6, 현종 4년 3월 18일[丙戌], 36冊, 369쪽). 현재 김시진의 문집을 발견하지는 못했으나, 그의 역법론이 다행히 남극관(南克寬)의 《夢囈集》에 전한다. 김시진은 시헌력 도입으로 갈등을 겪던 효종과 현종년간의 인물이기 때문에, 당시 유학자들의 시헌력에 대한 견해를 살피는 데 도움이 된다고 생각한다.

40) 南克寬, 《夢囈集》 〈金參判曆法辨辨〉.

입춘(立春)에서 대한(大寒) 절기까지 365일 3시가 되는 반면, 신력은 올해 입춘에서 이듬해 입춘까지가 365일 3시로, 이것이 신·구력의 가장 큰 차이점이라고 파악했다.[41] 둘째, 김시진은 시각법(時刻法)이 다른 점 역시 구력과 신력 사이의 큰 차이점이라고 여겼다. 시각법에 대해 약간의 설명을 덧붙이면, 사분력은 940분을 1일의 법〔日法〕으로 하고 940분=100각=12시로 하여 한 시간이 8과 3분의 1각인 데 반해, 시헌력은 12시간 96각법을 사용하여 1시간을 8각으로 하고 있다.[42] 따라서 구력인 대통력은 1각이 78과 3분의 1분인 데 반해, 신력인 시헌력은 1각이 60분으로 등분되어 시헌력의 시각법이 계산하기에 훨씬 쉬웠다.[43] 물론, 김시진도 이와 같은 편리한 계산법에 대해서는 인정을 했다.

시헌력에 대해 비판적인 견해를 가지고 있었던 김시진은 특히 대통력과 시헌력 사이의 절기 시각차가 가장 큰 문제점이라고 파악했다. 김시진은 "신력에서 12절기의 길이가 고르지 못한 것은 전혀 근거가 없는 것으로서, 24기(氣)의 길이가 같은 것은 바꿀 수 없는 이치인 것"으로 인식했다.[44] 김시진은 자신의 주장에 대한 근거로 "여름날이 길고 겨울날이 짧다는 것이 신력의 주장인데, 분각(分刻)을 같게

---

41) "舊曆則自立春至大寒節盡 爲三白六十五日三時 而新曆則自今年立春竝計明年立春候至之刻 爲三白六十五日三時 其不同之大略也"(《夢囈集》〈金參判曆法辨辨〉).

42) 《增補文獻備考》卷3,〈象緯考〉漏局, 11쪽.

43) 1시간을 初正으로 등분한 것은 신·구력이 모두 같지만, 구력은 初初刻, 初1, 2, 3, 4각으로 나눈 반면, 신력은 初初刻에서 시작해 1, 2, 3각까지 있다는 점에서 차이가 난다.

44) "至於十二節氣 長短之不齊 實爲無據 夫以三白六十五日四分日之一 分之爲十二節 又分之爲二十四氣 長短平等理 不可易也"(《夢囈集》〈金參判曆法辨辨〉).

하지 않는다면 그 폐단으로 장차 사시가 바뀌고 인사(人事)가 폐해지며 육갑(六甲)이 문란해져 천도(天道)가 어그러지게 될 것이다"[45]라는 이유를 들었다. 그런데 김시진의 이와 같은 비판은 전통적인 절기 계산법인 평기법(平氣法)의 관점에서 시헌력의 정기법을 비판한 것이었다.

논의의 진행을 위해 24기의 입기(入氣) 시각을 정하는 방법에 대해 잠시 살펴보자. 24기의 입기 시각을 정하는 방법에는 평기법과 정기법 두 가지가 있다. 전자는 1년 12절(節)을 24등분해 그 분점을 기점(氣點, 중기[中氣])으로 정하는 방법이므로, 절기와 중기까지의 시간 간격이 15.22일로 균등하다.[46] 그런데 후자는 황도(黃道)를 동(東)으로 15도 간격으로 균일하게 하고 태양이 그 도수(度數)를 통과하는 기간을 1기로 정하는 방식을 택한다. 그럴 경우 황도 위에서 태양의 운동에 더딤과 빠름[遲速]이 생기고 1기의 일수가 같지 않은[不等] 일이 벌어져, 1기의 간격이 대략 14.72일에서 15.73일 사이를 움직이게 된다. 따라서 한달 사이에 중기가 두 번 들어가기도 하고, 또 중기가 전혀 없는 달이 생기기도 한다.[47] 이 때문에 정기법에서는 중기가 없는 달을 윤달로 정하는데, 이로 말미암아 종래의 치윤법(置閏法)은 더이상 성립되지 못한다. 이러한 이유로 평기법을 택한 대통력과 정기법을 택한 시헌력 사이에 윤달 문제가 생기는 것이다.

평기법은 한국과 중국에서 정기법을 사용하는 시헌력을 채택할 때까지 쓰여왔다. 평기법은 역 계산에는 편리하지만, 정기법에 견주어 기후 관계를 정밀하게 알리지 못한다는 결점이 있다.[48] 따라서 정기법

---

45) "何可以暑日之遲 寒日之促 而節氣隨之 而不齊耶 此新曆之說 爲不通也……
至於四時易 而人事廢六甲紊 而天道乖"(《夢囈集》〈金參判曆法辨辨〉).

46) 이은성, 앞의 책, 127쪽.

47) 藪內淸, 《中國の天文曆法》, 283쪽.

은 평기법의 결점을 막기 위해 정해진 것이었으며, 이러한 절기법의 차이는 신·구력의 비교에서 가장 두드러지는 특징 가운데 하나였다.

끝으로 주목할 것은, 시헌력에 대한 김시진의 반박이 단지 역법상의 견해 차이에서 온 것만은 아니라는 사실이다. 서양을 오랑캐로 인식한 그로서는 서양 역법인 시헌력은 곧 오랑캐의 역법이었다. 때문에 그에게 시헌력의 사용은 곧 오랑캐의 역을 따르는 것으로서, 이는 정도(正道)가 무너지는 것이라고 이해되었다.[49)

이와 같은 김시진의 역법론은 남극관(南克寬, 1689～1714)[50)의 경우에도 마찬가지였다. 남극관은 약천(藥泉) 남구만(南九萬, 1629～1711)의 손자로 비록 26세 라는 젊은 나이에 요절하기는 했으나,[51) 문장(文章)과 역수에 상당한 재능이 있었던 인물로 평가받았다.[52) 남극관은

---

48) 예를 들면, 절기 사이의 간격을 똑같이 정한 평기법과는 달리, 정기법은 하지와 대서 두 중기 사이의 시간 간격이 31일 11시나 되는 반면, 동지와 대한 두 중기 사이는 29일 10시로 줄어든다. 또 춘분에서 하지를 거쳐 추분에 이르는 반년 동안은 186일 10시이지만, 추분에서 동지를 거쳐 춘분에 이르는 반년 동안은 178일 20시가 된다. 따라서 여름의 절기 기간이 겨울보다 길다. 절기에 대해서는 이은성의 《曆法의 原理分析》과 藪內淸의 《中國の天文曆法》을 참고하기 바란다.

49) 《夢囈集》〈金參判曆法辨辨〉. 한편, 청력인 시헌력이 오랑캐역이라는 인식은 18세기에 와서도 여전히 유효했다. 《頤齋亂藁》를 보면, "或者乃曰 淸曆不可用 亦不必觀 是固攘夷之說 獨不念皇明舊事乎"라고 하여 시헌력이 사용된 이후에도 유자들은 여전히 거부감을 가지고 있었음을 보여준다. 그러나 역법상 우수한 시헌력이 명나라 말기에 만들어진 역법이라는 사실에서 당시 유자들은 안타까운 한편으로 위안을 얻었다(《頤齋亂藁》 卷1, 2冊, 195쪽).

50) 남극관에 대한 논문으로는 鄭錫龍의 〈夢囈 南克寬의 續東都樂府 硏究〉(《漢文學論集》 9집, 단국한문학회, 1991)가 있다.

51) 남극관의 자는 伯居, 호는 幽憂子·謝施子·夢囈이고, 본관은 宜寧이며, 아버지는 晦隱 南鶴鳴(1654～1722)이다. 그의 가계에 대해서는 鄭錫龍의 앞의 글 (1991)을 참조하기 바란다.

52) 남극관에 대해 이재 황윤석은 "其人頗有才藝能 出入於文章曆數"라고 평했

자신의 역법관을 토대로 시헌력을 비판했는데, 그의 역법관에서도 여전히 고력(古曆)인 사분력의 주천도수, 즉 주천 365와 4분의 1일을 태양과 하늘의 회기(會期)로 보고 24기는 그 운행을 따르는 도(度)로 파악하고 있음이 발견된다.[53] 이 밖에도 남극관은 태양이 극남(極南)에 있으면 동지(冬至)가 되고 극북(極北)에 있으면 하지(夏至)가 되며, 태양이 남과 북 그 가운데 위치하면 춘분과 추분이 되는 것으로 인식했다.[54] 그리고 이러한 전통적인 평기법의 처지에서 시헌력의 정기법을 공격했다. 즉, 남극관은 "동지 앞에 입춘을 넣는 시헌력이야말로 기둥에다 처마를 넣는 것으로서 성세(成歲)를 이루지 못하는 역"이라고 인식한 것이다.[55]

김시진과 남극관의 시헌력 비판은, 병자호란 이후 배청-북벌의 분위기가 팽배하고 또한 주자학의 배타적이고도 보수적인 분위기가 만연한 17세기 무렵에 이루어진 것이었다. 따라서 시헌력이 정착된 18세기에 들어와서는 이와 전혀 다른 양상이 전개되었다. 즉, 주자학에 대한 비판이 제기되고 개방적 학풍이 싹트면서 북학파(北學派) 실학자들로 말미암아 화이론(華夷論)과 북벌론은 도전을 받게 되었는데, 그 사상적 배경이 북학파와 연결된 인물성동론이었다. 인성(人性)과 물성(物性)을 같은 것으로 인식하는 인물성동론[56]은 청조(淸朝)의 문

다(《頤齋全書》〈漫錄〉).

53) "周天三百六十四分日之一者 日與天會之期也 二十四氣者 其運行之度 而爲節焉者也"(《夢囈集》〈金參判曆法辨辨〉).

54) "故之在極南冬至也 在極北夏至也 自南而北 自北而南 而中焉者 春秋之分也"(《夢囈集》〈金參判曆法辨辨〉).

55) "新曆者 置立春於冬至之前…… 失歲之憂矣 然是乃檐入於楹也 輪越乎軸也"(《夢囈集》〈金參判曆法辨辨〉).

56) 인물성동론 가운데에서도 洛論은 性善의 일관성과 관련해 人之性과 物之性

물을 자연스럽게 받아들이는 사상적 배경으로 작용했다. 이러한 사실
은 다음에 기술할 인물들의 역법관에서 살펴볼 수 있다.

먼저 이익(李瀷)은 주자학적 세계관을 부정하고 나아가 청조를 긍
정한 인물답게,[57] 주희의 역법관을 비판하고[58] 시헌력의 우수성을 다
음과 같이 적극적으로 인정했다.

> 서양의 천문학은 중국으로서는 따를 수 없다. 서양이 첫째요, 회회
> (回回)가 그 다음이다. 하늘을 측정하는 데 360도라고만 하고 나머지
> 숫자는 계산에 넣지 않았으며 다만 태양이 다니는 거리만으로 기준을
> 삼고 있는데, 이는 하늘과 관계가 없는 것이다.[59]

이익은 시헌력의 주천도수와 절기 시각 등의 특징을 잘 이해했고
그 정확성에 대해서도 인정했다.[60] 뿐만 아니라, 이익은 남극관과 김
시진이 비판한 시헌력의 절기 계산법, 곧 정기법에 대해서도 그 타당
성을 인정했다. 이익은 음양가(陰陽家)들이 길흉을 점칠 때 시헌력을

의 상호 연관으로 파악하는 김원행의 논리를 이어받았는데, 이러한 洛論的
사고는 특히 象數學의 발전과 經濟之學이 연구되는 실용 위주의 학문 풍토
를 가져왔다. 이러한 학문적 분위기 속에서 文化自尊主義와 반청적 화이론이
비판되고, 청조의 문물 및 학술을 수용하자는 北學論이 제기되었다(유봉학,
〈北學思想의 形成과 그 性格－湛軒 洪大容과 燕巖 朴趾源을 중심으로〉,《韓
國史論》8, 1982).

57) 孫承喆, 〈17~8世紀 韓國思想의 進步性과 保守性의 葛藤에 관한 硏究(1)－
특히 實學思想의 對外認識을 中心으로〉,《강원사학》1, 57~59쪽.
58)《星湖僿說》卷2,〈天地門〉, '歸餘於終'에서 이익은 주희의 역법을 비판하고
있다.
59)《星湖僿說》卷1,〈天地門〉, 中西曆三元, 25쪽.
60) 이익의 역법관에 대해서는 이원순의〈星湖 李瀷의 西學世界〉(《敎會史硏究》1,
교회사연구소, 1973)를 참조하기 바란다.

사용하지 않고 여전히 대통력을 사용하고 있음을 비판하면서 다음과 같이 대통력의 평기법이 가진 역법상의 문제를 언급했다.

예로부터 역법이 오래되면 반드시 고쳐왔는데, 시헌력이 나온 뒤로는 아무도 이를 이해하는 사람이 없고, 다만 대통력이라는 기성 역법에만 의거해 1년을 24기로 평균적으로 나누어 추정하고 있으니, 만일 (시간이) 오래되어 달과 날의 운행에 차이가 생길 때는 어떻게 할 것인가?……
대신 최석정(崔錫鼎)이 역관(曆官)에게 명해 시헌력 가운데서 24기 시간의 장단(長短)과 분수(分數)를 표시하게 했는데, 이것은 절기의 변천이 본래 이렇게 된 것이 아니라는 것을 모르기 때문이다. 겨울과 여름의 날수를 생각해보아도 서로 같지 않음을 알 수 있다.[61]

이 밖에도 이익은 "지금 실시하는 시헌력은 곧 서양 사람 탕약망이 만든 것인데, 여기에서 역법은 극치에 달했다. 태양과 달의 교차 그리고 일식·월식이 하나도 틀리지 않으니, 성인이 다시 나오더라도 반드시 이를 따를 것이다"라고 하여 시헌력을 극찬했다.[62]

반면, 지전론(地轉論)과 무한우주론(無限宇宙論)을 주장해 진보적 우주관을 펼친 인물로 평가받는[63] 홍대용(洪大容)에게서는 이익과 같은 파격적인 역법관을 찾을 수 없다. 우주관과 달리 상세한 역법관을 피력하지는 않은 탓에 그 내용은 정확히 알 수 없으나, 의외인 점은

---

61) 《星湖僿說》 卷1, 〈天地門〉 時憲曆, 28쪽.

62) 《星湖僿說》 卷2, 〈天地門〉 曆象, 52쪽.

63) 홍대용의 우주관에 대해서는 다음과 같은 논문들을 참조하기 바란다. 이용범, 《한국과학사상사연구》, 동국대출판부, 1993 ; 박성래, 〈洪大容의 科學思想〉, 《韓國學報》 23, 1981 ; 小川晴久, 〈洪大容の宇宙無限論〉, 日本 : 東京女大附設比較文化研究所, 1977.

그가 역산에서는 전통 역법 수준에 머물러 있다는 것이다. 예를 들면, 홍대용의 〈주해수용(籌解需用)〉에 보이는 역산법의 문제는 기삼백에 관한 계산 문제였다.[64] 추측컨대, 역법에 대한 초보적인 이해와 입문에는 역시 복잡한 시헌력보다 간단한 기삼백을 기초로 한 사분력이 유리했던 것 같다.

조선 후기의 천문·역법에 관한 한 제일의 대가라고 할 수 있는 인물은 이재(頤齋) 황윤석(黃胤錫, 1729~1791)이었다.[65] 앞에서 언급한 홍대용과는 미호(渼湖) 김원행(金元行) 문하에서 동문수학한 사이이다. 황윤석은 당시 고증학의 영향을 받은 탓인지 역대 역법에서 시헌력에 이르기까지 그 연원과 원리 등을 망라한 편저를 남겼다.[66] 일찍이 시헌력의 우수성을 인식한 그는 한역서학서를 통해 최신의 역법을 습득하고자 했다.[67] 황윤석은 시헌력에 대한 이해는 물론이고, 더 나아가 역법의 정확한 추산(推算)을 위해 그 기초가 되는 성좌(星座) 연구에 심혈을 기울였다. 성좌에 대한 그의 연구는 당시의 최신 천문역서였던 쾨글러(kögler)의 《의상고성(儀象考成)》을 통해 이루어졌다. 쾨글러는 1716년에 중국에 와서 1725년에 오늘날의 천문대장에 해당

---

64) "今有九百四十分之二百三十五 問約之得幾何 答曰四分之一"(《湛軒書》外集 卷4, 〈籌解需用〉 碁閏解).

65) 황윤석의 자는 영수(永叟), 호는 이재로, 어릴 때부터 理藪에 뜻을 두었으며, 자연과학에 대한 백과전서식 책인 《理藪新編》을 편술했다.

66) 황윤석은 《理藪新編》의 편저를 통해 인성과 우주의 관계를 구명하고자 했는데, 그의 학문적 태도는 성리학적 바탕 위에서 서양의 과학을 이해하려는 것이었다. 즉, 理의 문제를 物(氣)과 결부시키고자 했던 인물이었다(《理藪新編》 序 참조).

67) 황윤석이 열람한 한역서학서는 《新法曆引》·《曆象考成》·《曆象考成後篇》·《職方外紀》·《數理精蘊》 등이다(정성희, 〈頤齋 黃胤錫의 科學思想〉, 《淸溪史學》, 청계사학회, 1992, 159~160쪽).

하는 흠천감정에 취임한 인물이다. 그는 약 20년 동안 청나라 사람 서무덕(徐懋德)과 명안도(明安圖)의 도움을 받아《흠정역상고성후편 (欽定曆象考成後篇)》10권을 출판하고 뒤이어《의상고성》을 세상에 내놓았다.

황윤석의 역법과 성좌 연구에서 보다시피, 시헌력에 대한 연구가 18세기 들어 항성 및 성좌에 대한 연구로 확대된 데는 시헌력법의 과학적 우수성이 가장 큰 영향을 끼친 것으로 보인다.[68] 가령 1768년(영조 44년)에 관상감첩정단자(觀象監牒呈單子)를 보면, 이해 11월 15일에 월식이 있었는데 시헌력법에 따른 월식 예측이 가장 정확하다는 것이 판명되었다.[69] 조선 후기에 관상감에서는 일식이나 월식을 시헌법·칠정산내외편법·대명력법(大明曆法)에 따라 각기 추산했는데, 이 가운데 시헌법에 따른 추산이 가장 정확했다.[70] 따라서 조선 후기에 시헌력을 수용하게 된 데는 무엇보다도 역법상의 정확성이 가장 큰 동기로 작용했을 것이다.

---

68) 쾨글러의《의상고성》을 바탕으로 한 황윤석의 항성과 성좌 연구에 대해서는 이 책 제1부 1장의 '1. 한역서학서의 전래'를 참고하기 바란다.

69)《頤齋亂藁》卷1, 2冊, 303~304쪽.

70)《頤齋亂藁》을 보면, 1768년 11월 15일 월식 추산에 관한 관상감첩정단자 내용이 실려 있다. 그 내용에 따르면, 시헌법의 월식 추보는 실제 월식 시각과 정확히 맞았으며, 칠정산내외법에서는 2~3각의 오차가 있었다고 한다. 그리고 대명력법에서는 不食이었다. 그런데 황윤석은 대명력법이 不食한 것과 관련해, 대명력은 宋의 祖沖之가 만든 것을 金과 元이 승용한 것이지 명에서 사용한 역법은 아닌데, 관상감에서 이것을 모르고 皇明曆法으로 알고 있다고 했다. 황윤석은 명나라가 원의 수시력을 이어받기는 했으나 그것은 회회력법이 합쳐진 대통회회력으로 수시력과는 약간의 차이가 있다고 보았다(《頤齋亂藁》卷1, 2冊, 303~304쪽 ;《頤齋亂藁》卷14, 3冊, 167쪽).

제3장 역서의 간행과 반포

1. 관상감과 역서의 발간

인간의 생활을 시간 측면에서 다루는 것이 역(歷)과 역(曆)일 것이다. 이 가운데 천체의 운동을 살펴보고 예측하는 이른바 역(曆)은 인간의 시간 생활을 합리적으로 통제하기 위한 기본적인 법률이라고 할 수 있겠는데,[1] 이를 생활에 쓰일 수 있도록 만든 것이 곧 역서(曆書, almanac)이다.

오늘날 역이라고 하면 대체로 1년 12개월의 날짜와 요일을 기록해 놓은 달력의 의미로 이해되고 있지만, 전통시대의 역은 정치·문화·과학적으로 다양한 의미가 함축되어 있었다. 역의 통일은 곧 시간과 도량형의 통일이므로, 동서고금을 통해 위정자들은 역을 국가 통치 질서와 관련지어 매우 중요시했기 때문이다. 특히, 한국을 비롯한 전통시대 동아시아 국가들은 중국력(中國曆)을 바탕으로 시간 질서를 구

---

1) 이은성, 《曆法의 原理分析》, 정음사, 1988, 12쪽.

축했는데, 이는 곧 천문(天文)과 역법(曆法)이 정치적 권위의 상징이 었음을 말해준다. 따라서 전통시대 역서는 그 시대의 역법이 구현된 것으로서 왕정(王政)의 급선무로 이해되었고, 한치의 오차도 허용해 서는 안 되는 영역이었다.

조선시대 역서의 반포가 지닌 가장 큰 의미는 제왕으로서 백성들에게 농사철을 알려주는[2] 이른바 관상수시(觀象授時)에 있었다. 이는 농업국가의 전통적인 역법 기능, 다시 말해서 적기에 농사일을 할 수 있도록 정확한 달력을 백성들에게 알려주는 일이 역서 반포의 기본 전제가 되었음을 말해준다. 또한 천체의 움직임을 정확히 관측해 하늘을 공경하는 뜻을 보이고, 이를 다시 역서로 편찬해 백성들에게 신포(申布)하는 것이 왕정의 임무라는 전통적인 수명개제(受命改制)의 천문사상도 담겨 있다고 볼 수 있다.

이 장에서 다룰 조선 후기 역서의 간행과 반포는 조선 후기 역서의 편찬이 시헌력(時憲曆)의 도입에 따른 역법(曆法)의 발전과 그 궤를 같이한다는 관점에서 주목한 것이다. 1653년(효종 4년)에 시헌력이 도입된 이후 새로운 역법을 이해하려는 노력이 국가적인 차원에서 경주되었음은 주지의 사실이다. 조선은 시헌력의 도입과 이해를 위해 관상감에서 역법을 담당하는 삼력관(三曆官)의 정원을 늘리는 등 그 지원을 아끼지 않았다. 조선 후기에는 이와 같은 배경 아래 그 이전과는 다른 다양한 종류의 역서가 편찬되었다. 조선 후기에 들어와 역서는 생활의 필수품으로서 더욱 중요시되었고, 그 수요를 맞추기 위해 대량의 역서가 간행되었다. 예컨대, 조선 초기에는 4,000여 건에 불과

---

2) 《仁祖實錄》 卷46, 인조 26년 6월 甲寅 ; 《英祖實錄》 卷37, 영조 10년 2월 辛酉.

하던 역서가 조선 후기에 들어와서는 1만 5,000축(軸)이 넘게 간행되어 보급되었다. 1만 5,000축이라는 수치는 소수층만 사용하던 역서가 이제 대중적으로 널리 쓰였음을 의미하는 것이다. 이 밖에 조선 후기 역서가 지닌 의미는 발간 수량의 증가에만 국한되는 것이 아니다. 시헌력의 도입 이후 역법이 발전하면서 천세력(千歲曆)과 같은 장기적인 기간을 다룬 역서도 발행되었다. 여기서는 조선 후기 역법의 발전과 함께 증쇄(增刷)된 역서에 주목해 역서가 발간된 경위, 즉 조선 후기 역서의 발간 과정과 반포를 종합적으로 고찰해보고자 한다.

(1) 관상감 관원과 역법 연구

조선 후기에 역서[3]를 간행한 기관은 관상감(觀象監)이었다. 관상감은 역서의 제작 외에도 천체의 운행, 역 계산(曆 計算)과 시보(時報), 그 밖에 기상 현상의 관측과 지도 제작이라는 과학적 업무, 그리고 길흉과 관련된 점성(占星)과 택일(擇日) 및 풍수지리 등의 업무를 관장하던 조선시대 천문관서(天文官署)이다.[4] "수시제정(授時齊政)은 성

---

3) 조선시대에는 曆書라는 명칭 외에도 冊曆·日課·曆이라는 명칭이 사용되었는데, 이 가운데 역서라는 명칭이 가장 포괄적인 뜻을 가지고 있는 용어였다. 책력은 책의 형태를 띤 曆을 지칭하는 것이고, 일과는 曆日 아래에 譯註가 있어서 날짜에 따른 일상의 宜·不宜를 살펴볼 수 있는 曆을 의미하는 것이다. 가령, 白粧曆의 경우에는 日課白粧曆과 七政白粧曆이 있는데, 역일에 따른 일상의 금기 사항을 적은 것은 일과백장력이며, 역일에 따른 칠정의 운행을 계산해 적은 것은 칠정백장력이다. 그리고 일과백장력과 칠정백장력을 통칭할 때는 역서라고 했다(《書雲觀志》卷2, 〈進獻〉, 30~31쪽 참조). 이 책에서는 조선 후기에 만들어진 모든 曆을 대상으로 하고 있으므로, 가장 일반적이면서 광범위한 뜻을 지닌 '역서'로 통일해 사용했다.

4) 조선시대에 관상감은 三學, 즉 천문학·지리학·命課學 부문으로 구성되어 있었으며, 이 가운데 천문학이 본학으로서 가장 중시되었다(《正祖實錄》卷33,

인지사(聖人之事)"⁵⁾라는 인식 아래 전통시대 천문학을 관장하던 관상감은 정3품 아문(衙門)이지만, 성변(星變)을 관장하는 중요 관서였으므로 영의정이 관상감영사(觀象監領事)를 겸임해 여타 정3품 아문과는 다른 위상을 가지고 있었다. 또한 국가의례와 관련해 일식·월식일의 천제(天祭)와 기우제(祈雨祭) 및 의례일(儀禮日)의 택일 같은 업무를 담당했으므로 예조(禮曹)에 속했다. 아울러 관상감은 관상감 관원들을 관리하고 양성하는 교육기관이기도 했다.

천체의 운행을 관측하고 이에 따라 정확한 역서를 만드는 일은 조선시대뿐만 아니라 그 이전에도 매우 중시되었다. 따라서 이와 관련한 직제(職制) 편성은 일찍이 삼국시대부터 확인된다. 가령, 삼국시대에는 천문박사(天文博士)와 역박사(曆博士)가 이러한 일을 관장했고, 천문학의 발달과 함께 고려시대에는 태사국(太史局)·사천대(司天臺)·서운관(書雲觀)⁶⁾으로 성장했다. 조선 개국 뒤에도 서운관의 명칭은 그대로 존속했으나, 직제에서는 약간의 변화를 겪었다. 장루(掌漏)는 직장(直長)으로, 시일(視日)은 봉사(奉事)로, 감후(監候)는 부봉사(副奉事)로, 사진(司辰)은 참봉(參奉)으로 개명되었으며, 사력(司曆)이 없어지고 대신 판관(判官)·부봉사·참봉 각 1명으로 개편되었다. 1392년(태조[太祖] 원년)에 이상의 관제(官制)가 마련된 뒤, 서운관은 정3품 아문인 사역원(司譯院)·전의감(典醫監)·내의원(內醫院) 등과 함께 부

정조 15년 10월 27일[戊辰], 46冊, 255쪽).

5) 《國朝曆象考》〈閔鍾顯序〉.

6) 조선건국 이후에도 고려시대 서운관은 천문기관으로서 계승되었으나, 세종대 천체관측소가 설치되고 천문학이 발달하면서 더 조직화된 기구로 발전했다. 서운관의 명칭은 계속되는 기구 개편에도 불구하고 조선 초기까지 존속하다가, 1466년에 관상감으로 개칭되었다(《世祖實錄》 卷38, 세조 12년 1월 15일[戊午], 8冊, 2쪽).

분적으로 변동을 겪다가 1466년(세조 12년)에 마침내 정비되었는데, 이때 서운관의 명칭이 관상감으로 개칭되었다.[7] 그 뒤 관상감은 천문학을 억압한 연산군(燕山君)으로 말미암아 1506년에 잠시 사력서(司曆署)로 격하된 적도 있으나, 곧 회복되어 조선 멸망 때까지 천문을 측후(測候)하고 역서를 편찬하는 기관으로서 존속했다.[8]

조선시대 관상감에 근무한 관상감 관원은 음양학(陰陽學)을 하는 이른바 기술관(技術官)으로, 조선 초기 지배신분의 재편성 과정에서 중인신분으로 격하된 계층이었다.[9] 이들은 한품서용의 규정에 얽매어 정3품 당하관 외에는 더 이상 올라갈 수도 없었고, 음양학이라는 특수한 업무 때문에 여타 관리들에 견주어 실무(失務)에 대한 엄격한 처벌도 감수해야 하는, 그야말로 전문적인 기술직 종사자들이었다.

천문이나 역법에 대한 중요성이 높은 만큼, 그리고 전문성이 강조되었던 직책이던 관계로, 관상감 관원의 실무에 대한 엄격한 처벌은 조선시대뿐만 아니라 그 이전에도 마찬가지였다. 전통시대 천문학은 농사 절기에 대한 예보 기능 외에 천인합일적(天人合一的) 성격도 아울러 지니고 있었기 때문에, 일식이나 월식 혹은 오위(五緯, 또는 5행성) 등 천문 현상에 대한 정확한 예측과 예보가 중요했다. 따라서 이에 부응하지 못하거나 태만히 하는 천문관들은 역대로 가차없는 처

---

7) 《世祖實錄》 卷38, 세조 12년 1월 15일(戊午), 8冊, 2쪽.

8) 관상감과 관련한 연구로는 조승구의 〈朝鮮初期 書雲觀의 機能과 變遷〉(연세대학교 대학원 석사학위논문, 1998)과 허윤섭의 〈조선 후기 觀象監 천문학 부문의 조직과 업무—18세기 후반 이후를 중심으로〉(서울대학교 대학원 석사학위논문, 1999)가 있다. 관상감의 조직에 대해서는 허윤섭의 연구가 있으므로, 여기서는 관상감의 역서 편찬과 관련된 부문만 살펴보도록 하겠다.

9) 李成茂, 〈朝鮮初期의 技術官과 그 地位—中人層의 成立問題를 中心으로〉, 《柳洪烈博士 華甲紀念論叢》, 1971, 220쪽.

벌을 받았다. 예컨대, 고려시대 일관(日官)들은 일식이나 월식을 보고 하지 않는다든가 역서를 만드는 데서 추보(推步)를 잘못한다든가 하는 경우에 부실한 관측에 대한 탄핵과 처벌을 받아야 했다.[10] 조선시대에 들어와서도 여전히 일관들은 부실한 관측에 대한 처벌을 감수해야만 했으며, 실제 직무상 과실의 위험 부담도 컸다.

조선시대에 일식과 월식 예보는 석 달 전에 계달(啓達)하도록 되어 있었다.[11] 1710년(숙종 36년)에 관상감 관원이 월식 추보를 제대로 하지 못하자 이를 감추려고 천변(天變)이라고 말했다가 다시 월식으로 정정한 일이 있었다. 이 사실이 발각되자 숙종은 월식을 천변으로 보고한 자와 추산(推算)을 담당한 관원을 과실에 따라 엄중히 처벌하도록 했다.[12] 관상감 관원들은 일식과 월식의 추보뿐만 아니라 역서의 편찬에서도 제대로 역 계산을 하지 못한 경우나 잘못 기록한 경우에 그에 대한 처벌을 감수해야 했다. 《조선왕조실록(朝鮮王朝實錄)》을 통해 확인할 수 있는 처벌 사례 가운데 하나를 소개하면 다음과 같다.

사헌부(司憲府)에서 아뢰기를…… 역서(曆書)를 반포하여 농시(農時)를 알려주는 것은 왕정에서 중대한 것인데, 금년의 입춘 일시는 중국의 시헌력과 비교하여 앞서기도 하고 혹은 뒤지기도 하는가 하면, 기

---

10) "日官絜壺正崔士謙撰曆 失於推步 不以聞奏 有司議論如法 宥之"(《高麗史》 卷47, 天文 1, 31쪽).

11) 舊例에 일식·월식 예보는 3개월 전에 하도록 되었는데, 1769년(영조 45년)부터 3개월에서 5개월 전으로 바뀌었다. 5개월 전으로 바뀐 이유는, 1721(경종 원년)년부터 淸에서 일식·월식의 咨文을 3개월 전에 보내왔으므로 관상감의 일식·월식 계산이 정확한지를 먼저 증험하기 위해서였다. 한편, 일식·월식이 일어나게 되면, 7일 전에 관상감 관원 2명이 이를 啓差하고 木覓山(지금의 남산)에 올라 候望했다(《書雲觀志》 卷2, 交食, 19쪽).

12) 《肅宗實錄》 卷48, 숙종 36년 1월 16일(壬午), 40冊, 342쪽.

타 절후(節候)의 진퇴(進退)와 월삭(月朔)의 대소(大小) 또한 서로 어긋나는 것이 많습니다.…… 청컨대, 관상감정(觀象監正) 김진위(金振渭)를 잡아다가 조사하여 처벌하게 하소서.[13]

조선시대에 역서의 반포는 무엇보다 왕정의 급선무로 인식되었고, 나아가 한치의 오차도 허용되지 않는 것이었다. 뿐만 아니라 날짜를 계산함에 중국의 역과도 비교해야 했으므로, 역서의 제작을 담당한 관상감 관원들의 책임은 무거웠다. 더욱이 조선 후기에는 역법 및 역서의 편찬이 점차 관상감의 업무 가운데 큰 비중을 차지했던 것으로 추측된다. 이는 1653년(효종 4년)에 개력한 역법인 시헌력의 특성과도 관련이 있다. 시헌력은 초기에 《숭정역지(崇禎曆指)》의 역원(曆元)인 숭정 무진년(崇禎 戊辰年, 1628) 천정동지(天正冬至, 역 계산에서 구하고자 하는 해의 동지)를 역원으로 삼다가 1721년에 《역상고성(曆象考成)》 상·하편이 편찬된 이후로는 강희 갑자년(康熙 甲子年, 1684) 천정동지를 역원으로 삼는 등 변동이 심했다. 따라서 조선에서는 그 이전의 역법과는 달리 자주 바뀌는 시헌력의 계산법을 배우고 쫓아가기에 여념이 없었다. 더욱이 서양 천문학의 발전과 함께 케플러(J. Kepler)의 타원궤도설에 따른 《역상고성후편(曆象考成後篇)》이 편찬되는 등, 이 시기에 거듭된 천문학의 변화도 끊임없이 시헌력을 연구하지 않으면 안 되는 배경으로 작용했다.[14] 때문에 시헌력에 대한 연구는 100여 년에 걸쳐 계속되었고, 이 문제를 해결하기 위해 역법을 전담하는 관상감 관원의 중요성도 점차 그 이전 시기에 견주어 높아

---

13) 《英祖實錄》卷37, 영조 10년 2월 15일(辛酉), 42冊, 420쪽.

14) 이 문제와 관련해서는 필자의 〈조선 후기 時憲曆의 정착 과정〉(《청계논총》 제3집, 통권 제16호)을 참조하기 바란다.

졌던 것으로 보인다. 조선 후기에 역서의 편찬을 담당하는 삼력관의
인원이 증원되고 또 관상감의 직무에서 역법과 역서의 편찬에 더욱
많은 비중이 실리게 된 것도 이와 같은 17~18세기 천문학의 변화 및
발전에 영향을 받은 것으로 보인다.

(2) 역관의 선발과 역서의 발간

시헌력의 도입과 함께 역법의 비중이 높아졌던 조선 후기에 역서
간행을 담당했던 관상감 관원은 삼력관으로서 시헌력서를 간행하는
데 주도적인 역할을 담당했다. 이 밖에도 시헌력은 아니지만 세종조
이후로 칠정산내편법을 담당한 추보관이 있었다.[15] 추보관은 시헌력
이 들어오기 이전의 역법인 칠정산내편법을 바탕으로 한 역 계산을
담당했으며, 삼력관은 신력(新曆)인 시헌력법을 담당했다. 따라서 역
서와 관련해 볼 때, 추보관은 시헌력 도입 이전에, 삼력관은 시헌력
도입 이후에 역서 발간에서 각각 중책을 맡았던 것으로 판단된다. 이
런 까닭으로 조선 후기에 시헌력을 사용함에 따라 이를 담당한 삼력
관의 정원은 늘어난 반면, 추보관은 1791년(정조 15년)에 정원이 감축
되기도 했다.[16] 그럼에도 추보관의 존재는, 효종조 이후 시헌력이 공
식력이기는 하지만 여전히 칠정산내편법도 역 계산에 함께 사용되었
음을 의미한다.

조선 후기 시헌력의 도입과 함께 부상한 삼력관 가운데서도 역서
간행을 주도한 것은 삼력수술관(三曆修述官)과 칠정추보관(七政推步

---

15) 《書雲觀志》 卷1, 官職, 5쪽.
16) 《書雲觀志》 卷1, 官職, 5쪽.

官)이었다. 삼력수술관과 칠정추보관은 역서의 간행을 위해 삼력관 가운데서 업무 능력과 구임(久任) 정도를 살펴 차출되었다. 정원이 30명인 삼력관 가운데 삼력수술관으로는 모두 12명이 뽑혔으며, 이들은 역일(曆日) 계산의 임무를 맡았다. 또한 삼력관으로 구성된 일과감인관(日課監印官)(2)·검찰관(檢察官)(2)·감동관(監董官)(4)·성경감인관(星經監印官)(2)은 인쇄 담당관으로서, 역서가 나올 때까지 최종 감독원으로 활동했다.[17] 이 밖에도 삼력관 가운데서 칠정추보관 12명이 차출되어 칠요(七曜), 즉 일월오성(日月五星)의 계산과 천체력인 칠정력(七政曆)의 간행을 담당했다. 또한 시헌력 도입 이후에도 필사한 대통력서를 발간했기 때문에 칠정산내편법을 담당한 추보관 가운데 4명을 대통추보관(大統推步官)으로 차출해 대통력(大統曆) 발간을 담당하도록 했다.

　조선 후기에 역서 업무를 담당한 삼력관은 그 직명(職名)이 실제로 언제부터 사용되었는지 확인되지는 않는다. 다만, 17세기 초 무렵에 이르러 관상감 천문학 부문의 실관(實官)으로 존재했던 것만은 분명하다.[18] 그렇다고 정원이 있었던 것은 아니며, 1731년(영조 7년)에 삼력청(三曆廳)이 개설된 데 영향을 받아 1741년에 비로소 정원을 30원(員)으로 정하고 '윤선과강지법(掄選課講之法)', 즉 강독시험을 통해

---

17) 《書雲觀志》 卷2, 治曆.

18) 삼력관들이 1600년 무렵에 편찬·간행된 《雲觀先生案》 등에 나타나는 것으로 보아, 이미 17세기 초 이전에 설치된 것으로 보는 견해가 있다(허윤섭, 앞의 글, 16쪽). 삼력관의 명칭이 처음 사용된 시기는 정확히 알 수 없으나, 1793년(정조 17년)에 관상감 제조 徐龍輔가 命課學도 천문학의 실관을 삼력관이라고 부르는 데 따라 諏吉官이라고 칭호할 것을 요청한 사실을 보면, 조선 후기에 들어와 실관으로 자리 잡았음은 분명하다(《書雲觀志》 卷3, 故事 참조).

선발했다. 따라서 그 이전까지는 정원이 일정하지 않았으며, 천문생
도(天文生徒)와 음양과(陰陽科)에 합격한 사람들을 시험·선발해 결원
을 보충할 정도로 고정적이지도 않고 전문성도 약했던 것 같다.[19] 그
러다가 1766년(영조 42년)에 수술관·추보관·별선관(別選官) 외에는
삼력관 시험에 응시하지 못하게 함으로써, 삼력관의 전문성이 대폭
강화되고 관상감의 핵심 실관으로 등장한 것으로 보인다.[20]

삼력관은 음양과에 합격하지 않아도 수술관·추길관(諏吉官)·수선
관(修選官)이 될 수 있었던 다른 기술직에 견주어 18세기 후반 무렵
에 와서는 반드시 과명(科名)이 있는 사람들로만 구성될 정도로 전문
성이 강조되었다.[21] 예를 들면, 1796년(정조 20년) 술업(術業)에 정통
한 인물로 인정을 받았던 수술관 김영(金泳, ?~1815)을 삼력관으로
승진시키려 했으나, 우의정 윤시동(尹蓍東)이 "삼력관은 삼학(三學)
가운데 과명이 있는 자가 아니면 차출할 수 없는 것이 또한 바꿀 수
없는 규례이니, 한번 전함(前銜)에게 상주는 길을 트면 그들이 혹 억
울하다고 할지 모릅니다"[22]라며 반대했던 것을 보면, 음양과에 입격

---

19) 1741년에 삼력관의 정원을 30원으로 했다가 1년 뒤 다시 5원을 늘였다. 이러
　한 사실로 볼 때, 삼력관은 조선 후기에 들어와 중요성이 매우 커진 직책임을
　알 수 있다(《書雲觀志》 卷1, 官職). 그런데 삼력관을 비롯해 역법 관련 직책
　의 전문성이 약해진 것은, 아마도 세종 3년에 天時의 중요성이 강조되면서
　역서 제작 담당자를 뽑을 때 시험을 통한 선발에 구애받지 않고 관직을 주기
　시작한 데서 비롯된 것이 아닌가 싶다(《世宗實錄》 卷12, 세종 3년 6월 辛丑
　참조).

20) 삼력관은 1741년에 정원이 늘어나면서 오히려 선발 규정이 까다로워졌다.
　어려운 시헌력을 사용하게 되면서 역법 계산이 종종 틀리는 경우가 발생했
　으며, 결국 이 문제를 시정하기 위해 삼력관의 선발 기준을 엄격하게 정했던
　것으로 추정된다(《書雲觀志》 卷1, 官職).

21) 《書雲觀志》 卷1, 官職 4~5쪽.

22) "丙辰夏 本監提調閔鍾顯奏曰 領事送言於臣 以本監修述官金泳 術業極精 且

(入格)하지 못했을 경우 삼력관이 되기는 어려웠던 것으로 보인다.

수술관은 삼력관보다 훨씬 늦은 1770년(영조 46년)에 처음으로 설치되었으며, 전함 등이 수술관으로 승진하다가 1775년(영조 51년)에 영감사(領監事) 한익모(韓翼謨)가 수술관을 직접 임명하면서 수술관 취재가 유명무실해지기도 했다. 그러다가 1777년(정조 원년)에 다시 종전과 같이 전함 등이 합동으로 혼시(混試)할 수 있도록 했는데, 이렇게 바뀐 원인은 분명하지 않다.[23]

조선 후기에 와서 삼력관과 수술관이 신설된 것은, 반복되는 말이기는 하지만 조선 후기에 역법이 발전한 것과 관련이 있다고 본다. 효종년간에 시헌력이 도입되고 1708년(숙종 34년)에 시헌력오성법(時憲曆五星法)을 사용하는 한편 역관(曆官) 허원(許遠)을 연경(燕京) 흠천감에 보내어 시헌칠정표(時憲七政表)를 구입하게 하는 등, 시헌력법을 이해하려는 노력이 국가적 차원에서 이루어졌다. 특히, 1744년(영조 20년)에는 허원이 도입한 종래의 티코 브라헤의 방법 대신에 카시니 신법(新法)을 역서 작성에 도입했다. 카시니 신법은 당시 중국에 예수회 선교사로 와 있던 쾨글러(戴進賢)의 《역상고성후편》에 실린 최신 천문학이었다. 이 책이 완성된 것이 1742년이었으니, 채 2년이 안 되어 최신 역법이 조선에 도입된 것이다. 이처럼 조선은 꾸준히 중국으로부터 최신 역법을 도입했는데,[24] 삼력관 및 수술관의 신설은 이러한 분위기를 반영한 결과인 것으로 추측된다.

多效勞之事 合有拔例收用之道 見今三曆官有窠 欲以金泳陳達塡差…… 右議政尹蓍東曰 三曆官非三學中有科名者 不得塡差 亦是不易之規 一開前銜施賞之路 則渠輩或不無稱寃之端……"(《書雲觀志》卷3, 故事).

23) 《書雲觀志》卷1, 官職.

24) 《國朝曆象考》〈國朝曆象〉.

이상에서 살펴본 바와 같이, 조선 후기 관상감의 기술직 가운데 역
서의 발간과 관련한 전문적인 천문관원은 삼력관·수술관·추보관으로,
이 가운데 삼력관은 성력(星曆)의 계산을 담당했고, 수술관은 교식(交
食)의 추보를, 추보관은 《칠정산내편(七政算內篇)》의 추보를 맡았
다.[25] 이 가운데서도 삼력관이 조선 후기의 천문학 분야에서 주도적인
역할을 수행했던 것으로 보인다. 예컨대, 기술관 가운데서도 가장 선
망의 대상이었던 천문학교수(天文學敎授) 및 겸교수(兼敎授)가 되기
위해서는 삼력관을 거쳐야 했다.[26] 삼력관 가운데 판관 이상의 인물을
추천해 취재 및 근무 성적을 따져 가장 우등인 사람이 비로소 겸교수
자리에 나갈 수 있었기 때문이다. 그 아래 수술관은 취재 및 근무 성
적에 따라 삼력관으로 진급할 수 있었다. 아울러 관상감 관원들의 주
요 업무 가운데 하나였던 규번(規番)도 삼력관 및 수술관·추길관·수
선관들이 담당한 업무였다.

다음으로 삼력관과 수술관의 선발 과정을 살펴보도록 하겠다. 음양
과 출신만이 삼력관 취재에 응시할 자격이 있을 정도로 선발이 까다
로웠음은 앞에서 지적한 바와 같다. 삼력관에 결원이 생기면 해청(該
廳)의 후보자 추천을 받아 당상관 이하가 회권(會圈)해 3권 이상을 얻
은 자를 응시하게 했으므로, 응시자격이 매우 까다로웠다고 할 수 있
다. 시험 날짜는 대체로 춘추중월(春秋仲月)에 실시되었으며, 영사(領
事)와 제조(提調)가 이를 주관했다. 봄에는 삼경(三經) 가운데 자원하
는 일경(一經)과 칠정(七政) 가운데 일(日)·월(月)·토(土)·목(木)을
시험하고, 가을에는 《논어(論語)》와 《맹자(孟子)》 가운데 택일하고

---

25) 《書雲觀志》 卷1, 官職.
26) 《書雲觀志》 卷1, 官職.

칠정 가운데 일(日)·화(火)·금(金)·수(水)를 시험해 삼력관을 선발했다. 이들 가운데 1등은 부연관(赴燕官)으로, 그 다음은 역서를 담당하는 일과감인관으로 임명했다. 삼력관의 승진은 연말에 12개월 동안의 점수를 합산해 이루어졌다. 이 가운데 1등은 겸교수 자리가 비었을 때 승진시켰고, 수술관 가운데 1등은 삼력관 자리가 비었을 때, 전함 가운데 1등은 수술관 자리가 비었을 때 승진시켰다.[27]

앞에서 삼력관 가운데 시험성적이 1등인 사람을 부연관에 임명했다고 했는데, 부연관은 관상감 관원이라면 누구나 선망했던 자리였다. 삼력관 외에도 천문학겸교수가 구임했을 경우에는 부연관으로 부임하는 특전을 누렸다. 부연관들은 천문의기(天文儀器)나 방서(方書)를 구매하기 위해 특정한 해를 정하지 않고 수시로 연경에 갈 수 있어 자주 선발될 가능성이 많았다. 특히, 조선 후기에는 쾨글러의 신법을 배우기 위해 활발히 왕래를 하게 되었고, 이러한 분위기에 편승해 1741년에 관상감은 해마다 연행사에 부연관도 함께 파견할 것을 건의해 승낙을 받아내기도 했다. 그러나 중국에서 전례(典禮) 논쟁과 관련해 야소회의 활동이 침체되자, 1763년에 관상감영사 신만(申晩)이 3년에 한 번 가도록 건의함으로써 이것이 잠시 항규(恒規)로 정해졌다. 그 뒤로 3년에 한 번씩 가는 것이 현실적이지 못했는지, 1771년부터는 역법에 의문이나 질문이 있는 등의 경우처럼 필요에 따라 파견하도록 했다.[28]

1791년(정조 15년) 이후로 부연관은 천문학과 명과학을 윤번으로 하여 번갈아 연경에 파견했으며, 한 번은 취재(取才)로 한 번은 좌목

---

27) 《書雲觀志》 卷1, 官職.
28) 《書雲觀志》 卷1, 取才.

(座目)에 따라 선발했다.[29] 당시 연경으로 간 부연관들은 청력(清曆)을 탐색하고 서책(書冊)과 의기(儀器)를 구매하는 임무를 맡았다. 이러한 경비는 일반적으로 사행비(使行費)로 조달했지만, 워낙 천문의기나 서책 구매가 비공식적인 일이어서 지정된 사행비가 부족할 경우가 많았다. 이 때문에 부연관들은 사적인 재력을 동원해야만 했다. 청(清)은 조선이 청력 외에 자체력을 만드는 것을 엄금했기 때문에 역법의 원리를 전수해주지 않으려고 했다. 따라서 부연관들이 공개적으로 역법을 배우거나 천문의기를 구하기는 어려웠다. 혹 정부에서 청나라에 공식적으로 자문(咨文)을 보내는 일도 후환이 있을 것을 우려해 꺼렸다.[30] 초기 시헌력 도입에서 일등공신 역할을 했던 허원이 서신 왕래를 통해 역법을 자문했던 것은 아마도 이러한 분위기와 무관하지 않았을 것이다.

(3) 역서의 발간 과정

관상감에서 역서를 편찬할 때 가장 중요한 것은 정확한 역일을 계산해내는 일이었다. 이와 함께 정해진 날짜에 맞추어 역서를 간행하는 일도 그에 못지않게 중요했다. 신년(新年) 역서의 간행은 매년 전해 10월 보름날 이전까지 완료되어야 했으며,[31] 이를 위해 역일, 즉 날짜의 계산이 선행되었다.

역서의 발간 과정을 살펴보면, 먼저 시헌력서와 같은 일반 역서의 역일을 계산하는 일은 삼력수술관 12원이 4계절을 각각 나누어 맡는

---

29) 《正祖實錄》 卷33, 정조15년 戊辰, 辛亥釐正節目.

30) 《書雲觀志》 卷1, 取才.

31) 《書雲觀志》 卷2, 治曆, 8쪽.

것이 원칙이었다.[32] 삼력수술관 12원을 3명씩 4개조로 나누어 사시(四時), 즉 봄·여름·가을·겨울에 각각 배당한 뒤 역일을 계산하도록 했다. 역일의 계산은 정확성이 요구되는 만큼 정확한 계산과 더불어 여러 차례의 교정과 교열을 거쳤다. 봄과 여름의 역일 계산은 전년(前年) 12월에, 가을과 겨울의 역일 계산은 정월 안에 마치도록 했으므로, 삼력수술관들은 두 달에 걸쳐 1년 동안의 역일 계산을 완료해야 했던 셈이다. 역일을 계산하는 과정에서 24기(氣)를 빠뜨리거나 현(弦)·망(望) 시각이 틀리거나 하는 경우 일을 맡은 삼력관들은 파직에 해당하는 처벌을 감수해야만 했으므로, 그에 따른 책임과 부담이 컸을 것이다. 더욱이 이러한 까다로운 조건을 맞추기에는 두 달이라는 기한 또한 매우 촉박한 시간이었을 것이다.[33]

이러한 상황 아래에서도 삼력수술관들은 계산과 검산을 하는 동안 24기·삭(朔)·현·망·사일(社日)·복일(伏日)·납일(臘日)·역주(曆註)·의기(宜忌) 등 역서에 등재될 사항을 중국력인 청력과 비교해 고준(考準)했으며,[34] 만일 중국력과 역법 계산에서 차이가 발생하면 계산

---

32) 담당하는 방식은 春·夏·秋·冬에 각각 3원을 배속시킨 뒤, 잘못된 것을 바로잡게 하는 것이었다. 제1원·5원·9원을 봄에, 제2원·6원·12원은 여름에, 제3원·7원·10원은 가을에, 제4원·8원·11원은 겨울에 배속시키는 것이 규칙이었다. 春·夏를 담당하는 삼력수술관들은 역일 추산과 관련한 春夏彙編을 반드시 전년 12월까지 모두 교정하고 고쳐야 했으며, 秋冬彙編은 정월까지 교정해 고쳐야 했다. 만일 기한 안에 이를 수행하지 못할 경우에는 승진 시험 등에 응시하지 못하도록 불이익을 주었는데, 역서의 편찬이 시기와 관련되는 것인 만큼, 기한을 엄수하는 것이 매우 중요했음을 알 수 있다. "春夏秋冬 各屬三員 以互校而正訛也 第一第五第九員屬春 第二第六第十二員屬夏 第三第七第十員屬秋 第四第八第十一員屬冬 春夏彙編 期於前臘 秋冬彙編 期於孟春 皆令限內 考校務從詳密 年神屬春 紀年屬冬 若不及者 該官施罰"(《書雲觀志》, 治曆).

33) 《正祖實錄》 卷43, 정조 10년 11월 30일(丁丑), 46冊, 128쪽.

법에 능숙한 사람을 중국에 보내 알아오도록 했다.[35] 이렇듯 까다로운 과정 속에서도 해당 기일 안에 업무를 마치지 못할 경우에는, 역법 계산의 오류를 범한 경우보다는 미약하지만 인사상의 불이익 등 처벌을 감수해야 했다.[36]

삼력수술관들에 따라 역일이 계산되면 사자관(寫字官)이 다시 정서한 뒤 인쇄 작업에 들어가는데, 인쇄에 들어가기 전 간판(刊版)에 대한 교정과 교열을 세 번에 걸쳐 하도록 했다.[37] 일단 인쇄가 된 이후에는 오자(誤字)가 발견되더라도 다시 인쇄하기가 힘들므로, 인쇄에 들어가기 전에 꼼꼼한 교정이 필요했던 것이다.[38] 간판의 교정과 교열이 끝나면 곧바로 인쇄에 들어가는데, 인쇄를 감독하는 일은 일과감인관 2원과 감동관 2원이 맡았다.[39] 인쇄할 판본의 제작은 정월부터 4월까지 완성하는 것이 규정이었다. 이 기간 동안 모두 네 개의 판본(版本)을 만들어 공적으로 사용할 것과 사적으로 사용할 것을 각각 인쇄했다. 원칙상 판본의 제작과 인쇄가 완료되는 기간이 4월까지임에도 실제로는 4월 초하룻날부터 5월 그믐날까지 속성으로 이루어지는 것이 대부분이었다.[40] 그러나 5월 그믐날까지 모든 역서의 인쇄

---

34) 《書雲觀志》 卷2, 式例, 36쪽.

35) 중국력과 차이가 있을 경우에는 대체로 사절사가 북경에 갈 때 역관들을 함께 보내는 경우가 많았다(《英祖實錄》 卷54, 영조 17년 9월 14일[丙子], 43冊, 32쪽 참조).

36) 赴試와 擬差를 허가하지 않고, 任命이 있을 경우 減下하는 등의 처벌을 받았다(《書雲觀志》 卷2, 治曆, 4~5쪽).

37) 《書雲觀志》 卷2, 治曆, 4쪽.

38) 간행된 역서에 오자가 있을 경우에는 해당 관상감 관원은 물론이고 관상감 제조까지 문책을 당했다(《正祖實錄》 卷27, 정조 13년 4월 11일[丁酉], 46冊, 33쪽).

39) 《書雲觀志》 卷2, 治曆, 4쪽.

가 완료되는 것은 아니고, 1차로 인쇄한 판본은 훼철하고 남은 한 판을 인출소(印出所)에 보내 8월 보름날 이후 40일 동안 나머지 부분을 인쇄하도록 했다.[41] 따라서 역서를 발간하는 데 대략 10개월 정도가 소요되었다.

인쇄가 완료되면 해당 관원들이 모두 모여서 감수(監修)를 하는데, 이 과정에서 특히 인쇄 상태를 꼼꼼히 챙겼다. 인쇄 상태에 이상이 없으면 창준서원(唱準書員)을 시켜 인쇄된 역서의 내용을 크게 읽게 하고, 문제가 없을 경우 마지막 단계에서 역서의 외관을 꾸미는 일을 했다. 이 과정에서 혹 역서의 중요한 부분, 즉 24기 날짜와 합삭현망(合朔弦望) 시각 등에서 하루 이상 착오가 발견될 경우에는 해당 관원을 파면 조치하고, 오자가 있는 경우에는 다시 보완하게 한 뒤 처벌했다. 사실 역서라는 것이 대략 15~30장 안팎이므로 내용은 많지 않으나 계산 과정에서부터 매우 꼼꼼한 작업을 전제로 하는 것이어서, 해당 관원들이 실수하는 바람에 파면을 당하는 경우가 적지않았고, 이 때문에 궐원(闕員)이 생기는 경우가 있었다.

앞에서 말한 것처럼, 삼력관이나 추길관에 빈자리가 생길 경우에는 그 아래 직인 수술관이나 수선관 가운데서 취재를 통해 선발하여 궐원을 보충했다. 그런데 빈자리를 채우는 일보다 더 중요한 것이 파면된 관상감원들의 복직 문제였다. 관상감의 직무상 중요한 잘못을 저질렀을 경우 원칙적으로 다시 복직하지 못하도록 했는데, 이는 직무상의 전문성으로 볼 때 국가적으로나 개인적으로나 손실이 아닐 수 없었다. 역법 계산을 터득하는 일은 하루아침에 이루어지는 것이 아

---

40) 《書雲觀志》 卷2, 治曆, 3쪽.

41) 《書雲觀志》 卷2, 治曆, 6~7쪽.

니어서 빈자리를 메울 전문인력을 구하기란 매우 힘든 일이었다. 그러므로 파면되었더라도 다시 불러들이는 것이 더 현실적이었다. 이러한 문제점을 시정하기 위해 1798년(정조 22년)에 관상감 제조(觀象監提調) 이시수(李時秀)의 건의로 죄의 크고 작음을 떠나 중죄일 경우에는 죄명이 풀린 뒤 서용되기를 기다려 복직할 수 있도록 하고, 가벼운 죄일 경우에는 일고(一考), 즉 6개월이 지나면 원래대로 다시 복직할 수 있도록 했다.[42]

역서를 발간하는 데서 또 하나 주목되는 사실은 공건(公件)으로 발행되는 역서 외에 사적인 역서의 발행을 금지했다는 점이다. 사적으로 역서가 발간되는 것을 막기 위해 관상감에서는 역서를 인쇄한 뒤 판본을 없앰으로써 함부로 인쇄하는 일을 방지했다.[43] 앞에서 언급한 바와 같이 역서의 사조(私造)를 막기 위해 판본을 훼철(毁撤)하기는 했지만, 모든 판본을 훼철한 것은 아니다. 판본 가운데 한 개만은 남겼으며, 이를·인출소에 넘겨 감독하게 하고 다시 검열(檢閱)한 뒤 관인(官印)을 찍어 보관했다.[44]

역서의 사조를 막기 위한 방법에 판본의 훼철만 있는 것은 아니었다. 역서에 답인(踏印)하는 것도 사조를 막는 관리 방식 가운데 하나였다. 원래 중력(中曆) 이하는 답인하고 진헌(進獻)이나 반사(頒賜)하던 역서인 장력(粧曆)은 답인하지 않는 것이 옛 규례였다.[45] 그런데 1769년에 당시 관상감영사로 있던 홍봉한(洪鳳漢)이 진헌하는 것 외에 각사(各司)에 나누어주는 것과 관상감의 사건(私件)은 모두 답인

42) 《書雲觀志》卷2, 治曆, 4쪽.
43) 《書雲觀志》卷2, 治曆, 4쪽.
44) 《書雲觀志》卷2, 治曆, 4쪽.
45) 《書雲觀志》卷2, 治曆, 4쪽.

하고 혹 답인이 없는 역서를 사용하는 자는 율문(律文)에 따라 중벌
을 내리도록 건의하면서, 진헌하는 역서 외에 각사나 민간에 주로 배
포되는 역서에는 모두 답인하는 것이 원칙으로 되었다. 더욱이 1801
년(순조 원년)부터는 진헌과 반사하는 역서마저도 모두 답인하도록
함으로써 역서의 사조 행위를 매우 엄격하게 관리했다. 그러나 이러
한 엄격한 관리는 한편으로 역서의 사조 행위가 쉽게 이루어질 수 있
음을 반증하는 것이라고 하겠다.[46]

(4) 역서의 종류와 인쇄 방식

지금까지 역서의 발간 과정을 기술했는데, 이제 발행된 역서의 종
류와 인쇄 방식에 대해 살펴보도록 하겠다. 조선 후기 역서의 종류에
대해서는 뒤에서 다룰 것이므로, 여기서는 논의를 위해 간단히 언급
만 하도록 하겠다. 우선 조선 후기에 발간된 역서의 특징으로는 그
종류가 다양하다는 점을 들 수 있다. 가장 대중적이면서 대량으로 만
들어진 시헌서(時憲書[曆])를 비롯해 왕실과 고위 관리들이 사용한
내용삼서(內用三書), 천세력과 백중력(百中曆)과 같이 100여 년 단위
의 장기적인 역서, 그리고 칠정력과 같은 천체력(天體曆) 등이 있었
다. 이 가운데 시헌서와 내용삼서는 1년 단위의 역서로 매년 발행되
었으며, 일상생활에서 사용한 상용력(常用曆)이라고 할 수 있다. 이처
럼 조선 후기 역서의 종류는 크게 1년 단위의 연력(年曆)과 장기적인
역서 그리고 천체력 등으로 분류할 수 있지만, 이 밖에도 사용한 신분
층이나 수록 내용 및 외장(外裝) 등에 따라 내용삼서·백장력(白粧曆)·

---

46) 《書雲觀志》 卷2, 治曆, 4쪽.

첩장력(貼粧曆)·청장력일과(靑粧曆日課)·중력·상력(常曆)·무거일과(貿去日課) 등으로 불렀다.[47]

　조선시대의 다양한 역서 발행은 역법에 대한 국가적인 관심에서 비롯된 것이기도 하지만, 아울러 수시(授時)를 중요시한 데서 비롯된 것이 아닐까 싶다. 1793년에 정조(正祖)가 관상감 신하들에게 "길흉을 가리는 것은 역서를 수찬하는 중요한 일이고 하늘을 공경하는 큰 도리이다"라고 강조한 것을 보면,[48] 하늘을 공경하고자 하는 천인합일적 의식과 함께 정확한 역법을 바탕으로 길흉일을 가리고자 한 본래의 뜻이 담겨 있음을 알 수 있다. 이러한 인식과 함께 조선시대 서책 인쇄술의 발달 또한 다양한 역서 및 대량의 역서를 인쇄할 수 있는 원동력이 되었을 것이다.

　조선 후기에 역서가 대량으로 발간된 것은 인쇄 방식과도 서로 관련이 있었다. 조선 후기 역서는 인쇄 방식에 따라 활자로 인쇄된 것과 목판으로 인쇄된 것 두 종류가 있었다. 역서를 인쇄하는 데서 활판과 목판 인쇄의 구분 기준은 발행 부수의 많고 적음이었다. 발행 부수가 많은 시헌서의 경우는 대개 목판으로 찍었으며, 왕실과 고위 관리들이 사용한 역서인 내용삼서는 철주자(鐵鑄字)로 인쇄했다.[49] 소량의 부수만을 인쇄한 칠정력은 내용삼서와 마찬가지로 활자로 인쇄했으

47) 백장력은 백장일과라고도 한다. 역서에 '曆' 자 대신 '日課'라는 이름을 사용한 것은 1426년(세종 8년)부터이며, 이후로 역서명을 '일과'라고 했다. 이 때문에 조선 후기의 역서명에 '역'과 '일과'가 동시에 쓰인 것으로 보인다(《世宗實錄》 卷31, 세종 8년 2월 戊辰).

48) 《書雲觀志》 卷2, 選擇.

49) 내용삼서의 경우 15년이 경과하면 鑄字를 바꾸었으며, 그에 따른 비용은 戶曹에서 지출했다(《六典條例》 卷6, 〈觀象監〉, 曆書). 1811년(순조 11년)부터는 5년에 한 번 鑄字를 바꾸었다(《書雲觀志》 卷2, 式例).

며, 역시 내용삼서처럼 철주자로 인쇄했다.[50] 특히 시헌서와 같은 일반 역서들은 대개 배나무 판자(梨板)를 사용해 대량으로 찍어냈으며, 비용은 호조에서 한 해 걸러 부담했다.[51] 《서운관지(書雲觀志)》에 따르면, 원래는 시헌서[日課]도 활자 인쇄를 했다고 한다.[52] 그러다가 1723년(경종 3년)에 관상감 관원 허원이 연경에서 돌아와 시헌서를 흠천감(欽天監)의 판본에 따를 것을 요청, 그 이듬해부터 배나무 판자를 사용해 목판 인쇄를 했다고 한다.[53] 활자 대신 목판을 사용하게 된 것은 배나무 판자가 튼튼하고 제작 비용이 저렴하다는 점이 가장 큰 이유였다. 이에 따라 1790년(정조 14년)부터는 인쇄량이 적었던 칠정력도 단판(單板)으로 목판 인쇄를 했다.[54] 그 밖에 장기적인 역서에 해당하는 천세력과 백중력 등은 자작나무 판자(樺板)를 사용해 목판 인쇄를 했다.[55] 천세력에는 시헌천세력(時憲千歲曆)과 대통천세력(大統千歲曆)이 있었고 백중력에는 일과백중력(日課百中曆)과 칠정백중력(七政百中曆)이 있었다. 이들 역서들은 해마다 발행해야 하는 연력과 달리 10년에 한 번씩 새로 고쳐 발행되었으며,[56] 비용은 모두 호조와

---

50) 《書雲觀志》 卷2, 式例, 36쪽. 역서의 인쇄 부수에 대해서는 곧 이어 살펴볼 것이므로, 이에 대한 자세한 언급은 생략하도록 하겠다.

51) 《六典條例》 卷6, 〈觀象監〉 曆書.

52) 《서운관지》에서는 시헌서를 '日課'라고 했는데, 조선 후기에 일과란 일반적으로 시헌서를 가리키는 것이었기 때문에 혼동을 피하기 위해 필자는 이 책에서 시헌서라고 부르고 있다.

53) 《書雲觀志》 卷2, 頒賜.

54) 《書雲觀志》 卷2, 頒賜.

55) 《書雲觀志》 卷2, 頒賜.

56) 천세력과 백중력은 10년에 한 번씩 발행되었지만, 제작에 드는 비용이 급등할 경우에는 10년이라는 연한에 구애받지 않았다. 다만, 천세력은 10년마다 개수하도록 했다(《六典條例》 卷6, 〈觀象監〉 曆書).

병조에서 부담했다.[57]

조선 후기에는 시헌력의 사용으로 대통력서는 인쇄하지 않았으며, 등서(謄書)한 사본(寫本)으로만 제작했다.[58] 대통력을 사본으로 제작하기 시작한 것은 1694년(숙종 20년)부터이다. 이후로 대통력을 진상할 때는 1694년의 간지인 갑술년(甲戌年)을 사용해 해당 연도의 간지와 상관없이 갑술대통력(甲戌大統曆)을 역서명으로 했다. 그러나 영조 갑술년(1754년)부터는 영조의 하교에 따라 해당 연도의 간지를 사용하게 되었다.[59]

2. 역서의 반포와 사용

(1) 발간 수량과 배부

조선시대에 역서는 진상(進上)하는 것과 각 관청(官廳) 및 관료들에게 나누어주는 것 그리고 관상감에서 사적으로 가지는 것 등을 정확히 계산해 그 수만큼 인쇄되었다. 조선 초기에는 진헌하는 것 외에 4,000건의 역서를 인쇄했으며, 이것을 각 관청과 종친(宗親) 그리고 문신·무신의 당상관들에게 나누어주었다.[60] 그러나 종이를 사서 개인적으로 인쇄해 이득을 취하는 경우도 있었고 매년 역서 가격이 일정

---

57) 《六典條例》卷6,〈觀象監〉曆書.

58) 《六典條例》卷6,〈觀象監〉曆書.

59) 《書雲觀志》卷2, 治曆.

60) "國初進獻外 本觀印四千件 頒諸司諸邑及宗親文武堂上官"(《書雲觀志》卷2, 式例).

하지 않았던 것으로 보아,[61] 조선 초기에 발행된 역서량은 실제 필요
한 수량에 맞춘 것은 아닌 듯하다.

매년 4,000건 정도 발행되던 역서는 1762년(영조 38년)에 관상감제
거(觀象監提擧) 김시묵(金時默, 1722~1772)의 건의로 진헌과 반사하는
것 외에 1만 300축을 인쇄하는 것이 항규로 정해지면서 그 수가 대폭
증가했다.[62] 그러나 이 항규도 오래가지 않아 각 관청에 나누어주어야
하는 역서가 증가하면서 1,100축이 더 늘어나 1769년에는 1만 1,400
축을 인쇄했다. 1773년에 또다시 관상감의 사건 1,000축을 더 인쇄함
에 따라 역서의 인쇄 수량은 1만 2,400축으로 다시 증가했다가, 1791
년 삼학절목(三學節目)을 개정하기 직전까지 1만 4,670축이 매년 인
쇄되었다.[63] 1만 4,670축은 진헌과 반사 그리고 각 관청에 나누어주는
2,020축과 관상감에서 쓸 1만 2,650축을 합한 수량이었다.[64] 이후 1791
년에 삼학에 대한 절목을 개정하면서 추길관에게 줄 630축을 더 인쇄
함에 따라 모두 1만 5,300축을 인쇄하는 것으로 규정이 정해졌다.[65]

18세기에 들어와 역서의 인쇄량이 증가하게 된 데는 역서에 대한
수요가 늘면서 가격이 비싸짐에 따라 가격의 안정화를 도모할 목적
이 작용한 것으로 보인다. 1797년에는 1만 5,300축에서 700축이 더

61) 《書雲觀志》 卷2, 式例, 33~34쪽.
62) 《書雲觀志》 卷2, 式例, 34쪽.
63) 《書雲觀志》 卷2, 式例 35쪽. 축과 건은 모두 역서의 수량을 나타낼 때 쓰는
    단위이다. 《서운관지》는 역서의 단위로 축과 건을 사용했으나, 《六典條例》
    는 축에 해당되는 단위로 貼을 사용했으며, 件에 해당하는 단위로는 卷과 秩
    을 각각 사용했다(《書雲觀志》 卷2, 式例, 35쪽 ; 《六典條例》 卷6, 〈觀象監〉
    曆書, 30~1쪽).
64) 《正祖實錄》 卷33, 정조 15년 10월 27일(戊辰), 45冊, 255쪽 ; 《書雲觀志》 卷
    2, 式例, 35쪽.
65) 《書雲觀志》 卷2, 式例, 35쪽.

증가한 1만 6,000축의 역서를 인쇄했는데, 이는 역서의 매매가(賣買價)가 비싸졌기 때문이었다. 이러한 가격 변동으로 그 이듬해에는 다시 2,000축을 더해 모두 1만 8,000축의 역서를 인쇄했다. 그 이후로는 가격 변동에 따라 1만 8,000축을 중심으로 해마다 인쇄량을 약간씩 증감시키며 탄력적으로 운용했다.[66] 조선시대의 역서 발행 수의 변화를 표로 정리하면 다음과 같다.

기간	조선 초기	1762~	1769~	1773~	~1791	1791~	1797~
발행수 (축)	4,000(건)	10,300	11,400	12,400	14,670	15,300	16,000~18,000

〈표 1〉 조선시대 역서 발행 수의 변동(단위 : 축)

그러면 조선 후기의 역서 발행 수 변동에 영향을 준 역서의 매매가는 과연 얼마였을까? 사실 역서 가격에 대한 기록이 거의 없기 때문에 해마다 역서가 얼마에 팔렸는지는 알기 어렵다. 다만, 역서를 만드는 재질이 종이였으므로 종이값의 변동에 따라 역서값도 들쭉날쭉했을 것인데, 다행히《이재난고(頤齋亂藁)》에 역서 매매가가 일부 적혀 있어 이를 통해 대략의 가격을 유추해볼 수 있다.

《이재난고》에 따르면, 1771년에 매매된 신력 가운데 중력 3건의 가격이 4전(錢) 5분(分)이었으며 상력은 9건이 8전이었다.[67] 따라서 중력은 건당 1전 5분에 거래되고 상력, 즉 일상에서 흔히 쓰는 소력(小曆)은 1전이 채 안 되는 가격에 거래되었음을 알 수 있다. 그런데

---

66) 《書雲觀志》卷2, 式例, 35쪽.
67) "本年十一月冬至 新曆半分兒內 中曆三件價四錢五分 常曆九件價八錢 共計一兩二錢五分 先下以償官債 餘債五兩二錢五分"(《頤齋亂藁》卷17, 3冊, 523쪽).

종이값이 해마다 틀렸던 까닭에 역서의 가격도 매년 바뀌었던 것 같다. 《이재난고》에는 1780년에 중력 30건과 소력 60건의 가격이 모두 합해 6량(兩) 6전이었다고 나온다. 그리고 당시 서울에서 거래된 역서의 건당 가격은 시헌서의 경우 2전이었으며, 중력은 1전, 소력은 6푼, 소력으로서 한 장인 단력(單曆)은 7푼이었다.[68] 따라서 1771년에 견주어 싼 가격으로 거래되었음을 알 수 있다.

역서가 인쇄되면 반포와 동시에 배포되는데, 새해 역서는 그 전해의 동지 한 달 전, 즉 10월중에 배포되어 사용되는 것이 원칙이었다.[69] 그러나 조선 후기까지는 역서의 배포에 정해진 기한이 없어 혼란이 있었으며, 지방에서는 그런 현상이 더욱 심했다. 1799년(정조 23년)에 관상감 제조 정민시(鄭民始, 1745~1800)의 건의에 따라 동짓날로부터 20일 전에 지방에 역서를 보내는 것을 원칙으로 정한 것은 때맞추어 역서를 사용하게 할 목적으로 취해진 조처였다.[70]

정확한 날짜에 역서를 배포하지 못한 것은 정해진 기한이 없었던 탓도 있지만, 중국력의 반사와도 관련이 있었다. 조선의 역서와 밀접한 관련을 맺고 있었던 중국력의 반포일은 매해 10월 1일이었는데, 조선에서는 반사된 중국력이 도착하기 전에 역서를 먼저 배포하는 것을 꺼리는 경향이 있었다. 그러나 중국력이 조선에 도착하는 것과 때를 맞추어 역서를 배포하기란 현실적으로 어려운 일이었다. 동지사(冬至使)가 반사된 중국력을 가지고 오는 데 시간이 걸리면 역서의

---

68) "使推七政曆以來 又附中曆三十件 小曆六十件 共價六兩六錢 京中近年書曆一件二錢 中曆一件一錢 小曆一件六分 小曆而有單曆一張者七分"(《頤齋亂藁》 卷32, 6冊, 145쪽).

69) "冬至前一朔 曆書行用"(《六典條例》 卷6, 〈觀象監〉 曆書).

70) 《書雲觀志》 卷2, 式例, 35쪽.

배포일을 넘길 수도 있기 때문이다.[71] 따라서 역서가 배포되지 못하면 절기(節氣)를 놓쳐 농사 때를 잃을 수도 있다는 인식에 따라 중국력의 도착일과는 상관없이 동짓날 이전까지 배포해 실생활에 사용할 수 있도록 했다.[72]

조선에서 만든 역서와는 별개로 중국으로부터 역서가 도착하면 이를 인쇄해 진상하고 서울과 지방 관청에 각각 나누어주었으며, 그 나머지는 관상감에서 보관해 관리했다.[73] 중국에서 받아오는 역서의 수량은 정확히 알 수 없으나, 세조 때 정조사통사(正朝使通事) 박지(朴枝)가 상용력인 대통력 101건과 천체력에 해당하는 칠정력 1건을 중국 조정으로부터 받았다는 기록[74]으로 보아 대략 연력 100건 내외와 칠정력 1건 내외의 중국력이 매년 중국에서 들어왔으며, 조선에서는 이를 다시 인쇄해 각 관청에서 참고하도록 했던 것으로 보인다. 중국력 가운데 특히 칠정력은 조선에서 만든 칠정력과 대조하기 위해 정조사(正朝使)가 중국에 갈 때마다 사가지고 왔던 역서였다.[75]

중국에서 역서가 반포되면 곧장 조선에서도 역서를 반포해 사용했

---

71) 《宣祖實錄》 卷120, 선조 32년 12월 16일(辛卯), 24冊, 16쪽.

72) 《宣祖實錄》 선조 32년 12월 16일 기사를 보면, 중국 역서가 먼저 반포된 이후에 조선에서 역서를 배포했음을 알 수 있다. 특히 선조대에는 10월 1일 중국력의 반포가 기점이 아니라, 동지사가 역서를 가지고 온 이후에 역서를 배포하기도 했다. 때문에 역서를 배포해야 하는 동짓날이 지나 동지사가 도착할 경우에는 역서의 배포 시점인 동짓날을 넘기는 수도 있었다. 그러나 중국력이 이미 반사되어 중국관청에서 사용하고 있고 상인들을 통해 시장에서도 매매되고 있는 실정이었으므로, 현실적으로 역서가 배포되어야 했다. 이 때문에 일반적으로는 동지 이전에 역서가 배포되어 사용되었던 것으로 보인다 (《宣祖實錄》 卷120, 선조 32년 12월 16일[辛卯], 24冊, 16쪽).

73) 《顯宗改修實錄》 卷16, 현종8년 1월 6일(辛巳), 37冊, 537쪽.

74) 《世祖實錄》 卷38, 세조 12년 4월 10일(庚戌), 8冊, 17쪽.

75) 《成宗實錄》 卷99, 성종 9년 12월 27일(甲寅), 9冊, 685쪽.

다. 역서는 왕에게 바치는 것이 가장 우선이었으며, 그 다음으로 고관들과 각 관청의 관리들 그리고 지방 관청에 나누어주는 것이 배포 순서였다. 이 밖에 역서의 값으로 면포(綿布)를 받고 각 고을에 나누어주는 것도 있었다.[76] 《서운관지》에 따르면, 왕에게 바치는 역서 외에 종친이나 문관·무관에게 주는 신년 역서가 총 698건이며, 궁궐 나인 및 내관(內官)에게 주는 역서는 총 1,580건이었다. 1885년에 간행된 《육전조례(六典條例)》에 따르면, 진상과 관용(官用) 역서로 465축 6건과 각 관청에서 사용할 역서 1,804축 15건이 공건으로 사용되었다고 한다.[77]

공건으로 나누어주던 역서의 종류와 수량을 살펴보면, 먼저 영사·제조에게는 내용삼서·칠정력·백장력·첩장력[78] 각 1건씩이 공식적으로 봉여(封餘)되었다. 또한 영사나 제조에게는 청장력(靑粧曆) 26건, 첩장력 30건, 중력 300건이 반사되었다. 삼학의 당상관(堂上官)과 겸교수 및 구임관들에게는 중력 10건씩을 주었으며, 관상감에서 선생으로 있는 영사나 제조에게는 청장력 1건, 중력 5건, 상력 10건씩을 주었다. 역서를 담당했던 삼력청의 당상관들에게는 무려 상력 1,200건

---

76) 역서의 반사에는 封餘·分兒·貿去 등이 있었다. 봉여는 임금에게 바치는 물건 가운데 남은 것을 관료들에게 나누어주는 것이며, 분아는 해마다 관아의 관리들에게 나누어주는 것이다. 무거는 역서를 반사할 때 諸司·諸邑 등에 나누어주는 것 외의 역서를 면포를 받고 주는 것을 말한다. 처음에는 종이를 바치고 역서를 받아가던 것을 뒤에 면포로 바꾸어 '貿去'라고 불렀다(《書雲觀志》卷2, 頒賜, 31~32쪽).

77) 《六典條例》卷6, 〈觀象監〉, 曆書, 30쪽. 한편, 내직으로 있던 관료 외에 외직일 경우에는 절도사에게만 역서를 하사했다(《正祖實錄》卷10, 정조 4년 11월 24일[戊戌], 45冊, 196쪽).

78) 조선시대에는 역과 일과를 동일하게 지칭해 《서운관지》에서는 백장력을 백장일과, 첩장력을 첩장일과, 청장력을 청장일과, 중력을 중일과라고도 했다. 혼란을 막기 위해 필자는 일괄적으로 '일과' 대신 '역'을 사용하기로 한다.

을 주었으며, 구임관들에게는 200건을 주었다. 이 밖에 장기적인 역
서인 일과백중력은 영사·제조에게 봉여로서 1건씩을 주었고, 천문학
에게는 130건을 반사했다. 칠정백중력의 경우는 영사·제조에게 1건
씩을, 천문학에게는 30건을 주었다. 천세력의 경우는 영사·제조에게
각 100건을 주고 천문학에게는 130건을 주었는데,[79] 이들 배포 수량
을 정리하면 〈표 2〉와 같다.

배포 대상	역서의 종류와 수량
영사·제조	내용삼서(1), 칠정력(1), 백장력(1), 첩장력(1), 청장력(25), 첩장력(30), 중력(300), 일과백중력(1), 칠정백중력(1), 천세력(10)
관상감 선생인 영사·제조	청장력(1), 중력(5), 상력(10)
삼학의 당상관·겸교수·구임관	중력(10)
삼력청당상관	상력(1,200)
삼력청수임구임관	상력(200)
천문학	칠정백중력(30), 천세력(130)
천문학제임관(天文學諸任官)	상력(400)
천문학입직관(天文學入直官)	중력(500)
삼학제관(三學諸官)	칠정력(1), 상력(260)
금루관	상력(50)
사자관·화원	상력(각 5)

〈표 2〉 공건으로 배포된 역서와 수량 (단위 : 건)

이렇게 배포된 역서는 이른바 공건이라고 하여 민간에 판매한 관
상감의 사건과는 구별되는 것이었다. 공건과 달리 사건은 수량도 훨

79)《書雲觀志》卷2, 頒賜, 31~33쪽.

씬 많았으며, 민간에 판매한 금액은 삼학 관원들의 월봉(月俸)을 마련하는 데 충당했다.[80] 《육전조례》에 따르면, 공건을 제외한 1만 5,189축이 사건이었다. 이를 통해 보면, 인쇄된 역서의 상당량이 사건으로서 일반인들에게 판매되었음을 알 수 있다.

그러면 민간인들은 어떻게 역서를 구입할 수 있었을까? 관상감 관원들이 사건으로서 관리하던 역서들은 일반인들에게 직접 판매되기보다는 상인들을 통해 시장에서 매매되었던 것으로 보인다.[81] 지방에서는 서리 등 중간 매개자를 통해 역서가 거래되었으며, 일반인들이 구입할 수 있는 역서의 종류로는 청장력·백장칠정력·소력·중력 등이 있었다. 또한 지방은 거리가 멀어 대체로 정월이 되어야만 역서를 구입할 수 있었다.[82] 그런데 역서는 한정된 수량만을 찍어냈기 때문에, 1만 5,000여 건에 달하는 수량으로 볼 때 호(戶)마다 역서를 가질 수 있는 것은 아니었다.[83] 게다가 역서를 위조하거나 임의로 인쇄한 자는

---

80) 《書雲觀志》 卷2, 式例, 34쪽.

81) 《宣祖實錄》 卷120, 선조 32년 12월 16일(辛卯), 24冊, 16쪽.

82) 《이재난고》에 실려 있는 "正月七日二十二日 史曹書史金德峻 所納靑粧曆一件 白粧七政曆一件 小曆五十件 幷告目依付到來 而全州東門外李先達汝節 所遞傳者也 李雖未面 而曾識其仲君 今又有書 故答書 小曆價 到京當給德峻矣"(《頤齋亂藁》 卷7, 1冊, 661쪽)라는 기록으로 볼 때, 지방에서는 서울보다 조금 늦은 정월 말경에야 역서를 구입할 수 있었음을 알 수 있다. 또한 이조 서리 김덕준이 李汝節에게 전달한 역서를 황윤석이 구입한 것을 볼 때, 관상감의 역서는 몇 단계를 거쳐 일반인들에게 배포되었음을 알 수 있다. 허윤섭의 연구에 따르면, 각 관서에 나누어주던 역서들은 소속 관원들에 따라 그들의 연고지로 전달되었으며, 이런 경로를 통해 전국 곳곳으로 퍼져나갔다고 한다(허윤석, 〈朝鮮初期 觀象監 부문의 조직과 업무〉, 서울대학교 대학원 석사학위논문, 1999, 31쪽). 따라서 이조서리 김덕준은 아마도 자신의 연고지에서 필요한 역서를 이여절을 통해 전달한 것으로 추측된다.

83) 비록 늦은 기록이지만, 고종 34년 前假注書 吳年根의 奏請文에 "역서는 혹 두어 집에 한 책씩 주니 집마다 알려주고 戶마다 전하지 않아도 됩니다"라고

목을 베어 사형에 처했으므로,[84] 관상감에서 인쇄한 역서 외에 사조된 역서가 일반인들에게 공공연히 판매되기는 힘들었을 것이다. 그러나 지방에는 역서의 사조가 법에 저촉된다는 사실을 몰라 월력장(月曆張)이라고 불리는 월력(月曆)이 사조되어 판매되기도 했으므로, 관상감에서 간행한 관력(官曆) 외에도 사조된 역서가 암암리에 판매되었음을 알 수 있다.[85]

(2) 실생활과 역서의 사용

오늘날의 달력과 마찬가지로 전통시대에도 역서는 실생활에 반드시 필요한 것이었다. 오늘날의 달력은 날짜·요일이나 국가의 기념일 등을 살펴보는 기능에 국한되어 있지만, 전통시대의 역서는 이러한 기능 외에도 다양하게 활용되었으며 그 중요성도 훨씬 높았다.

조선 후기 역서 편찬의 가장 큰 목적은 '농사의 때'를 알려주는 데 있었다.[86] 이는 관상수시라는 전통적인 역서의 목적이 조선시대에 와서도 크게 달라지지 않았음을 말해준다. 정조 22년(1798) 11월 30일의 다음과 같은 교서를 보면, 천시(天時)에 맞추어 농사를 지어야 한

한 내용으로 볼 때, 戶마다 역서를 구비하지는 않았던 것으로 짐작된다. "前假注書吳年根疏略…… 曆則或數戶一冊 不得家論而戶傳"(《高宗實錄》 卷35, 고종 34년 4월 13일).

84) "凡僞造諸衙門印信及曆日符驗夜巡銅牌茶鹽引者斬"(《大明律直解》〈刑律〉, 〈僞造印信曆日等〉). 실제로 1777년(정조 1년)에 冊曆을 사조한 죄목으로 李同伊가 사형을 언도받기도 했다(《正祖實錄》 卷3, 정조 1년 11월 24일[丙戌], 44冊, 703쪽).

85) "曆書私印 法禁甚嚴 而外方之人 不知法意 私造月曆張 印賣狼藉 各別嚴禁之意"(《書雲觀志》 卷2, 式例).

86) 《英祖實錄》 卷37, 영조 10년 2월 15일(辛酉), 42冊, 420쪽.

다는 의식을 읽을 수 있다.

우수(雨水)에는 삼밭을 갈고, 경칩(驚蟄)에는 농기구를 정비하며, 춘분(春分)에는 올벼를 심고, 청명(淸明)에는 올기장을 심으며, 곡우(穀雨)에는 호미질하러 나가고, 입하(立夏)에는 들깨를 심으며, 망종(芒種)에는 모시와 삼을 거두고, 하지(夏至)에는 가을보리를 거두며, 입추(立秋)에는 메밀을 심고, 처서(處暑)에는 올벼를 수확하는데, 반드시 절기에 앞서 갈아 심고 물을 가두며, 제때에 모를 내고 김을 매준다. 모를 낸 지 20일 뒤에 초벌김을 매며, 초벌김을 맨 지 13일이 지난 뒤에 두벌김을 매며, 두벌김을 맨 지 15일이 지난 뒤에 세벌김을 매면 곧바로 추수할 때가 된다. 만약 제때를 어긴다면 곡식이 잘 자라나게 하려 해도 될 수 있겠는가.[87]

이처럼 농사의 때라는 것은 절기가 기준이 되며, 따라서 절기를 알려주는 역서는 관상수시와 관련해 매우 중시되었음을 알 수 있다. 이밖에도 의(宜)·불의(不宜)의 항목으로 점철된 역서의 내용으로 볼 때, 농사의 때를 알려주는 기능뿐만 아니라 일상생활과 관련된 미신적인 기능도 많았다.[88] 즉, 역법은 비록 시헌법으로 바뀌었지만, 역서의 체재나 내용에서는 대통력과 마찬가지로 일상생활과 관련한 제사(祭祀)·불공(佛供)·납재(納財)·취어(取漁)·약혼(約婚)·납채(納采)·결혼·이사·옷마르기·지붕이기·여행 등등의 길흉을 예시해주는 기능이 여전히

---

87)《正祖實錄》卷50, 정조 22년 11월 30일(己丑), 47冊, 138쪽.

88) 물론 농사와 관련해 기후 변화를 알리는 東風解凍·蟄虫始振·魚涉負氷 등 72候에 대한 계절 변화가 역서에 매달 기록되어 있는 것으로 보면 농사의 때를 알려주는 기능이 우선시되었음을 알 수 있지만, 날짜마다 기록되어 있는 주된 사항은 미신적 기능을 한 의·불의였다.

강조되었다.

이러한 역서의 기능은 왕실에서든 일반인 사이에서든 모두 마찬가지였다. 예컨대, 조선 초기부터 왕실에서는 제사에 일정한 날이 있었다. 중춘(仲春)·중추(仲秋)에 무(戊)가 들어가는 첫날인 상무일(上戊日)과 납일에 사직(社稷)에 제사를 지내고 좋은 날을 점쳐 종묘(宗廟)에 제사를 지냈는데, 제사일을 정하는 이러한 방식은 조선 후기까지 지속되었다.[89] 제사뿐만 아니라 장사(葬事)를 지내는 데도 금기시하는 날이 있어 장사 일정을 넘기는 경우도 있었다. 비록 조선 초기 기사이지만 《세종실록(世宗實錄)》 기사를 보면, 장사를 지내도 좋다는 이른바 장통일(葬通日)을 대통력의 역주에 명기해 장사 지내는 날에 혼란이 없도록 했다고 한다.[90] 역서에 장통일을 명기한 것은 풍수설에 따라 금기되는 날을 피하다보니 10년이 넘도록 장사를 지내지 못하는 폐단까지 있었기 때문이다. 따라서 조선 초기에는 사대부의 상사(喪事)는 3개월로 못박고, 장일(葬日)은 역서에 나오는 장통일로 잡도록 했다.

역서의 금기일(禁忌日)은 오히려 더 혼란스러울 수 있는 음양(陰陽)·풍수(風水)의 설을 정리한 측면도 있었다. 그러나 역서의 금기일은 너무 많기 때문에 그대로 따르면 아무것도 할 수 없으므로 참고만 했을 것이고, 실제로 금기일을 모두 지키지는 않았을 것이다. 그런 측면에서 본다면, 역서는 한편으로 달력과 수첩이 결합된 오늘날의 다이어리(diary)처럼 사용되었다고 볼 수 있을 것이다. 〈그림 1〉에서 보

---

89) 《世宗實錄》 卷128, 〈五禮〉 時日, 43冊, 517쪽.

90) 《世宗實錄》 卷3, 세종 1년 3월 9일(癸丑), 2冊, 235쪽 ; 《太宗實錄》 卷35, 태종 18년 3월 24일(甲戌), 2冊, 211쪽.

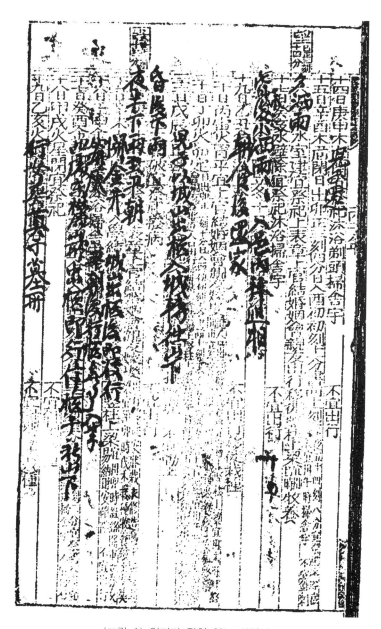

〈그림 1〉 일기가 적혀 있는 시헌서

듯이, 현재 남아 있는 시헌서나 내용삼서 등의 연력에는 일진(日辰)
이 적혀 있는 칸에 그날 있었던 일들을 적어놓는 경우가 많았다. 그리
고 윗부분에는 한 해에 있을 제삿날 등을 미리 적어놓음으로써 오늘
날의 달력과 비슷하게 역서를 사용했음을 알 수 있다. 이러한 면에서
보면, 역서라는 것은 날짜와 연도의 변화뿐만 아니라 사람들의 생활
과 의식까지 수록된 역서(歷書)의 측면도 강하다고 하겠다.

3. 역서의 종류와 체재

(1) 내용삼서와 시헌서

조선 후기 역서는 수록된 기간과 용도에 따라 크게 세 종류로 분류
된다. 내용삼서나 시헌서처럼 매년 발행되어 사용되는 1년 단위의 역
서, 천세력이나 백중력처럼 10년마다 한 번씩 개정되는 100여 년 단
위의 역서, 그리고 칠정력과 같은 천체력 등이 그것이다. 이 가운데
1년 단위의 역서, 즉 내용삼서와 시헌서는 대개 한 해의 일상생활과
관련된 내용이 수록된 일과력(日課曆)이다.

조선 후기 역서를 대표하는 시헌서는 일반인들이 일상생활에서 사
용하는 상용력으로, 1년의 기간이 수록된 연력에 해당한다. 시헌서는
조선 후기 시헌력법을 바탕으로 만든 역서이며, 그 이전에 대통력법
이 사용될 때에는 대통력(大統曆)이라고 불렀다.[91] 시헌서와 대통력은

___

91) 조선 후기에는 역서를 흔히 책력 또는 일과라고도 했다. 역서 대신 일과라고
　　지칭하기 시작한 것은 1426년(세종 8)부터이다(《世宗實錄》 卷31, 세종 8년
　　2월 4일[戊辰], 3冊, 7쪽). 또한 시헌력법에 따라 편찬된 역법의 이름에는 시

절기의 계산법이 달라 절기가 들어가는 날짜에 대략 하루의 차이가 있었다. 하루를 100각(刻)에서 96각으로 정했다는 역법상의 큰 차이점은 있으나,[92] 역서의 체재와 내용에는 큰 변동이 없었다.

시헌력을 사용한 이후의 연력 명칭은 흔히 시헌서로 대표되지만, 사용하는 신분층이나 수록 내용 및 크기에 따라 각기 여러 가지 이름의 역서가 만들어졌다. 《서운관지》에는 삼서(三書)·백장일과(白粧日課)·첩장일과(貼粧日課)·청장일과(靑粧日課)·중일과(中日課)·상일과(常日課)·무거일과·중력·장력 등 역서를 지칭하는 명칭들이 다양하게 보이는데, 삼서란 내용삼서를 일컫는 것이며 그 나머지 역서들은 모두 시헌서를 가리키는 것이다.[93] 이 밖에 《이재난고》와 실록에는 《서운관지》에 보이지 않는 소력 등의 명칭도 발견되는데, 이 또한 시헌서를 가리키는 역서명이다.[94] 시헌서의 명칭이 이처럼 다양하게 사용된 것은 만드는 방식이나 크기 그리고 수록 내용에 차이가 있었기 때문이다.

왕실과 고위관료들이 사용한 내용삼서는 역서 가운데 가장 고급스러웠으며, 종류가 다양한 시헌서와 달리 한 가지 형태로만 제작되었다.[95] 반면, 연력을 대표하는 시헌서는 큰 책력(冊曆)에 해당하는 장력

헌력과 시헌서 두 종류가 있는데, '曆' 자 대신 '書' 자를 쓴 것은 청 乾隆帝의 이름인 弘曆의 '曆' 자를 피하기 위해서였다. 이로써 조선 후기 시헌력서는 거의 시헌서라는 이름으로 간행되었는데, 시헌력이 시헌서로 개칭된 해는 1735년(영조 11년)이다(《英祖實錄》 卷40, 영조 11년 10월 19일[甲申], 42冊, 485쪽).

92) 《仁祖實錄》 卷46, 인조 23년 12월 18일(丙申), 35冊, 254쪽.

93) 《書雲觀志》 卷2, 頒賜, 31~32쪽.

94) 〈己亥木川衙中日曆〉《頤齋亂藁》 卷32, 6冊, 145쪽 ; 《仁祖實錄》 卷8, 인조 3년 1월 13일(壬戌), 33冊, 670쪽.

95) 내용삼서는 고급력으로서 크기가 가장 컸다. 현재 한국학중앙연구원 장서각

을 비롯해 이보다는 작고 소략한 중력·소력 등으로 제작되었다. 화려한 겉표지를 갖춘 장력은 다시 책을 매는 실의 종류에 따라 백장력과 청장력으로 나뉘며, 그 밖에 첩장력이라고 불리는 장력도 있었다.

이들 장력은 고급 역서로서 대체로 왕족이나 양반들이 사용한 역서였다. 이에 견주어 중력 또는 소력과 같이 소략하고 간단하게 만들어진 역서들은 대량으로 찍어낸 상용력으로서 일반인들이 흔히 사용한 역서이다. 이 가운데 상력이라고도 불리는 소력이 가장 흔하게 쓰인 시헌서였다. 이 밖에 한 장으로 만들어진 단력도 있었다.[96]

대전(大殿)·내전(內殿)·세자궁(世子宮)과 영사·제조 등의 고위층들이 사용한 연력인 내용삼서[97]는 달력의 기능뿐만 아니라 일관들이 택일이나 길흉을 알아보는 역서로도 활용되었으며,[98] 그 저본은 중국력이었다.[99]

에 소장되어 있는 내용삼서의 크기를 조사해보면, 조금씩 차이가 있기는 하지만 대략 35.5×23.3센티미터 정도이다. 시헌서 가운데 가장 큰 것에 해당하는 장력이 대략 28.7×16센티미터 크기인 것을 볼 때, 내용삼서는 시헌서에 견주어 상당히 큰 역서였다(한국학중앙연구원 소장, 內用三書 K3-389 참조).

96) 《이재난고》에는 "使推七政曆以來 又附中曆三十件 小曆六十件 共價六兩六錢 京中近年曆書一件二錢 中曆一件一錢 小曆一件六分 小曆而有單曆一張者七分"(《頤齋亂藁》 卷32, 6冊, 145쪽)이라고 하여 다양한 역서명이 등장하는데, 현재 남아 있는 역서만으로는 중력과 소력을 구분하기 어렵다. 다만, 용어상으로 추정해볼 때 소력이 중력보다 간단한 내용을 담고 있었을 것이다. 단력은 일진은 없고 24절기의 시각과 날짜가 한 장에 모두 적혀 있는 달력을 가리키는 것으로 보인다.

97) 《書雲觀志》 卷2, 進獻, 30쪽.

98) "內用三書 本書內用三書 卽日官所以擇吉入啓 以備自上之用者 旣已誤來 姑留創覽"(《頤齋亂藁》 卷17, 5冊, 324쪽).

99) "其曰 三曆去逐日有上有壬有下名標三字 上字者 中國則皇帝所用宜不宜 而本國則無之 只以中國親王所用宜不宜 爲中國 自上所用宜不宜也 壬字者 六壬曆之所用宜不宜 而本曆全闕不紀…… 卽本國民曆所紀也"(《頤齋亂藁》 卷17, 5

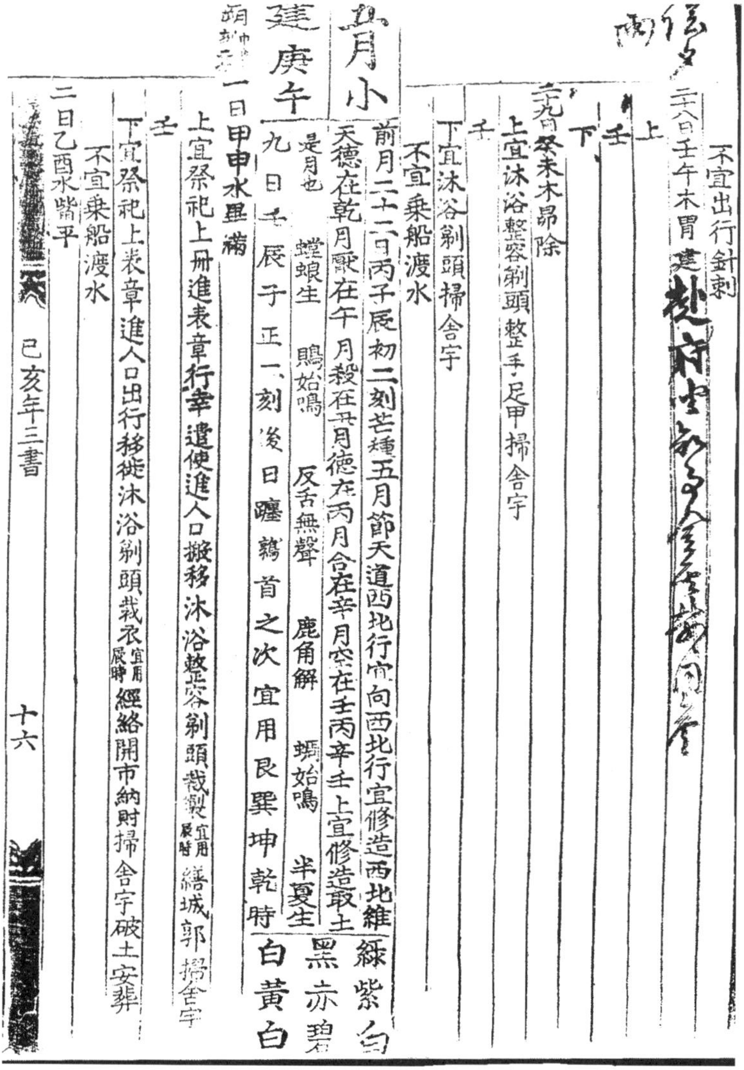

五月小
建庚午

不宜出行 針刺

二十八日壬午木胃 建

賣 癸未木昂除

上宜沐浴整容剃頭整手足甲掃舍宇

下宜沐浴剃頭掃舍宇

不宜乘船渡水

前月二十二日丙子辰初二刻芒種五月節天道西北行宜修造西北維
天德在乾月厭在午月殺在丑月德在丙月合在辛月空在壬丙辛壬上宜修造取土

九日 辰子 正一刻後 日躔鶉首之次 宜用 艮巽坤乾時
是月也 螳螂生 鵙始鳴 反舌無聲 鹿角解 蜩始鳴 半夏生

一日甲申水畢滿
上宜祭祀上冊進表章行幸遣使進入口搬移沐浴整容剃頭裁製經絡開市納財掃舍宇破土安葬
下宜祭祀上表章進入口出行移徙沐浴剃頭裁衣經絡開市納財掃舍宇破土安葬

二日乙酉水觜平
不宜乘船渡水

綠紫白
黑赤碧
白黃白

己亥年三書

十六

〈그림 2〉 대청건륭44년세차기해내용삼서의 5월

冊, 325쪽)라고 한 것으로 보아, 내용삼서는 중국력을 바탕으로 만들어진 것
으로 추측된다.

내용삼서의 원래 명칭은 '내용삼력(內用三曆)'이었으나, 건륭제의
이름인 홍력(弘曆)의 '曆' 자를 피해 내용삼서로 개칭한 것이다.[100] 내
용삼력의 삼력은 역주에 실려 있는 상(上)·임(壬)·하(下)를 의미한다.
상이란 황제나 왕들의 의·불의, 즉 '그날 하기에 좋은 일'과 '안좋은
일'을 적어놓은 것이며, 하는 일반인들의 의·불의에 대해 적어놓은
것이다.[101] 임은 육임력(六壬曆)의 의·불의인데, 중국과 달리 조선시대
에 편찬된 내용삼서는 〈그림 2〉에서 보다시피 상과 하 부분에 대해서
만 의·불의가 적혀 있고 임은 공란으로 처리되어 있는 경우도 있다.[102]

이와 같은 구성 내용으로 볼 때, 내용삼서는 일반인이 아닌 왕실과
고위 관리 및 일관들이 참조한 연력으로서,[103] 상과 임은 없고 하의 역

---

100) "是三者 總名三曆 而今避乾隆名字 改稱三書 如時憲曆之爲時憲書 崇禎新法
曆書之爲新法算書耳"(《頤齋亂藁》卷17, 5冊, 325쪽).

101) "其曰 三曆去逐日有上有壬有下名標三字 上字者 中國則皇帝所用宜不宜 而
本國則無之 只以中國親王所用宜不宜 爲中國 自上所用宜不宜也 壬字者 六壬
曆之所用宜不宜 而本曆全闕不紀 下字者 通天下民間所用宜不宜 卽本國民曆
所紀也"(《頤齋亂藁》卷17, 5冊, 325쪽).

102) "其曰 三曆去逐日有上有壬有下名標三字…… 壬字者 六壬曆之所用宜不宜
而本曆全闕不紀 下字者 通天下民間所用宜不宜 卽本國民曆所紀也"(《頤齋亂
藁》卷17, 5冊, 325쪽). 내용삼서와 관련해 허윤섭은 壬이 왕비 및 내전에서
참고할 만한 내용이 실려 있는 것으로 보았으나(허윤섭, 앞의 글, 25쪽), 《이
재난고》의 이 내용으로 볼 때 임은 육임력의 의·불의로 생각된다. 실제 1779
년에 간행된 기해년 내용삼서(한국학중앙연구원 장서각 소장)는 다른 내용
삼서들과 달리 《이재난고》에서 언급한 것과 같이 임 부분이 공란으로 되어
있다. 조선시대 내용삼서에는 역주의 임을 공란으로 처리한 것과 그렇지 않
은 것들이 있는데, 그 이유에 대해서는 추후 검토가 필요하다.

103) 내용삼서는 일반인들이 보기 힘든 역서였던 것 같다. 《이재난고》에는 이조
서리 張道興이 내용삼서를 칠정력으로 오인해 황윤석에게 갖다준 내용이 나
오는데, 아마도 칠정력과 내용삼서의 체재가 비슷하거나 아니면 하급서리들
이 내용삼서를 본 적이 없어서 칠정력으로 오인했을 가능성도 있다. "求七政
曆於吏曹史張道興矣 道興誤認以爲逐年內用三曆也 今日來納一件 盖雖非七政
曆 而亦係明太祖成祖御定之法"(《頤齋亂藁》卷17, 5冊, 325쪽).

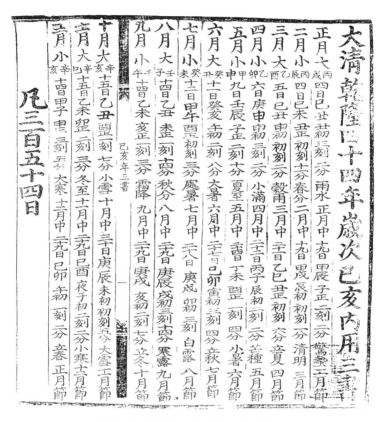

〈그림 3〉 대청건륭44년세차기해내용삼서

주만이 실려 있는 15장의 시헌서에 견주어 50장이 넘는 고급력(高級
曆)이었다. 내용삼서를 발간할 때는 역서명을 "대청건륭44년세차기
해내용삼서(大淸乾隆四十四年歲次己亥內用三書)"와 같이 중국 국호와
연호를 붙였다(〈그림 3〉 참조). 조선 후기의 역서명은 병자호란 이후
청의 연호를 따랐으며, 조선시대 역서에서 자국의 국호와 연호를 사
용하게 된 것은 1895년 이후부터이다.[104]

　연력의 대다수를 차지하고 있던 시헌서는 전체적으로는 내용삼서

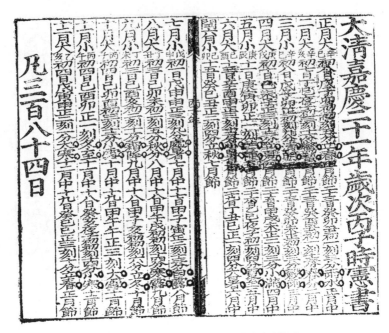

〈그림 4〉대청가경21년세차병자시헌서

의 체재와 동일하나, 역주에 내용삼서에 수록되어 있는 상과 임 부분
이 빠져 있다는 점이 다르다. 첫 장 첫 줄에는 "대청가경21년세차병
자시헌서(大淸嘉慶二十一年歲次丙子時憲書)"라고 하여 중국 연호와 연
도 그리고 세차 간지가 적혀 있다. 그 옆으로는 정월부터 12월까지의
절기 시각이 적혀 있다. 마지막에는 그해의 총 날짜 수를 큰 글자로
넣었다(〈그림 4〉참조).

둘째 장에는 "연신방위지도(年神方位之圖)"가 크게 그려져 있고(〈그
림 5〉참조), 세번째 장부터 열네번째 장까지는 각 장마다 한 달의 일

---

104) 조선의 국호를 사용한 역서는 〈大朝鮮開國五百四年歲次乙未時憲書〉(1895)
부터이며, 연호의 사용은 〈大韓光武一年歲次丁酉明時曆〉(1897)부터이다.

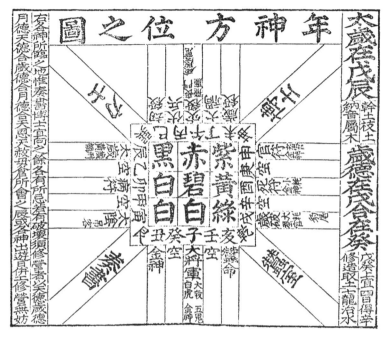

〈그림 5〉 대청가경13년세차무진시헌서의 연신방위지도

수(日數)가 모두 들어가는 월력으로 구성되어 있으며, 시헌법에 따라
계산한 역일을 태음력(太陰曆)으로 배열했다.[105] 태음력으로 배열한
날짜 위에는 합삭(合朔) 및 상현과 하현 시각이 적혀 있고, 각 달마다
그 달의 의·불의가 적혀 있다.

　역서의 마지막 장에는 백기일(百忌日)·세두일(洗頭日)·유화일(遊禍
日)·천화일(天火日) 등 길흉일이 실려 있으며, 그 옆으로 가취주당도
(嫁娶周堂圖)가 그려져 있다. '주당도'란 주택 주위의 8방위에 각종 신

105) 이와 같은 체재는 모든 시헌서가 동일하다. 이와 관련해서는 나일성의 《한
　　　국천문학사》(서울대학교 출판부, 2000), 221쪽을 참조하기 바란다.

이 배치된 그림이라는 뜻으로, 이들 신의 배치에 따라 나날의 길흉을 점치는 그림이다.[106] 원래 주당도에는 결혼일의 길흉을 알아보기 위한 가취주당도 외에도 이사를 위한 이안주당도(移安周堂圖), 장례 날짜를 택하기 위한 안장주당도(安葬周堂圖), 신부(新婦)의 신행(新行) 날짜를 가리는 우귀주당도(于歸周堂圖) 등 여러 가지가 있지만,[107] 시헌서에는 가취주당도만 그려져 있다. 그리고 가취주당도 아래에는 역서 편찬에 참여한 수술관과 인쇄에 참여한 감인관(監印官)의 관품 및 이름이 적혀 있다(〈그림 6〉 참조).[108]

이상으로 내용삼서와 시헌서 등 조선 후기 연력들에 대해 살펴보았다. 이들 역서 사이의 공통점을 살펴보면, 먼저 1년의 절기 및 '연신방위지도'가 내용삼서와 시헌서 모두 한 해의 역일 첫 장에 그려져 있다. 연신(年神)이란 지정된 방위에 주로 1년 동안 머물러 길흉을 관장하는 신이라는 뜻으로, 조선시대의 관력에는 모두 그려져 있었다.[109]

---

106) 이은성, 《曆法의 原理分析》, 412쪽.

107) 이들 주당도에 대해서는 이은성의 《曆法의 原理分析》, 412~415쪽을 참조하기 바란다.

108) 한 예로 大淸嘉慶二十一年歲次丙子時憲書에 실려 있는 편찬자들을 소개하면 다음과 같다.

修述官

嘉善大夫行龍驤衛護軍	金取禹	嘉善大夫行龍驤衛護軍	皮景厚
折衝將軍行龍驤衛副護軍	金宗彬	折衝將軍行龍驤衛副護軍	成周憓
折衝將軍行龍驤衛副護軍	李亨鎭	折衝將軍行龍驤衛副護軍	金象禹
折衝將軍行龍驤衛副護軍	金宗浹	通訓大夫前觀象監正	李景魯
通訓大夫前觀象監正	皮尙玄	通訓大夫前觀象監正	李儀鳳
通訓大夫前觀象監正	吳載完	通訓大夫前觀象監正	金就煥

監印官

折衝將軍行龍驤衛副護軍	韓廷禹	通訓大夫前行活人署別提	李持喆

109) "연신방위지도"에 대해서는 이은성의 《曆法의 原理分析》, 397~399쪽을 참조하기 바란다.

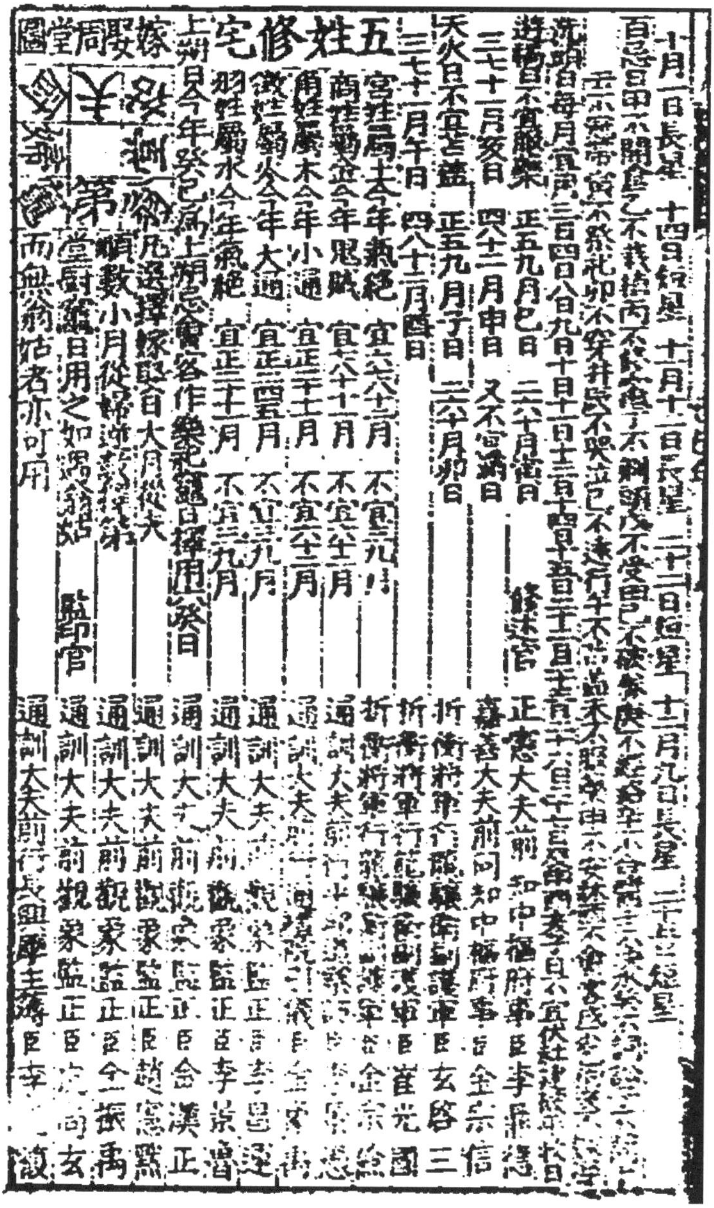

〈그림 6〉 대청가경21년세차병자시헌서의 주당도와 편찬자명

둘째, 일상에서 사용하는 역서였던 만큼 두 가지 모두 오늘날 관점에서 보자면 미신적인 요소가 많다. 즉, 역주에 의·불의 항목이 많이 실려 있어 미신적 요소가 많았던 전통 역서의 전형을 보여주고 있는 것이다. 이 밖에도 역서 마지막 장에 가취주당도를 그려놓고 길흉일을 적어놓은 체재 또한 내용삼서와 시헌서가 동일하다.

반면에 내용삼서와 시헌서 사이의 차이점을 살펴보면, 우선 내용삼서가 날짜 아래에 상·임·하 부분을 나누어 의·불의를 적어놓은 데 견주어 시헌서는 하의 의·불의만을 적어놓아 좀더 간략한 체재를 하고 있다. 시헌서는 한 장에 한 달의 역일을 모두 적어놓아 한눈에 역일을 볼 수 있는 반면, 내용삼서는 한 달의 역일이 네 장에 걸쳐 있어 역일을 보기에는 불편한 점이 있다. 따라서 내용삼서는 연력이기는 하나 달력의 기능은 시헌서에 견주어 떨어진다. 둘째, 역서 마지막 장에 적어놓은 길흉일 관련 내용 역시 시헌서가 내용삼서보다 소략하다.

이상에서 살펴본 연력들은 서양의 태양력이 들어오기 전까지 조선시대의 대표적인 상용 역서로 사용되었다. 내용삼서의 간행이 중단된 시기는 정확히 알 수 없으나, 시헌서라는 이름은 양력(陽曆)의 사용과 함께 1897년(고종 31년)에 명시력(明時曆)으로 개칭되면서 역서에서 사라졌다. 1897년은 국호를 대한제국으로 하고 연호를 광무(光武)로 고친 해이다. 이에 따라 독립국가로 쇄신하기 위한 일환으로서 역서의 이름도 바꾼 것이다.

(2) 100년 동안의 미래력 - 천세력

조선시대의 역서와 관련해 주목할 만한 것은 시헌력의 도입으로 역법이 발전함에 따라 장기적인 역서를 간행할 수 있었다는 점이다.

한 해의 역일을 다룬 연력과 달리, 다가올 100여 년의 절기 시각을 수록한 이른바 천세력은 18세기 후반부터 만들어졌다. 일월성신(日月星辰)과 절후 변동이 추산되어 있는 천세력을 만드는 일은 역법의 발전이 선행되지 않고서는 어려운 일이었으므로, 이와 같은 역서는 조선 후기 시헌법의 발전과 함께 출현한 것이라고 할 수 있겠다.

시헌력을 토대로 만든 천세력은 '천세(千歲)'라는 이름에서 볼 수 있듯이 왕조의 번영과 당대 왕의 안녕을 기원하는 뜻이 담겨 있었던 것으로 추측된다.[110] 천세력이 처음 제작된 해는 1782년(정조 6년)이다.[111] 이후 천세력은 대략 10년에 한 번씩 20세기 초까지 개수(改修)되었으며, 1904년 만세력(萬歲曆)이라는 이름으로 개칭될 때까지 지속적으로 간행되었다.

그런데 1782년에 천세력이 만들어지기 이전인 영조대에 서명응(徐命膺, 1716~1787)이 을사년(乙巳年)부터 갑신년(甲申年)까지 수록된 당저백년력(當宁百年曆)을 만들었다는 기록이 《이재난고》에 실려 전하고 있다.[112] 을사년은 영조 원년인 1725년이며, 갑신년은 그로부터 100년 뒤인 1824년을 가리킨다. 서명응의 당저백년력이 정확히 언제 간행되었는지는 알 수 없으나, 《이재난고》의 기록으로 볼 때 건륭년간에 제작된 청의 만년력(萬年曆)을 토대로 만들어진 역서로 추측된다.[113] 《서운관지》에 따르면, "영조 때 관상감에 명해 앞으로 100년의

---

110) 정조 원년(1777)을 기점으로 하여 當宁, 즉 편찬 당시의 왕을 중심으로 향후 100여 년을 추산한 것으로 볼 때, 천세력에는 당대 왕의 안녕을 기원하는 뜻이 담긴 것으로 보인다.

111) 《增補文獻備考》 卷1, 〈象緯考〉 曆象沿革.

112) "自乾隆御定三元紀年 及萬年曆合成一冊 刊印東來…… 頃年徐命膺 又作當宁百年曆 英宗朝也自乙巳止甲申"(《頤齋亂藁》 卷35, 6冊, 499쪽).

113) 《頤齋亂藁》, 같은 부분 참조.

절기 시각을 계산한 역서를 새로 수찬하여 바치게 했으나 반행하지
못했다"고 하는데,[114] 이 역서가 곧 서명응의 당저백년력을 가리키는
것이 아닌가 싶다. 만일 이 추측이 맞다면, 당저백년력은 최초의 천세
력일 가능성이 크다.

천세력의 체재에서 볼 수 있는 특징으로는 먼저 권수(卷首)에 상원
(上元)·중원(中元)·하원(下元)의 역원도(曆元圖)를 싣고 갑자년(甲子
年)인 1444년(세종 26년)을 상원의 기수(起數)로 삼았다는 점을 들 수
있다. 역원도에 실려 있는 수의 기본은 황제 61년(기원전 2639년)인 상
원갑자(上元甲子)의 뜻을 본뜻 것이다.[115] 1444년을 상원으로 한 것은
세종 때에 중국력을 그대로 따라 쓰는 것에서 벗어나 《칠정산내편》
을 편찬하는 등 역의 계산법이 뚜렷하게 세워졌기 때문이다.[116] 역원
도 뒤에는 각 연도마다 달의 대소가 적혀 있으며, 그 아래에는 24절
기의 날짜와 시각만이 적혀 있다(〈그림 7〉 참조). 24절기 외에 일반 역
서에 기재되는 일진간지(日辰干支)를 생략한 것은 번잡을 피하기 위
해서였다.[117] 이 밖에도 천세력에는 시헌서에서 볼 수 있는 연신방위
지도·주당도와 같은 미신적 요소가 전혀 없으며, 역서 발간에 참여했
던 수술관이나 감인관에 대해서도 아무런 표시가 없다.

---

114) "謹按 英廟朝命本監 新修來後百年節氣時刻 以進遂未頒行"(《書雲觀志》卷2,
治曆).

115) 《增補文獻備考》卷1,〈象緯考〉, 曆象沿革.

116) 《增補文獻備考》卷1,〈象緯考〉, 曆象沿革 ; "世宗朝 始立推策之法"(각 《千
歲曆》凡例 참조).

117) "日辰妍智盡載則 傷於繁不載 則傷於略 故今於每月之下 各舉初一日十一日
二十一日之三干支"(千歲曆, 한국학중앙연구원 소장 C8A20). 이 내용은 모든
천세력의 범례에 실려 있는 것으로 파악된다.

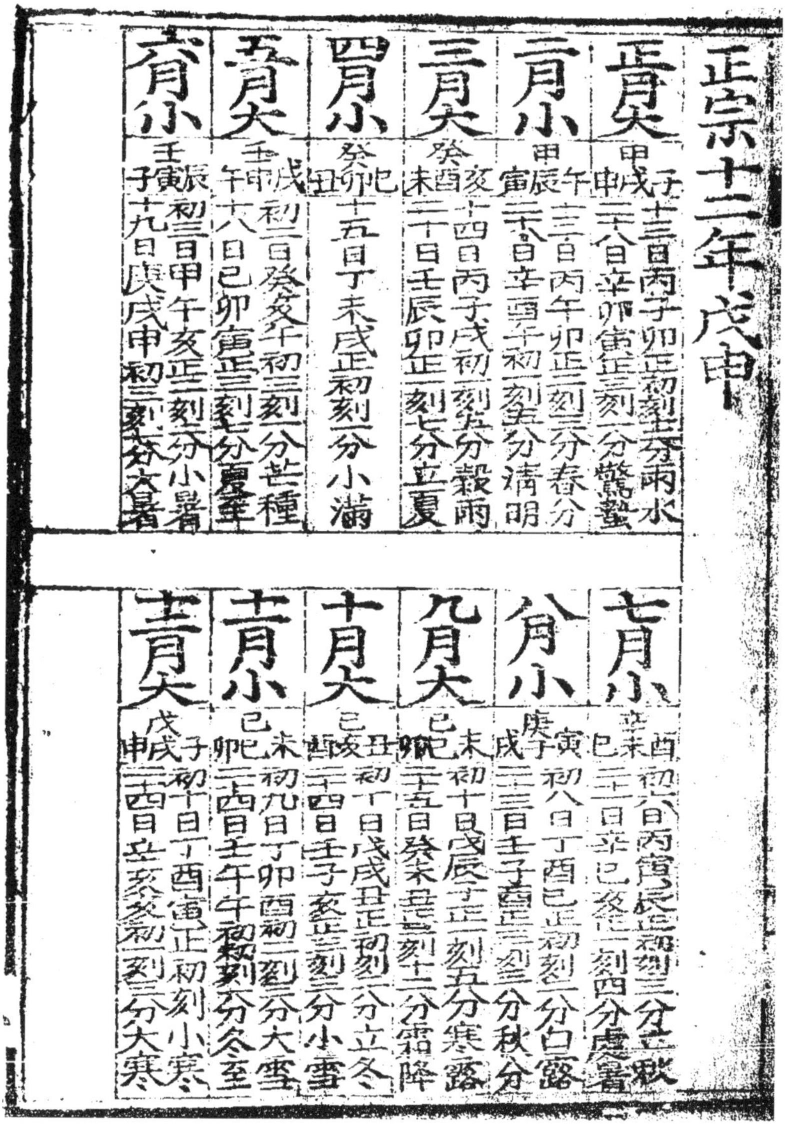

〈그림 7〉 천세력(1864)

청의 만년력을 참조해 만든 천세력이었던 만큼,[118] 조선에서는 천세력이 만들어지기 이전부터 만년력에 관심을 쏟았다. 청에서 시헌법에 따라 향후 100년 동안의 절기를 추산한 만년력을 편찬하자, 1706년(숙종 32년)에 관상감 관원 허원에게 청으로부터 만년력을 구입해 오도록 할 만큼 만년력에 대한 관심은 매우 컸다.[119] 만년력은 다가올 해의 그믐과 초하루 그리고 절기를 추정한 역서였기 때문에, 청력과 절기를 맞추어야 하는 조선으로서는 매우 긴요한 역서였다.[120] 만년력은 신력을 만드는 데 참조가 되는 역서였기 때문에 매우 중시했다. 이에 1722년(경종 2)부터 중국력과 조선력 사이에 역주의 길흉과 의기가 차이가 나자 청으로부터 만년력을 구입해 오도록 했다. 이에 관상감 관원 이세징(李世澄)이 1732년(영조 8)에 청에서 새로 개정한 만년력을 구입해 왔는데, 만년력 신본(新本)을 구해온 이세징과 역관(譯官) 정태현(鄭泰賢)의 공로를 치하한 것으로 보아 만년력은 다른 역서들보다 구하기 힘들었던 역서인 것으로 보인다. 이후 만년력이 개정될 때마다 청으로부터 이를 구입하곤 했다.[121] 청력과 절기를 맞추기 위해 만년력을 구입했던 조선의 처지에서는 결국 만년력과 같은 장기

---

118) 천세력의 체재는 만년력의 체재와 동일하며, 다만 三元甲子를 중국과 달리 사용하는 것에서만 차이가 난다. 조선에서 상원갑자년은 중국의 하원갑자년에 해당한다(이은성, 앞의 책, 226쪽 ; 천세력 역원도 참조).

119) 《英祖實錄》 卷31, 영조 8년 2월 10일(戊戌), 42冊, 297쪽. 한편, 청에서 들어온 만년력은 다가올 해의 그믐과 초하루 및 절기를 추정하는 데 긴요한 역서로 활용되었으며, 사본으로 만들어져 일반인도 소장했던 것으로 보인다. "借金仲集所藏 萬年曆寫本以來 試攷明年辛卯晦朔節氣……"(《頤齋亂藁》 卷14, 3冊, 188쪽).

120) "借金仲集所藏 萬年曆寫本以來 試攷明年辛卯晦朔節氣……"(《頤齋亂藁》 卷14, 3冊, 188쪽).

121) 《英祖實錄》 卷31, 영조 8년 2월 10일(戊戌), 42冊, 297쪽.

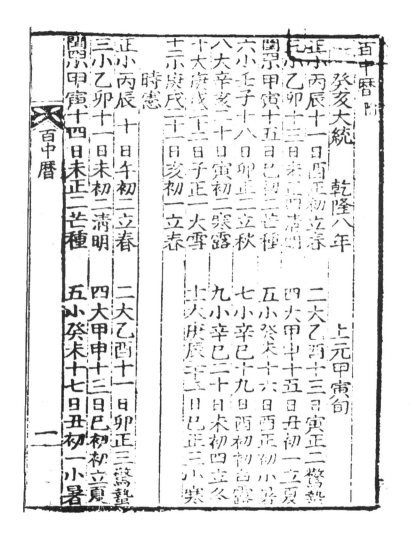

〈그림 8〉 백중력(1752년간)

적인 역서의 편찬이 필요했을 것으로 짐작되며, 이러한 필요에 따라
1782년에 천세력이 발행될 수 있었다고 생각된다. 그러나 천세력의
발행은 시헌력을 사용할 수 있는 능력 없이는 불가능한 일이었다.

(3) 100년 동안의 과거력 - 백중력

조선시대에 장기적인 절기 시각을 다룬 역서로는 천세력 외에도
백중력이 있었다.[122] 백중력은 시헌력이 사용된 이후 대통법(大統法)
과 시헌법에 따라 추산된 역일을 함께 기록해 비교할 수 있도록 만들
었다(〈그림 8〉 참조). 백중력은 천세력이 제작되기 이전에 만들어졌지
만,[123] 장기적인 역서라는 점에서는 천세력과 동일하다. 그러나 담고
있는 내용은 확연히 다르다. 다가올 100여 년 동안의 절기와 달의 대
소를 미리 추산한 역서가 천세력이라면,[124] 백중력은 간행한 해를 기
준으로 지나간 과거의 절기와 달의 대소를 적은 역서이다.[125] 천세력
이 정조 원년(1777)을 기점으로 하여 당저(當宁), 즉 그 당시 왕의 향
후 100여 년을 추산한 미래력(未來曆)이 결합된 역서라면,[126] 백중력
은 지나간 100년을 수록해놓은 과거력(過去曆)에 해당하는 것이다.

---

122) 백중력의 曆名은 백중서로도 쓰였다. 曆이 書로 바뀐 것은 시헌력의 경우와
　　마찬가지다.
123) 백중력이 언제부터 만들어졌는지는 분명하지 않다. 현재 전하는 백중력 가
　　운데 가장 빠른 간행년도가 1641년인 것으로 보아(奎章閣 소장 백중력〔奎
　　7275〕 참조), 최소한 인조년간에는 만들어졌음을 알 수 있다.
124) 《書雲觀志》卷2, 治曆, 8쪽.
125) "觀象監所掌曆書中 七政百中曆 每十年刊印藏置 而此非未來之所推測 卽不
　　過過去年月之爲後日資考而已 則每十年爲刊印 別無緊關 徒費物力 繼自今繼
　　刊之規 永爲革罷 充補經用何如 允之"(《高宗實錄》卷8, 고종 8년 3월 25일〔乙
　　卯〕).
126) 천세력은 정조 원년부터 시작해 발간할 당대 왕의 향후 100여 년까지를 추
　　산한 역서였기 때문에, 연도가 지날수록 張數가 증가했다. 고종 원년에 간행
　　한 것으로 추정되는 천세력을 보면(한국학중앙연구원 소장 C8A20), 정조 원
　　년을 기수로 하여 철종 14년까지를 千歲曆上編 第一로 다루고, 第二부터는
　　당저 원년(고종 원년)부터 당저 122년까지를 다루어 張數가 무려 113장에 이
　　르고 있다.

(4) 천체력 - 칠정력

조선 후기에는 천체력으로서 칠정력이 있었다. 칠정, 즉 해와 달 그리고 5성의 위치를 28수 별자리 속에 나타낸 역서인 칠정력은 현재 남아 있는 것이 없어 체재나 내용은 알 수 없다.[127] 그러나 역서를 고치는 근본이 되는 까닭에 그 중요성은 다른 역서에 못지않았다. 칠정력이 역서의 기본이 된다는 점은 《영조실록(英祖實錄)》의 기사(영조 29년 5월 6일자)에서 "관상감에서 아뢰기를…… 칠정서는 곧 시헌서가 거기에 따라 나온 것으로 그 열수(列宿)의 차제(次第)를 서로 다르게 할 수 없기 때문에 관상감의 관원인 안국빈(安國賓) 등에게 천상(天象)을 관측하고 증험해 거도를 조사하여 정하게 했는데, 그 추주법(推籌法)이 아주 가까운 것 같습니다"라는 언급을 통해서 알 수 있다.[128] 칠정력의 역명(曆名)은 시헌서와 마찬가지로 조선 후기에 들어와 칠정서로 개칭되었다.[129] 칠정력의 간행에서 주목할 만한 것은 시헌력이 도입됨에 따라 시헌법을 바탕으로 한 칠정력이 간행되었다는 점이다. 그러나 칠정에 대한 추보법을 익히지 못해 시헌서의 간행보다 50여 년이 늦은 1707년(숙종 33년)부터 간행되었다. 그런데 《숙종실록》을 보면, 시헌력법으로 계산된 칠정력이 인쇄된 해는 1707년으로 추측되지만, 그 전해인 1706년에 인쇄본이 아닌 사본으로서 시헌칠정력이 진상되었다고 한다. 그런데 《이재난고》에서는 1709년과

---

127) 《이재난고》에 "撿七政曆 是日戊午 太陽在胃 一度二十四分 又聞前月初八日 乙酉初更 有大星自西北隅"(《頤齋亂藁》卷14, 3冊, 156쪽)라고 한 기록으로 볼 때, 칠정력은 28수상의 칠정의 위치를 추정하는 데 사용했던 것으로 보인다.

128) 《英祖實錄》卷79, 영조 29년 5월 6일(辛酉), 43冊, 486쪽.

129) 《英祖實錄》卷79, 영조 29년 5월 6일(辛酉), 43冊, 486쪽.

1710년의 칠정력이 시헌력으로 간행되었다고 하여 실록과 약간의 차
이를 보인다.[130] 현재 남아 있는 칠정력이 없는 것으로 볼 때 다른 역
서들에 견주어 간행이 일찍 중단된 것으로 추측된다.[131]

전체적으로 볼 때 조선시대 역서에서 가장 큰 변화로는 대통력에
서 시헌력으로 바뀐 것을 들 수 있지만, 시헌서 때문에 대통력의 간행
이 중단된 것은 아니었다. 비록 공식력이 시헌력으로 바뀌어 시헌력
을 바탕으로 한 역서가 간행되기는 했지만, 필사로 대통력을 만들어
왕에게 한 부를 바치는 관례는 조선 말기까지 이어졌다.[132] 실제로 대
통력은 고종 때까지도 여전히 동짓날이면 시헌력과 함께 진상되었으
며, 심지어 필사 과정에서 잘못 기입했다고 하여 관상감 관원이 문책
을 당하기도 했다.

---

130) 《肅宗實錄》卷44, 숙종 32년 10월 27일(辛亥). "逐年七政曆 用大統法者 卷
數許多 而其中康熙己丑庚寅二年七政曆 乃用時憲曆者 猶可觀"(《頤齋亂藁》
卷4, 1冊, 442쪽).

131) 허윤섭은 칠정백중력을 칠정력의 계통으로 파악하고 있는데(허윤섭, 앞의
글, 24쪽), 칠정백중력이 과거력이었다는 점에 비추어볼 때 칠정력은 과거력
이 아닌 年曆이었으므로, 칠정백중력은 백중력의 일종이며 칠정력의 계통으
로는 볼 수 없다. "觀象監所掌曆書中 七政百中曆 每十年刊印藏置 而此非未
來之所推測 卽不過過去年月之爲後日資考而已 則每十年爲刊印 別無緊關 徒
費物力 繼自今繼刊之規 永爲革罷"(《高宗實錄》卷8, 고종 8년 3월 25일[乙
卯]).

132) "觀象監啓 一自大統變爲時憲之後 大統舊曆 雖不頒用 其法則尙存 推步作曆
每年冬至 寫出一本 與時憲曆 竝爲進上矣 今此丙戌大統曆 立春乃是正月初三
日 而曆註以初二日誤書 曆官不謹推步 如是做錯 萬萬驚駭 大統曆今將洗補以
入 而當該官 令攸司從重科罪何如"(《高宗實錄》卷22, 고종 22년 11월 27일
[辛酉]).

제4장 음력에서 양력으로

1. 양력 사용의 배경

한국사에서 19세기 말은 중국의 정치·문화권에서 벗어나 서구 중심의 근대적 국제질서에 편입되는 결정적인 사건들이 일어났던 시기이다. 1894년부터 1895년까지 청국과 일본 사이에 벌어진 청일전쟁은 중국을 중심으로 하는 동아시아의 질서에 종지부를 찍었으며, 이후 조선은 일본 제국주의의 침략 대상으로 전락해 수난을 겪게 되었다. 청일전쟁 이후 일본의 영향력이 강해진 상태에서 수행된 갑오경장(甲午更張)으로 조선의 정치·사회는 물론 군사·재정·교육제도 등 사회 전반에 걸친 개혁 조치들이 단행되었다. 또한 대외 정치 면에서도 조선의 자주와 독립을 선양하는 조치들이 취해졌다. 그러나 청일전쟁 이후 만주와 한반도를 둘러싸고 러시아와 일본의 갈등이 본격화했으며, 아관파천 뒤로는 러시아의 영향력이 막강해졌다.[1] 한국을

---

1) 이민원, 《명성황후의 시해와 아관파천》, 국학자료원, 2002, 15쪽.

둘러싸고 일본과 러시아의 영향력이 교체되는 와중에 고종은 약해질 대로 약해진 왕권의 강화를 위해 노력했고, 이러한 일련의 상황 속에서 개국기원(開國紀元) 및 연호(年號)의 사용, 독립경일(獨立慶日) 등의 국가 기념일 제정, 칭제(稱帝) 등이 시도되었다. 그리고 이러한 조치들은 대한제국(大韓帝國)의 선포와 칭제건원(稱帝建元) 등 자주독립국가임을 천명하는 것으로 계승되었다.

1896년부터 시행된 태양력은 이와 같은 일련의 동아시아 국제질서의 재편과 그 영향 아래 진행된 개혁 과정 속에서 이루어진 일이었다. 태양력으로 개력(改曆)한 것은 또한 역법이 지닌 수명개제(受命改制)라는 전통적 성격과도 관련이 있었다. 갑오경장 때 국왕의 호칭을 황제(皇帝)로 격상시키고 국호를 대조선제국(大朝鮮帝國)으로 고치려는 움직임이 있었으며, 1897년에 '광무(光武)' 연호의 제정과 함께 대한제국의 선포로 이어지면서 이와 맞물려 개력이 이루어졌기 때문이다. 특히 고종은 대한제국을 선포하면서 황제권을 강화하려고 했는데, 물론 국제질서의 변화도 큰 몫을 담당했지만 이 시기 이루어진 개력은 전제군주권을 강화하려는 고종(高宗)의 노력과도 관련이 있다. 전통적으로 전제군주권의 강화 과정에서 개력은 더할 나위 없이 좋은 명분을 주는 것이었으며, 이는 대한제국기의 개력과도 무관하지 않을 것으로 판단된다. 이러한 관점에서 보면, 대한제국기의 개력은 중국적 질서가 와해됨과 동시에 자주독립국임을 천명한 대한제국의 성립 및 황제권의 강화라는 배경 아래 이루어진 것으로 파악할 수 있을 것이다.

대한제국기에 발행된 역서(曆書)는 그 이전의 역서 체재에서 벗어나 근대적인 체재를 완성하는 데 영향을 주었으며, 역서명도 중국력을 따른 종래의 시헌력(時憲曆)에서 명시력(明時曆)으로 새롭게 바뀌었다. 이와 아울러 자주독립국의 선포와 칭제를 기념하는 국가경축일 및 국기일(國忌日)이 역서에 기재되는 등 새로운 변화를 겪었다. 이 시기 역서의 변화와 국가경축일의 제정 등은 당시 급변하는 국제 정세와 정치 변동을 보여준다는 의미와 함께 근대국가의 탄생을 알리는 사건으로 보아도 무방할 것이다. 나아가 이 시기의 국가경축일 제정은 대한제국이 청의 종속국이 아닌 황제국임을 알리는 상징적 의미를 지니며, 뿐만 아니라 황제를 구심점으로 하여 신민(臣民)을 통합하려는 제국주의적(帝國主義的) 속성도 아울러 지니고 있다.

대한제국을 전후한 시기는 정치 세력의 변화가 많기 때문에, 시기별로 살펴볼 필요가 있다. 태양력이 시행된 시기는 개화파를 중심 세력으로 하는 갑오개혁기였고, 국가경축일은 대한제국 성립 이후에 제정되었다. 그러나 여기서는 이 시기의 정치 주체 세력 변화에 따른 일련의 시기별 분석은 지양하고, 태양력의 시행과 역서의 변화 그리고 국가경축일의 문제를 '근대성'이라는 공통된 스펙트럼 속에서 바라보고자 한다.

2. 양력의 시행과 갈등

지금의 태양력(그레고리력)이 사용되기 이전에 조선에서 사용한 역(曆)은 대통력(大統曆)과 시헌력이었다. 대통력은 조선 개국 이전인 1370년(공민왕 19년)에 명나라의 역을 따른 것으로, 1653년(효종 4년)에 시헌력으로 개력할 때까지 283년 동안 사용되었다. 대통력은 그 이전의 역인 원(元)의 수시력(授時曆)과 거의 비슷한 역법이었으므로 개력에 따른 갈등이 거의 없었으며, 원·명(明)의 교체와 함께 자연스

럼게 새로운 역으로 진행할 수 있었다. 1653년부터 사용한 시헌력은 1896년(건양[建陽] 원년) 1월 1일에 현재 사용하고 있는 서양의 태양력으로 개력할 때까지[2] 243년 동안 공식력(公式曆)으로 사용되었다. 앞에서 살펴보았듯이, 시헌력은 그동안 사용되던 중국 역법과는 다른 서양 역법을 택한 것이었다. 따라서 개력에 상당한 진통이 있었으나, 과학적 우수성을 바탕으로 공식력으로 채택되었다.

1896년에 역법은 다시 완전한 서양력이라고 할 수 있는 태양력으로 바뀌었다. 200여 년에 걸쳐 아무런 문제없이 사용되던 시헌력이 1896년에 태양력으로 바뀐 것은 역법상의 문제 때문이 아니라 당시의 국제 정세와 밀접한 관련이 있었다. 중국과 밀접한 외교관계를 맺고 있었던 조선은 1876년에 한일수호조약의 체결을 시작으로 서양의 여러 나라들과 조약을 체결하면서 더 이상 시헌력을 공식적으로 사용하기 힘든 상황에 처했다. 게다가 청일전쟁에서 청이 패하고 일본의 입김이 작용한 갑오경장이 추진되자 중국 중심의 역법 질서가 서양 중심의 역법 질서로 재편되기 시작했다.

태양력 중심의 역법 질서는 본격적인 태양력의 시행에 앞서 재편이 되어가고 있었다. 국가의 공식력으로서 양력이 쓰인 것은 1896년부터이며, 외교문서에 양력 날짜를 기재하는 것은 이미 1888년에 시작되었다. 1888년 8월에 조선은 일본과 〈관리통련만국전보약정서(辦理通聯萬國電報約定書)〉를 체결하면서 외교문서에 양력을 사용할 것을 다음과 같이 합의했다.

---

2) "今上三十一年冬十一月 用泰西太陽曆 參用時憲曆"(《增補文獻備考》卷1, 曆象沿革). 그런데 고종 31년 11월에 태양력을 사용했다는 《증보문헌비고》의 기사는 고종 32년의 오기로 보인다.

제7관(第七款)

두 나라 사이에서 넘겨주는 세계 각국의 전보 및 그 이용 문서에 기재하는 월·일은 모두 양력을 사용한다. 위의 조항에 대해 두 나라의 위원들은 모두 정부의 위임을 받아 서로 이름을 쓰고 도장을 찍어 증명문건으로 삼는다.

대조선국개국(大朝鮮國開國) 497년 8월 18일.
통훈대부 전보국주사 김관제.[3]

이처럼 조선에서는 1888년부터 일본과 합의에 따라 외교문서에 청의 연호를 없애고 개국기원과 양력을 사용했다. 그러나 양력은 외교문서에 국한된 것이고, 국가에서 공식적으로 사용한 역은 여전히 시헌력이었다. 그러다가 1894년(고종 31년)에 일어난 갑오경장의 일환으로 그 이듬해인 을미년(乙未年) 역서부터 청의 연호가 아닌 개국연호, 즉 개국 504년을 기원(紀元)으로 사용하기로 결정했다.[4] 이에 따라 역서의 권두(卷頭) 명칭도 그동안 중국 연호를 사용하던 관례에서 벗어나 개국 연호를 딴 "대조선개국504년세차을미시헌서(大朝鮮開國五百四年歲次乙未時憲書)"라는 이름을 사용하면서 개력의 발판이

---

3) 第七款.
　兩國間交送萬國電報及其應用文書記載月日 均用陽曆 右兩國委員 均奉 政府之委任 互相署名鈐印 以昭憑信
　大朝鮮開國四百九十七年八月十八日
　通訓大夫電報局主事 金觀濟
　大日本明治二十一年九月二十三日
　遞信省外信局次長 中野宗宏(《高宗實錄》 卷25, 고종 25년 8월 18일[丁酉]).
4) "議政府啓 乙未曆書 方以開國紀年刊行矣 自今冬至廟主殿宮各陵園祭享祝式 竝依此釐正 祝文中亦爲添措語告由事 令宮內府擧行何如 允之"(《高宗實錄》 卷32, 고종 31년 11월 20일[壬辰]).

마련되었다. 그리고 그 이듬해, 1895년 11월 17일을 1896년 1월 1일로 하는 양력의 사용이 공포되었다.[5] 이로써 시헌력은 1895년 11월 16일을 끝으로 공식력으로서 막을 내렸으며, 이 때문에 1895년 해의 11월 17일부터 12월 30일까지는 사라지게 되었다.[6]

1896년 1월 1일자로 공식력이 시헌력에서 태양력으로 바뀌었지만, 앞에서 언급한 바와 같이 외교문서에는 이미 태양력이 사용되고 있었다. 《관보(官報)》 역시 1895년 4월 1일부터 그 이전의 《조보(朝報)》 체재에서 완전히 벗어나 요일(曜日)을 병기하는 등, 서양의 요일을 일진(日辰) 대신 기입하고 있었다.[7] 더욱이 그보다 앞서 개항장을 중심으로 서양 및 일본에서 사용하고 있던 태양력과 요일주기가 쓰이면서, 이미 태양력을 중심으로 한 새로운 시간 질서가 형성되고 있었다.[8] 예컨대 1883년에 창간된 최초의 근대식 신문인 《한성순보(漢城旬報)》를 보면 서양 선박의 운행과 관련해 일요일, 즉 공휴일에 대한 언급이 있는데,[9] 개항과 함께 서양의 요일주기에 대한 인식이 점차

---

5) 개국 504년 9월 9일자 《官報》를 보면, 다음과 같이 504년 11월 17일을 505년 1월 1일자로 개정할 것임을 공포하고 있다.

"詔勅
三統의 互用ᄒ미 時를 因ᄒ야 宜를 制ᄒ미니 正朔을 改ᄒ야 太陽曆을 用ᄒ디 開國五百四年十一月十七日로써 五百五年 一月一日을 삼으라."

6) 이는 《高宗實錄》에서도 쉽게 확인할 수 있다. 실록에서 양력을 바탕으로 기사를 실은 것은 공식적인 양력 사용일인 1896년 1월 1일부터이며, 이에 따라 1895년의 《高宗實錄》은 11월 16일자로 끝나고 있다.

7) 1895년 4월 1일부터 국가에서 발행된 《관보》는 그 이전의 《조보》 형태에서 벗어나 《관보》 1호라는 호수가 매겨졌으며, 요일을 병기하는 등의 형태로 탈바꿈했다.

8) 조현범, 〈한말 태양력의 요일주기의 도입에 관한 연구〉, 《宗敎硏究》 17, 한국종교학회, 1999, 237~238쪽.

9) "英朝附屬通商章程…… 禮拜及停公日不計……"(《漢城旬報》, 고종 21년 6월

확산되고 있었던 것으로 보인다. 특히, 서양의 요일주기는 개력에 앞서서 관청의 근무 시간을 변화시켰다. 가령, 1895년 윤5월 12일에 요일제 도입을 포함한 관청 근무 시간에 대한 규정이 각령(閣令) 제7호로 발표되었다. 그 내용을 보면 일요일은 전일 휴가이며 토요일은 정오 12시부터 쉰다고 되어 있다.[10] 따라서 1896년에 공식적으로 태양력이 쓰이기 전부터 이미 태양력을 바탕으로 한 요일주기에 대한 인식이 자리 잡고 있음을 알 수 있다. 그런데 서양의 요일주기를 받아들인다 하더라도, 시헌력에 맞추든 태양력에 맞추든 간에 해당 요일이 바뀌는 것은 아니었다. 때문에 일상에서 겪는 시간 주기에는 변화가 있었겠지만 날짜가 바뀌는 것은 아니었으므로 심각한 갈등은 없었으리라 짐작된다.

1896년 태양력의 시행과 함께 당시 관청과 궁중에서는 모두 태양력을 사용하기 시작했다. 국가 소식지인 《관보》가 양력으로 발행되는 것은 물론이고, 태양력이 선포되기 이전인 1895년 11월 3일에 이미 고종의 생일을 음력 7월 27에서 양력 9월 8일로, 왕후의 생일을 정월 22일에서 양력 3월 6일로 결정하는 데서 시작해 양력 사용이 적극적으로 권장되었다.[11] 그러나 이 같은 결정에도 불구하고 1년이 채 지나지 않은 1896년 7월 24일에 "종묘(宗廟)·전(殿)·궁(宮)과 각 능

23일자).

10) "第4條 日曜日은 全日休暇를 作ᄒᆞ고 土曜日은 正午12시로붓터 休暇를 作홈"(《관보》 2권, 905~907쪽).

11) "宮內府大臣 以萬壽聖節壬子七月二十五日 爲陽曆九月八日 王太后慶節 辛卯正月二十二日 爲陽曆三月六日 王太子慶節 甲戌二月初八日 爲陽曆三月二十五日 王太子妃誕日 壬申十月二十日 爲陽曆十一月二十日 誓告日十二月十二日 爲陽曆一月七日 從新曆印明件頒行之意上奏 制曰可"(《高宗實錄》卷33, 고종 32년 11월 3일[己亥]).

(陵) 및 원(園)에 지내는 제사와 대사(大祀)·중사(中祀)·소사(小祀)의
날짜는 모두 옛 역서인 시헌서대로 지내는 것"으로 다시 환원되었다.
양력을 사용한 지 채 1년도 되지 않아 음력으로 복귀했다는 사실은
양력의 사용이 순조롭지만은 않았음을 보여준다.[12]

태양력이 다시 시헌력으로 회귀한 것은 아무래도 이 시기의 정치
적 변동과 관련이 있을 것으로 보인다. 주지하다시피, 1895년 3월의
삼국간섭과 그해 10월의 명성황후 시해 사건 이후 일본의 영향력은
점차 줄어들고 있었다. 그리고 1896년 2월 아관파천이 단행된 이후
5월 베베르-고무라 각서를 통해 러·일 양국의 동등한 권리를 상호
승인하면서 이른바 개력을 추진했던 친일개화 세력은 위축되었다.

이처럼 시헌력으로 회귀한 것은 "태양력을 쓰고 청국 황제가 주신
정삭(正朔)을 폐하는 것은 도리가 아니다"[13]라고 주장한 학부대신 신
기선(申箕善)과 같은 수구파(守舊派)들의 주장에 힘입은 바가 크다.
동도서기론(東道西器論)을 주장한 신기선은 갑오개혁(甲午改革) 뒤
개화에 열중하는 이들을 '왜당(倭黨)'이라고 부르면서, 외식(外飾)만
을 본뜨는 개화에 대해 비판을 가한 인물이다.[14] 특히 그는 갑호개혁

---

12) "二十四日 詔曰 有國祀典 莫嚴莫敬 而伊時內閣之逆臣執命 恣意裁減 已極痛
迫 又新舊曆日字 原有差互 其在誠愼之道 尤爲未安 自今太廟殿宮各陵園祭享
一遵舊式 凡大中小祀月日 竝用舊曆"(《高宗實錄》 卷34, 고종 33년 7월 24
일) ; "二十一日 宮內府大臣李載純 以各殿宮誕辰月日 自今爲始 從陰曆 明年
新曆印明件 開錄上奏 允之(壽聖節壬子七月二十五日 王太后慶節辛卯正月二
十二日 王太子千秋慶節甲戌二月初八日 王太子妃誕日壬申十月二十日)"(《高
宗實錄 卷34, 고종 33년 8월 21일). 아울러 《증보문헌비고》의 "忌辰·誕節과
揀吉에는 모두 시헌력을 썼다(忌辰誕節及揀吉 皆用時憲曆)"(《增補文獻備
考》卷1, 〈曆象沿革〉)는 기록으로 보아, 기념일이나 제사일을 양력으로 지내
는 것에 갈등이 있었음을 알 수 있다.

13) 《독립신문》, 1896년 6월 4일.

14) 권오영, 〈申箕善의 東道西器論硏究〉, 《淸溪史學》 1, 한국정신문화연구원 청

파들이 추진한 개국 연호와 단발(斷髮)·복제(服制)의 개정 그리고 내각신제(內閣新制)·입헌정규(立憲政規) 등을 하나의 외식에 불과하다고 보았으며,[15] 이러한 관점에서 태양력으로 개력한 일을 반대한 것으로 보인다.

태양력의 시간주기와 기존 시헌력의 시간주기 사이의 현격한 차이도 개력의 걸림돌이었다. 실상 대한제국기의 태양력 사용에 따른 갈등은 조선시대의 시헌력 사용에 따른 갈등과는 다소 차이가 있었다. 시헌력은 대통력과 날짜가 크게 차이가 나지 않음에도 절기 계산법이 틀려 천기(天氣)를 어그러지게 만든다는 우려가 있었다. 반면, 태양력의 경우는 시헌력인 음력과 태양력인 양력 사이의 날짜 간격이 무려 한달 보름 정도나 벌어진다는 데 갈등 요인이 있었다.[16] 오늘날까지도 음력이 여전히 일상생활에서 사용되고 있는 것처럼, 결국 시헌력과 태양력 사이의 날짜 격차는 음력을 포기하기 어렵게 했을 것이다. 양력을 사용한 지 1년이 지난 1897년에 중추원이등의관(中樞院二等議官)이었던 지석영(池錫永, 1866~1935)이 "한 나라에 정월이 두 개일 수 없다"고 주장한 다음과 같은 상소는 이와 같은 상황을 잘 반영해준다.

대체로 정월이라는 것은 나라에서 첫번째 힘써야 할 달입니다.……
우리나라의 종묘·사직·전각에 지내는 제사와 경사스러운 명절 그리고

계사학회, 1984, 129쪽.

15) 권오영, 앞의 글, 129쪽.

16) "二十四日 詔曰 有國祀典 莫嚴莫敬 而伊時內閣之逆臣執命 恣意裁減 已極痛迫 又新舊曆日字 原有差互 其在誠愼之道 尤爲未安"(《高宗實錄》 卷34, 고종 33년 7월 24일).

기원절을 음력으로 쓰는 것은 음력 정월 초하룻날을 한 해의 머리 달로 쓰기 때문이며, 행정의 조서(詔書)·칙서(勅書) 및 각 항목의 중앙과 지방에 보내는 공문은 양력(陽曆)으로 쓰고 있는데 이것은 양력 1월 1일을 한 해의 정월로 삼기 때문입니다. 이렇게 놓고 본다면 정월달은 두 가지가 있습니다. 어찌 한 개 나라 안에 두 가지 정월달을 쓸 수 있겠습니까?······ 무엇 때문에 양력 월일을 섞어 쓰면서 마침내 정월달로 하여금 정한 것이 없어 나라의 체모에 손상을 주고 민심을 현혹시키는 것입니까?······ 폐하는 결연히 영단을 내려 양력 사용을 없애고 전적으로 음력을 사용하게 해서 정월달을 완전히 하고 나라의 체모를 높이기 바랍니다.[17]

지석영의 상소에서도 볼 수 있듯이, 양력을 채택한 이후에도 명절일은 여전히 음력인 시헌력을 사용하고 있었다. 결국 한 나라에 두 종류의 역이 사용된 셈인데, 이러한 상황은 한편으로 국민들의 일상생활을 매우 혼란스럽게 만들었을 것이다. 100여 년이 지난 오늘날에도 구정(舊正)이 사라지지 않고 있는 것을 보면 역이 지닌 보수성을 짐작할 만한데, 그 당시에는 더욱 심했을 것이다. 일상생활의 날짜는 태양력을 사용할 수 있지만, 명절일이나 제사일 등 특정 기념일을 새 달력에 맞춘다는 것은 무리였다.

한 나라에 두 개의 정월이 있을 수 없다며 상소를 올린 지석영의 건의는 받아들여지지 않았다. 결국 1907년(순종 1년)에 양력으로 명절

---

17) "夫正朔者 有國之首務也······ 今我廟社殿享及慶節紀元節 用陰曆 是陰曆正月初一日爲正朔也 行政詔勅及各項中外公文 用陽曆 是陽曆一月一日爲正朔也 由是觀之 正朔有二也······ 奈之何混用陽曆月日 而竟使正朔無定 損國體眩民心乎······ 伏願聖明 廓揮乾斷 廢陽曆而全用陰曆 以完正朔 以崇國體焉"(《高宗實錄》 卷36, 고종 34년 12월 21일).

을 지낼 것을 반포할 때까지, 공문(公文)에는 양력을, 명절과 기원절
에는 음력(陰曆)을 사용하는 형태가 지속되었다.[18] 그런데 명절일은
음력을 기준으로 정해진 것이므로 명절일이 해마다 양력의 다른 날
에 돌아온다는 사실은 매우 당황스럽고 혼란스러운 문제였을 것이다.
따라서 비록 국가의 공식적인 날짜는 태양력의 양력으로 변경되었지
만, 민간에서는 여전히 음력을 주로 사용하면서 양력을 보조적으로
참조하는 상황이 지속되었을 것이다. 이러한 상황은 다음에 살펴볼
역서에서 여실히 드러난다.[19]

3. 양력의 사용과 역서의 변화

(1) 명시력의 간행과 음력·양력의 병용

앞에서 살펴보았듯이, 조선 후기 역서는 수록된 기간과 용도에 따
라 크게 세 종류로 분류된다. 내용삼서(內用三書)·시헌서(時憲書)처
럼 매년 발행해 사용하는 1년 단위의 역서와 천세력(千歲曆)·백중력
(百中曆)처럼 10년마다 한 번씩 개정하는 100여 년 단위의 역서 그리

---

18) "二十二日 布達第一百七十七號宮內官官等俸給令中改正件 第一百七十八號
　　誕辰及紀念慶節月日定以陽曆件 並頒布"(《純宗實錄》卷2, 순종 1년 7월 22
　　일).

19) 이와 같은 사실은 이어서 살펴볼 명시력에서 여실히 드러난다. 명시력은 음
　　력(시헌력) 날짜 하단에 양력 날짜와 요일을 병기한 역서로, 음력과 양력이
　　함께 실려 있는 과도기적인 형태의 역서이다. 명시력에 이어 1911년 총독부
　　관측소에서 발행한 조선민력에서는 양력과 음력의 위치가 뒤바뀌었지만, 여
　　전히 음력은 역서에서 중요한 부분을 차지했다. 음력이 曆面에서 사라진 것
　　은 1940년 이후에 발행된 역서부터이다.

고 칠정력(七政曆)과 같은 천체력(天體曆)이 그것이다. 이 가운데 1년 단위의 역서에 해당하는 내용삼서와 시헌서는 대개 한 해의 일상생활과 관련된 내용이 수록된 일과력(日課曆)들이다. 이들 연력(年曆)들은 서양의 태양력이 들어오기 전까지 조선 후기의 대표적인 상용 역서로 사용되었다. 내용삼서의 간행이 중단된 시기는 정확히 알 수 없으나, 시헌서는 양력의 사용과 함께 1897년(고종 31년)에 명시력으로 개칭되었다. 이에 따라 시헌서라는 이름은 1898년에 명시력의 사용과 더불어 역서에서 사라지게 되었다.

1897년은 국호를 대한(大韓)으로 하고 연호를 광무로 고친 해로서, 이 해의 새로운 역서 반포는 독립국가로 쇄신하기 위한 노력의 일환이었다. 이에 따라 역서명도 새롭게 지정했는데, 그것이 바로 명시력이다. 명시력이 사용되기 전의 역서에서는 청의 연호를 버리고 개국(開國) 연호를 사용했는데, 1897년(고종 36년) 11월 29일에 고종이 의정부와 학부대신 등에 명해 역서의 이름을 새롭게 정할 것을 지시했다.[20] 고종의 지시로 다음날 의정부 의정 심순택(沈舜澤)이 명시일원(明時一元)이라는 이름을 올렸으며, 고종은 이것을 가지고 명시(明時)로 결정했다.[21]

명시력은 그 이듬해 역서, 즉 1898년 역서부터 사용되었다. 이에 앞서 1895년부터 역서의 권두 명칭에 사용되던 청(淸)의 연호가 조선 개국 연호로 바뀌게 되었다. 이 조처로 1895년과 1896년의 역서는 각각 "대조선개국504년세차을미시헌서(大朝鮮開國五百四年歲次乙未時憲書)"와 "대조선개국505년세차병신시헌력(大朝鮮開國五百五年歲次丙申

---

20) 《고종실록》 卷36, 고종 34년 11월 29일(양력).
21) 《고종실록》 卷36, 고종 34년 11월 30일(양력).

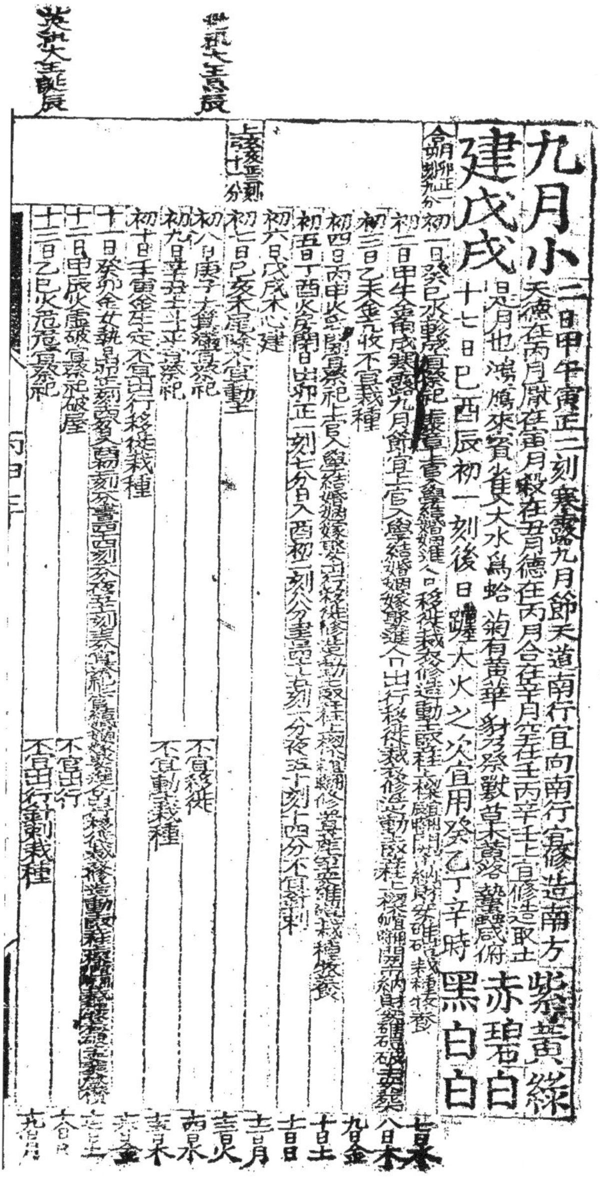

〈그림 1〉 병신년 역서(1896)의 9월 면

時憲曆)"이라는 이름으로 발간되었다. 그리고 1897년에는 다시 양력을 사용한다는 의미의 건양 연호를 사용하면서 "대조선건양2년 세차정유시헌력(大朝鮮建陽二年歲次丁酉時憲曆)"이 역서의 권두명이 되었다.

시헌력에서 개국 연호가 사용된 것은 1895년 을미년 역서와 1896년 병신년 역서 그리고 1897년 정유년 역서이다. 특히 1896년의 병신년 역서가 역서명과 함께 내용에서 변화를 보이고 있어 주목된다. 1896년 병신년 역서는 양력이 사용된 해에 발행한 역서인 만큼, 역명이 시헌서에서 시헌력으로 다시 돌아왔다는 의의가 있다.[22] 체재에서도 역서 하단에 양력의 날짜와 요일을 최초로 병기한 것이 특징이다 (〈그림 1〉 참조).

1898년에 역서의 이름은 앞에서 언급한 바와 같이 시헌력에서 명시력으로 다시 바뀌었다. 명시력은 시헌력에서 완전한 태양력으로 넘어가는 단계에 출현한 과도기적인 역서였다. 명시력은 전해에 발행된 1897년의 정유년 역서와 비교해볼 때 이름만 다를 뿐 체재와 내용이 동일하다. 권두 명칭은 대한제국의 개국명과 연호를 따라 "대한광무2년세차무술명시력(大韓光武二年歲次戊戌明時曆)"이라고 썼다. 이러한 사실로 볼 때 명시력은 대한제국의 국명이 사용된 최초의 역서이며, 1898년부터 1908년까지 11년 동안 대한제국의 운명과 함께했다.

대한제국기에 사용된 명시력은 시헌서와 마찬가지로 음력, 즉 역법상 시헌력을 채택했다. 뿐만 아니라 "연신방위지도(年神方位之圖)"와 주당도(周堂圖)가 여전히 그려져 있는 등 체재와 내용이 시헌서와 동

---

22) 시헌서의 역서명은 원래 시헌력이었다. 시헌력의 역서명이 시헌서로 바뀐 것은 乾隆帝의 이름인 弘曆의 '曆' 자를 피하기 위함이었는데, 1896년 병신년 역서부터 역명을 원래대로 고쳐 사용했다.

일했다. 명시력은 마지막 시헌서에 해당하는 정유년 시헌력과 마찬가지로 음력 날짜 하단에 태양력의 날짜와 요일을 병기해 음력을 주로 하되 양력을 참조할 수 있도록 만든 역서라는 점이 특징이다.[23] 비록 하단이기는 하지만 역서에 양력이 등장한 것은 1896년 1월 1일자로 시헌력에서 태양력으로 개력했기 때문이다.

명시력은 체재에서는 시헌력과 동일하나, 역서명에서는 확연한 차이가 있었다. 중국 역법으로부터 독립을 의미하는 명시력이었던 만큼, 역서명에서 중국 연호를 버리고 "대한광무11년세차정미명시력(大韓光武十一年歲次丁未明時曆)"과 같이 대한제국의 연호를 사용한 것이다. 또한 역이라는 이름의 역서명을 사용했다. 조선 후기의 역서명이 시헌력이 아닌 시헌서가 된 것은 청 건륭제의 이름인 홍력(弘曆)을 피하기 위함이었는데, 명시력에서는 '역(曆)' 자를 역서명(曆書名)으로 사용한 것이다. 역서명인 명시력에서 '역' 자를 회복한 것은 1896년에 시헌서에서 시헌력으로 역서명이 바뀐 것과 그 배경이 같다.

명시력의 발행처는 〈그림 2〉의 아래에 "종2품가선대부관상소장 신 이돈수(從二品嘉善大夫觀象所長 臣李敦修)"라는 발행인의 직위에서 확인할 수 있듯이, 관상감(觀象監)이 아닌 관상소(觀象所)였다.[24] 1894년 (고종 31)의 갑오개혁으로 예조 소속의 관상감은 학무아문(學務衙門) 소속의 관상국으로 대폭 축소·개편되었다. 1895년에 다시 학무아문이 학부로 바뀌면서 학부 소속의 관상소가 되었다. 관원으로는 소장

---

23) 명시력의 하단에 기입된 요일명을 중국식인 星期日(Sunday)·星期一(Monday)로 하지 않고 日·月·火·水·木·金·土로 한 것은 일본 역서의 영향일 것으로 추측하기도 한다(나일성, 《한국천문학사》, 서울대출판부, 2000, 222쪽).

24) 관상감이 관상소로 개편된 것은 1895년이므로, 명시력은 관상소에서 발간된 역서이다.

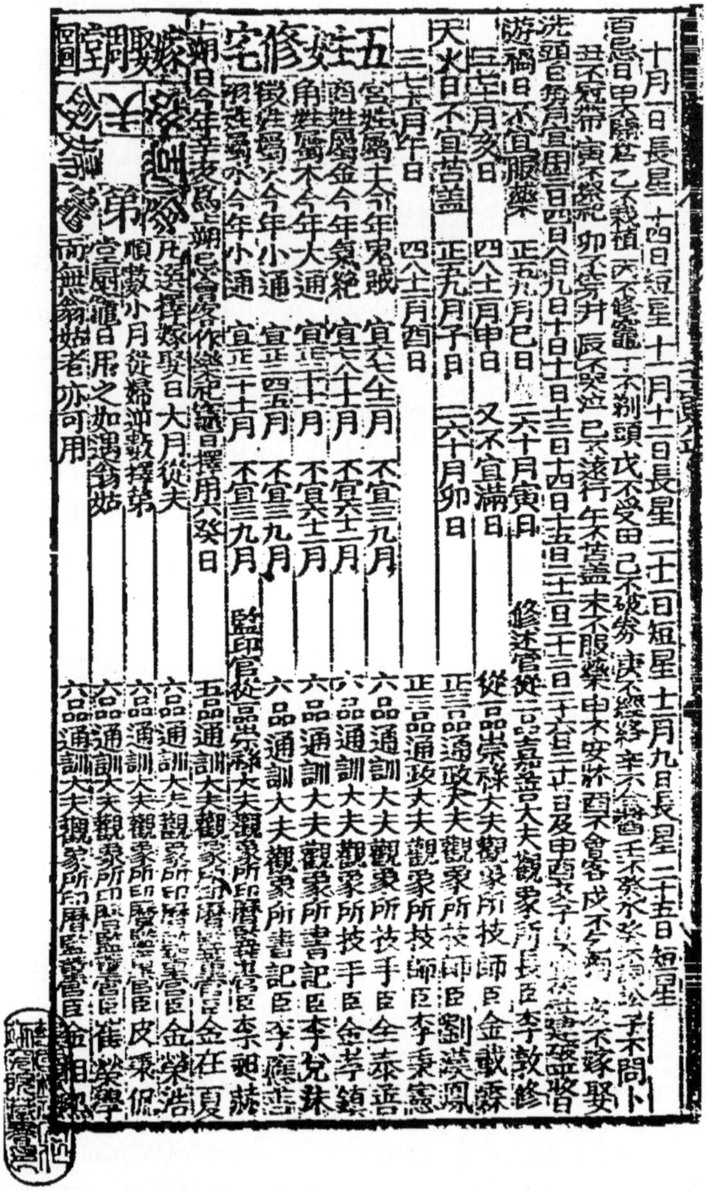

〈그림 2〉대한광무11년세차정미명시력의 마지막 면

(所長, 주임관[奏任官])과 기사(技師, 주임관)로 각각 한 명을 두고 기수 (技手, 판임관[判任官])와 서기(書記, 판임관)로 각각 두 명을 두었으며, 1897년에 기사 두 명을 증원했다. 1907년(융희 1)에는 측후소(測候所)로 바뀌어 학부의 편집국에 편입되었으며, 이때부터 실질적으로 일본인이 운영했다.

명시력은 비록 태양력의 사용과 함께 등장한 역서이기는 했으나, 시헌서와 마찬가지로 음력을 중심으로 한 역서 체재에서 크게 벗어나지 않았다. 이런 측면에서 보면 명시력은 양력을 우선으로 한 역서는 아니며, 여전히 구력(舊曆)인 시헌서의 잔재가 강하게 남아 있는 역서라고 할 수 있다. 양력의 사용에도 불구하고 역서는 여전히 음력을 중심으로 발행했던 것이다.

(2) 조선민력의 간행과 양력의 사용

앞에서 언급했듯이, 전통시대 역서 가운데 양력이 첨부된 최초의 역서는 1896년 양력의 사용과 함께 발행된 "대조선개국505년력(大朝鮮開國五百五年曆)"이다. 그러나 본격적인 양력 시대는 명시력에 이어 발행된 1909년의 "대한융희3년력(大韓隆熙三年曆)"부터 시작되었다고 보아야 할 것이다. 물론 현재 남아 있는 역서로 볼 때, 1896년 양력의 사용과 함께 학부관상소(學部觀象所)에서 발간된 건양원년력(建陽元年曆)과 1906년에 발간된 대한광무10년력(大韓光武十年曆)을 양력으로 볼 수 있지만, 1908년까지 음력을 체재로 한 명시력이 일반적으로 사용되었기 때문이다.

음력을 체재로 한 명시력의 발간은 1908년에 중단되었으며, 양력을 중심으로 한 대한융희3년력이 1909년에, 대한융희4년력이 1910년에 각각 발간되었다. 특별한 역명 없이 연력의 이름을 달고 있는 이들 역서들은 1911년에 조선민력(朝鮮民曆)으로 개칭될 때까지 사용되었다. 체재나 내용 면에서 볼 때, 다음 그림에서도 알 수 있듯이 바야흐로 양력 시대가 펼쳐졌음을 의미하는 역서라고 하겠다(〈그림 3〉과 〈그림 4〉 참조).

대한융희4년력의 역면을 보면 양력은 상단에, 음력은 하단에 기입되어 있다. 그리고 전통 역서의 '의(宜)·불의(不宜)'는 '의' 부분만 기재되어 있는 등 내용이 아주 소략하다.[25] 이 밖에도 역서 상단을 항상 차지하던 왕실 행사일이 모두 사라지고, 여덟 개의 국가 경축일, 즉 대한제국의 국가경축일인 건원절(乾元節)·만수성절(萬壽聖節)·곤원절(坤元節)·천추경절(千秋慶節)·개국기원절(開國紀元節)·계천기원절(繼天紀元節)·즉위예식일(卽位禮式日)·묘사경고일(廟社警告日)만 간단하게 기입되어 있다.

이렇게 체재가 바뀌는 역서는 일진의 의·불의를 중시했던 전통 역서에서 날짜를 중시하는 근대 달력으로 옮겨가는 전환점이었다고 평가할 수 있을 것이다. 더욱이 1911년에 발행된 조선민력이 무려 24만여 부가 인쇄된 사실을 보면,[26] 역서가 점차 일반인들에게 중요한 생활필수품이 되었음을 알 수 있다. 이는 곧 역서의 대중화를 의미하는 것이라고 할 수 있을 것이다.

---

25) 전통 역서에서 宜忌 사항은 역서의 중요한 기능 가운데 하나였다. 전통 역서를 보면 음력 날짜 하단에 해도 되는 일[宜]과 해서는 안 되는 일[不宜]을 기입해놓았다.

26) 정상우, 〈개항 이후 시간관념의 변화〉, 《역사와 현실》, 한국역사연구회, 2000, 187쪽.

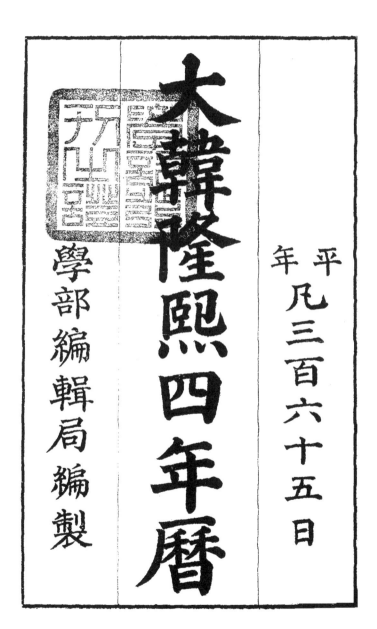

〈그림 3〉 대한융희4년력의 표지

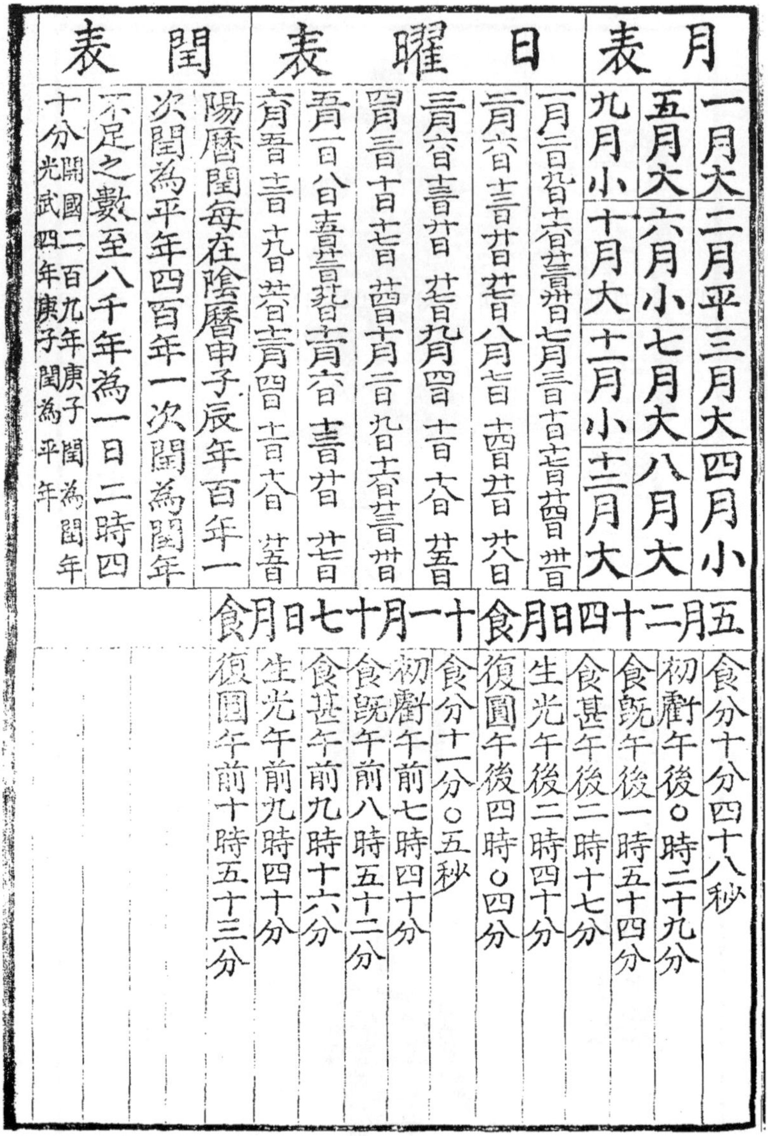

月表	日曜表	閏表

月表

一月大 二月平 三月大 四月小
五月大 六月小 七月大 八月大
九月小 十月大 十一月小 十二月大

閏表

陽曆閏每在陰曆申子辰年百年一
次閏為平年四百年一次閏為閏年
不足之數至八千年為一日二時四
十分開國二百九年庚子閏為平年

五月二十四日食
食分十分四十八秒
初虧午後○時二十九分
食甚午後一時五十四分
食既午後二時十七分
生光午後二時四十分
復圓午後四時○四分

十一月十七日月食
食分十一分○五秒
初虧午前七時四十分
食既午前八時五十二分
食甚午前九時十六分
生光午前九時四十分
復圓午前十時五十三分

〈그림 4〉 대한융희4년력의 첫면

1909~1910년에 사용된 역서들은 1911년 일제강점기에 발행된 조선민력의 바탕이 되는 것으로, 조선민력의 체재나 내용은 이미 그 이전에 완성된 것이다. 따라서 1909~1910년의 역서 제작에는 일본의 입김이 강하게 작용했을 것으로 추측된다. 결국 1910년 역서인 대한융희4년력은 망국과 함께 대한제국의 마지막 역서로 남게 되었다.

1910년 조선이 일본에 병합되면서 일본의 조선총독부(朝鮮總督府)는 하늘을 관찰하는 일과 역서를 발행하는 일을 중단시켰다. 일제는 1911년부터 조선민력이라는 이름으로 역서를 발행했는데, 이 역서는 1945년까지 매년 발행되었다.[27]

조선총독부에서 발행한 조선민력은 그 이전에 발행한 시헌서와 명시력에 견주어 다음과 같은 큰 차이가 있다. 첫째, 조선민력은 일본 연호를 사용했을 뿐만 아니라, 양력을 상단에 넣고 시헌력인 음력을 하단에 넣음으로써 양력을 우선으로 했다(〈그림 5〉 참조).[28] 둘째, 양력 날짜 아래에는 요일을 넣었으며, 의·불의에 관한 사항은 '의'를 중심으로 음력에는 기재되어 있으나 양력에는 합삭(合朔) 시각만 적혀 있다. 셋째, 양력 달력이 24절기별로 나뉘어 구성되어 있다는 점도 주목할 만한 특징이다.

이처럼 조선민력은 양력을 기본 바탕으로 했으나, 기존 역서에서 중요시했던 연신방위도(年神方位圖)와 가취주당도(嫁娶周堂圖)를 제일 뒷장에 부록으로 처리함으로써 전통 역서의 체재에서 완전히 탈피하지는 못했음을 보여준다(〈그림 6〉 참조).[29] 물론, 이러한 체재는

---

27) 나일성, 《한국천문학사》, 서울대학교 출판부, 2000, 224쪽.

28) 이와 같은 체재는 〈大韓隆熙三年曆〉(1909)부터이지만, 1911년에 동일한 역서 체재에서 역명만 조선민력으로 바뀌었으므로, 1909~1910년 사이에 사용된 역서도 조선민력에 포함시켜 서술하고자 한다.

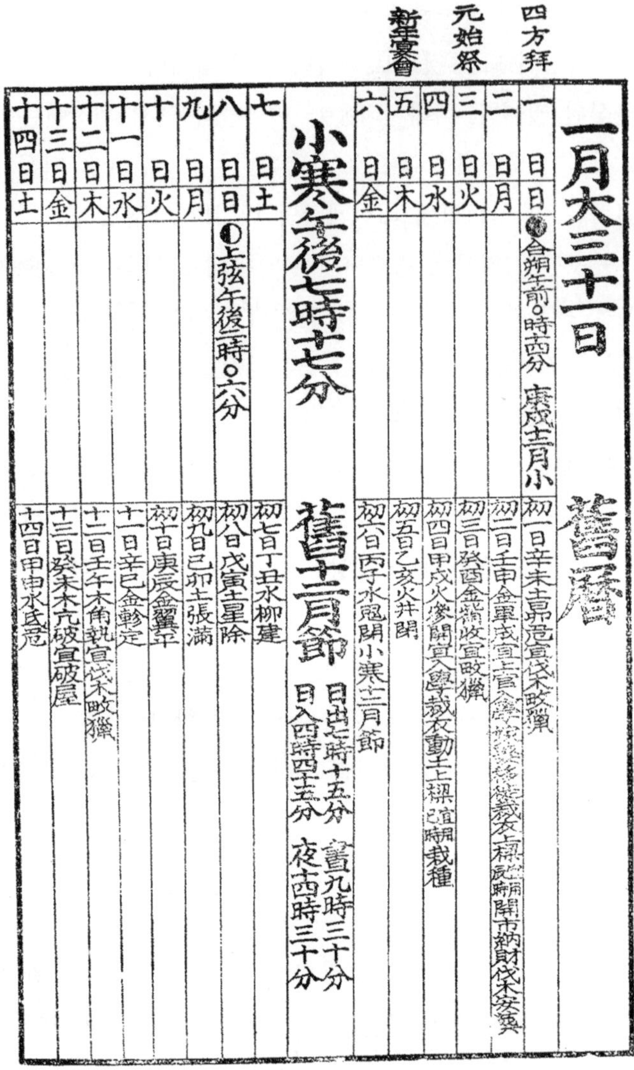

〈그림 5〉 명치44년조선민력의 1월 면

---

29) 조선민력에 수록되어 있는 연신방위도와 가취주당도에 대해 나일성은 당시
    의 민심을 고려한 흔적이라고 했다(나일성, 《한국천문학사》, 224쪽).

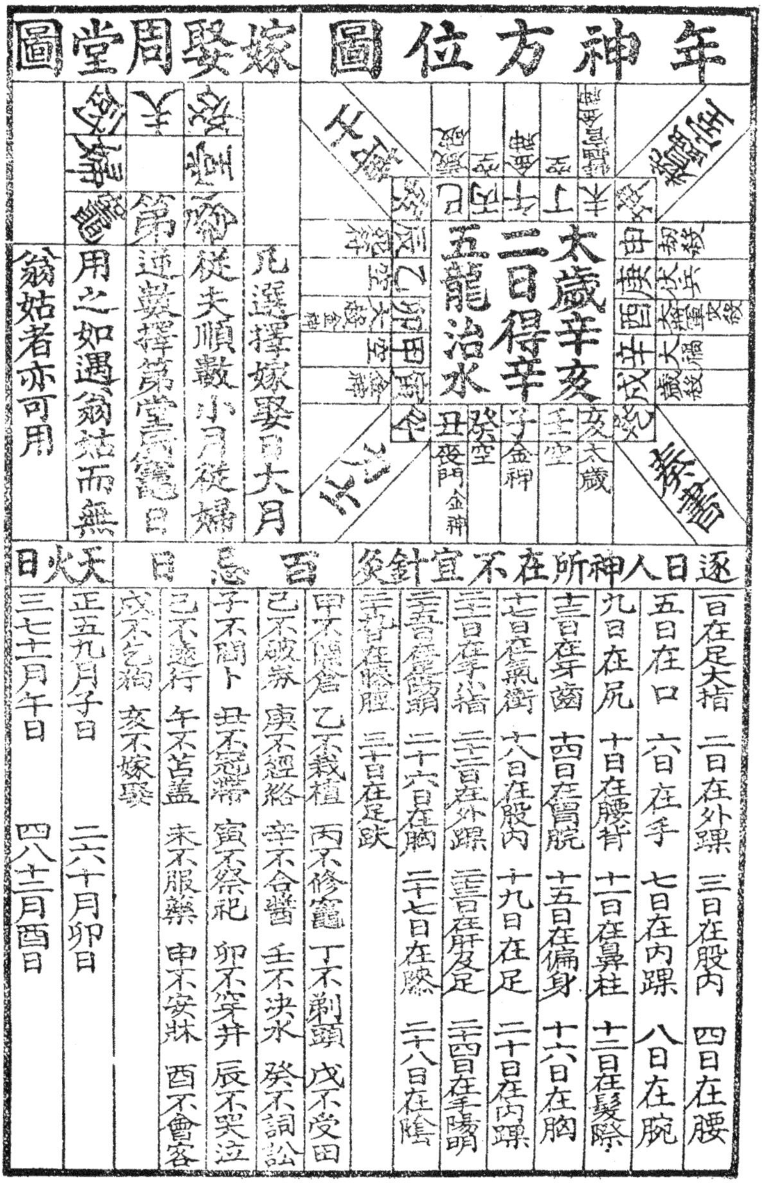
年神方位圖
太歲辛亥
二日得辛
五龍治水
嫁娶周堂圖
凡選擇嫁娶日大月從夫順數小月從婦逆數擇第堂廚竈日用之如遇翁姑而無翁姑者亦可用
逐日人神所在不宜針灸
一日在足大指 二日在外踝 三日在股內 四日在腰
五日在口 六日在手 七日在內踝 八日在腕
九日在尻 十日在腰背 十一日在鼻柱 十二日在髮際
十三日在牙齒 十四日在胃脘 十五日在徧身 十六日在胸
十七日在氣衝 十八日在股內 十九日在足 二十日在內踝
二十一日在手小指 二十二日在外踝 二十三日在肝及足 二十四日在手陽明
二十五日在足陽明 二十六日在胸 二十七日在膝 二十八日在陰
二十九日在膝脛 三十日在足趺
百忌日
甲不開倉 乙不栽植 丙不修竈 丁不剃頭 戊不受田
己不破券 庚不經絡 辛不合醬 壬不決水 癸不詞訟
子不問卜 丑不冠帶 寅不祭祀 卯不穿井 辰不哭泣
巳不遠行 午不苫蓋 未不服藥 申不安牀 酉不會客
戌不乞狗 亥不嫁娶
天火日
正五九月子日 二六十月卯日
三七十一月午日 四八十二月酉日

〈그림 6〉 명치44년조선민력의 주당도

1909~1910년에 발행된 융희3년력과 융희4년력에서 이미 완성된 것이다. 조선민력의 등장은 역서에 자국의 국명과 연호를 사용하는 것이 또다시 중단되었음을 의미하는 것이었다. 조선 역서에서 자국의 국명과 연호를 사용한 기간은 이렇듯 1895~1910년에 불과했다.

2. 역서와 국가경축·의례일

오늘날 국경일은 국가의 축제일이자 국민 모두의 공휴일이다. 2005년 현재 국정공휴일로 지정된 국경일 및 기념경축일은 신정(양력 1월 1일)·설날(음력 1월 1일)·삼일절(3월 1일)·식목일(4월 5일)·어린이날(5월 5일)·석가탄신일(음력 4월 8일)·현충일(6월 6일)·제헌절(7월 17일)·광복절(8월 15일)·추석(음력 8월 15일)·개천절(10월 3일)·성탄절(12월 25일)이다. 이 가운데 설날과 석가탄신일 그리고 추석이 음력을 기준으로 한 명절이다. 이처럼 일요일을 제외하고 달력에 빨간 날짜로 기입된 국정공휴일은 현재 열두 개가 지정되어 있다. 이 밖에도 달력에는 전통시대 역서에서 가장 중요시했던 24절기가 기재되어 있으며, 임시정부수립 기념일과 4·19혁명 기념일 등 각종 기념일들이 기재되어 있다. 한마디로, 양력을 기준으로 정한 국경일과 기념일, 음력을 기준으로 한 명절과 절기일(節氣日)이 혼재되어 있는 것이다.

오늘날 달력에 기재된 국경일 및 각종 기념일은 수십 가지에 이르지만, 전통시대 역서에는 24절기만이 기재되어 있었다. 역서의 편찬 목적을 제왕(帝王)의 수시적(授時的) 기능에 맞추었기 때문에 절기일의 정확한 날짜를 미리 예측하고자 한 것이 곧 역서였다고 해도 과언이 아니다. 또한 일반인들의 용도뿐만 아니라 왕실의 각종 기제(忌祭)

와 제의일(祭儀日)을 정하기 위해서도 역서를 만들었는데, 이러한 왕실의 대소사를 역서에 공식적으로 기재하지는 않았다.

국가의 제사와 왕실의 경축기념일 및 기제일이 조선시대 역서에서 처음으로 등장한 것은 양력이 사용되는 해와 일치한다. 다시 말해서, 1896년 대조선개국505년세차시헌력부터 역서에 국가제사 및 왕실경축일 등이 기재된 것이다. 1895년에 태양력의 사용이 결정된 뒤 그 이듬해 역서부터 양력 날짜가 하단에 들어갔으며, 이와 동시에 각종 기념경축일(紀念慶祝日)이 1896년 역서부터 처음으로 기재되기 시작했다. 청일전쟁 이후 1895년 시모노세키조약에서 조선은 국호를 대조선왕국에서 대조선제국으로 개칭하고 아울러 황제존호의 사용을 상정하기로 하면서, 황제 지위에 걸맞는 기념일을 새롭게 지정했다. 그리고 이를 공식적으로 그 이듬해 역서부터 기존의 국가의례와 함께 기재했다.

국가경축일로서 가장 먼저 제정된 것은 청으로부터 조선이 독립했다는 의미를 지닌 독립경일이었다. 1895년 5월 10일에 고종은 다음과 같이 독립경일을 정하도록 했다.

나는 개국 503년 12월 12일에 종묘와 사직에 맹세하여 종래의 청국의 간섭을 끊어버리고 우리 대조선국(大朝鮮國)의 고유한 독립 기초를 굳건히 하며 또한 이 마관조약(馬關條約)을 통하여 세계에 표창(表彰)하는 빛을 더 드러내고자 한다. 나는 신하나 백성들과 기쁨을 같이하고 이제부터 우리나라의 영예를 축하하기 위하여 적당한 방법을 내놓고자 여러 대신(大臣)에게 명령하는 것이니, 나의 신하와 백성은 능히 나의 뜻을 체득하고 영구히 독립하는 실지 성과를 기념하여 나라를 위하는 나의 간절한 마음에 부합되게 할 것이다. 연례(年例)로 되는 독립경축일

(獨立慶祝日)을 정하여 영구히 우리 나라의 하나의 경사스러운 큰 명절로
삼으며 신하와 백성과 함께 축하하는 규범에 대해 내가 다시 나의 뜻을
신하와 백성들에게 알리겠다.[30]

청일전쟁에서 일본이 승리한 뒤 1895년 3월 23일에 일본전권대신
(日本全權大臣) 이토 히로부미(伊藤博文)와 청나라 전권대신 이홍장(李
鴻章)은 시모노세키 조약을 체결하면서 "청나라는 조선이 완전무결
한 자주독립국가라는 것을 인정하며, 그전에 청나라에 공납을 바치던
규정 등은 다 자주독립에 해로운 것이므로 앞으로 모두 폐지한다"는
조항을 넣었는데, 독립경일은 이러한 배경 아래 제정된 것이었다.
　국가경축일이 최초로 등장한 1896년의 역서에 따라 주요 국기일과
탄신일(誕辰日) 그리고 경축일 등을 정리하면 다음과 같다.

　　종묘대제(宗廟大祭, 음력 1월 1일/양력 2월 13일[목])
　　환구기곡대제(圜丘祈穀大祭, 음력 1월 6일/양력 2월 18일)
　　미기성제(尾箕星祭, 음력 1월 7일/양력 2월 19일)
　　정순왕후기진(貞純王后忌辰, 음력 1월 12일/양력 2월 24일)
　　왕태후폐하경절, 남관왕묘제(王太后陛下慶節, 南關王廟祭, 음력 1월
　　　22일/양력 3월 7일)
　　선농제(先農祭, 음력 1월 28일/양력 3월 13일)
　　대제(大祭, 음력 2월 1일/양력 3월 14일)
　　천추경절(千秋慶節, 음력 2월 8일/양력 3월 21일)
　　정성왕후기진(貞聖王后忌辰, 음력 2월 15일/양력 3월 28일)

---

30) 《고종실록》 卷33, 고종 32년 5월 10일(庚辰).

세종대왕기진(世宗大王忌辰, 음력 2월 17일/양력 3월 30일)

각릉환묘제(各陵園墓祭, 음력 2월 23일/양력 4월 5일)

인선왕후기진(仁宣王后忌辰, 음력 2월 24일/양력 4월 6일)

경모궁제(景慕宮祭, 음력 5월 1일/양력 6월 12일)

순조대왕탄신(純祖大王誕辰, 음력 6월 18일/양력 7월 28일)

개국기원절(開國紀元節, 음력 7월 19일/양력 8월 24일)

만수성절(萬壽聖節, 음력 7월 25일/양력 9월 2일)

왕태자비전하탄신(王太子妃殿下誕辰, 음력 10월 20일/양력 11월 24일)

서고일(誓告日, 음력 12월 12일/양력 1월 14일)

위의 내용에서 보다시피 역서에 기재된 의례일들은 대체적으로 전통적인 5례(五禮) 가운데 길례(吉禮)에 해당하는 의례일과 왕이나 왕세자, 왕비의 탄신일, 국기일 등이었음을 알 수 있다. 다만, 그 이전 의례와 다른 점이 있다면, 천자만이 하늘에 제사지낼 수 있다고 여긴 환구단대제를 지냈다는 것과, 조선개국기원절 및 서고일이 추가되었다는 점이다. 서고일은 고종이 1894년에 청으로부터 독립한 것을 사직(社稷)에 서고(誓告)한 날을 기념한 것이다. 또한 왕의 탄신일을 황제의 탄신일을 지칭하는 만수성절로 개칭한 것도 주목할 만한 변화이다. 고종의 생일을 기념한 만수성절의 경우, 1896년 이전은 고종이 정부 대신을 불러 축하연을 여는 정도에 그쳤으나, 1896년 이부부터는 선교사와 교회 등 민간단체에서 기념식을 개최할 정도로 국민축제화했다.[31]

역서에 국가경축일 외에도 왕실의례가 함께 기재된 것은 왕실의

---

31) 《독립신문》, 1896년 9월 1일자 기사 참조.

권위를 높이려는 의도에서 비롯된 것이 아닌가 싶다. 이 무렵 칭제
논의와 함께 왕국을 제국화하려는 움직임이 있었고[32] 환구단(圜丘壇)
을 설치해 환구제를 지내는 등, '칭제＝독립'이라는 국민의 여론에 힘
입어 왕실행사를 사적인 행사에서 벗어나 국가적인 행사로 치루고자
한 목적이 담겨 있었던 것으로 보인다. 이는 곧 홉스봄(Hobsbawm)이
지적한 바와 같이 일종의 '창출된 전통'을 통해 국민들을 '국가'라는
명분 아래 움직일 수 있도록 하려는, 그러한 정치적 계산이 깔린 국가
의례가 아닐까 생각한다.[33]

환구제에 이어 1897년 1월에는 홍경절(興慶節)을 제정했다.[34] 홍경
절은 1896년 음력 12월 13일에 고종이 황제에 등극해 사직에 서고한
날을 기념하기 위해 제정한 국가경축일이다.

궁내부 대신 이재순(李載純)이 음력 12월 13일은 곧 계해년에 임금
이 왕위에 오른 날이고 또한 재작년에 사직에 고한 날이므로 모두 합쳐
서 나라의 명절로 삼고 매년 이 날을 '홍경절'이라 부르자는 것과 건양
원년 8월 21일에 각 전과 궁의 생일날을 음력으로 기념한 데 대하여 올
린 문건에 첨부하자는 의견을 제시하니 승인하였다.[35]

이 인용문에서 보듯, 1897년 1월 11일에 궁내부 대신 이재순의 건
의로 제정된 홍경절은 이듬해인 1898년 역서부터 반영·기재되기 시

---

32) 이민원, 〈稱帝論議의 展開와 大韓帝國의 成立〉, 《청계사학》 5, 청계사학회,
    1988, 287~289쪽.

33) E. 홉스봄, T. 랑거 공편, 최석영 옮김, 《전통의 창조와 날조》, 서경문화사,
    1995.

34) 송병기, 《韓末近代法令資料集》 II, 국회도서관, 1971(1897년 1월 11일자).

35) 《고종실록》 卷35, 고종 34년 1월 11일(양력).

작했다. 이 시기에 발행된 명시력을 보면, 1898년 역서인 "대한광무2
년세차무술명시력(大韓光武二年歲次戊戌明時曆)"의 음력 12월 13일자
에 처음으로 홍경절이 국가경축일로 기재되었음을 알 수 있다. 홍경
절은 명시력이 마지막으로 발간된 해인 1908년 역서까지 기재되어
있는데, 정확한 이유는 알 수 없으나 1901부터 1904년까지 발행된 역
서에는 홍경절이 기재되지 않다가 1905년 역서부터 다시 기재되고
있다.

홍경절 외에도 대한제국기에 제정한 국가경축일로는 계천기원절
이 있었다. 1897년 10월 13일 대한제국의 탄생에 앞서 9월 17일에 고
종이 황제에 오른 것을 기념해 계천기원절이 제정되었다(〈그림 7〉의
윗부분 참조).[36] 계천기원절도 홍경절과 마찬가지로 1898년 역서부터
국가경축일로 기재되기 시작했으며, 이러한 국가경축일의 제정에 발
맞추어 제국(帝國)에 걸맞는 의례도 결정되었다.

대한제국기에 제정된 홍경절과 계천기원절은 실제 황실의 축하일
이자 기념일의 성격이 강한 것이었다. 그러나 1897년 10월 12일의 자
주독립국 선포와 함께 이루어진 국명과 연호의 변경 및 대황제 호칭
등은 절대주의적 근대국가의 틀을 더욱 확실하게 하면서 '황실의 경
축일'을 '국가의 경축일'로 전환시킨 것이었다.[37] 또한 국가의 경축일
로 제정하고자 하는 의지는 곧 역서에 반영되어, 국민 모두가 경축하
는 기념일로서 성격을 명확히 했다. 국가경축일의 탄생은 축하 방식
도 근대화시켜 국기게양 의례를 만들어냈다. 홍경절이나 개국기원절

---

36) 《韓末近代法令集》 II, 1897년 12월 3일자.
37) 정근식, 〈한국의 근대적 시간 체제의 형성과 일상생활의 변화―대한제국기
    를 중심으로〉, 《사회와 역사》 58, 한국사회사학회, 2000, 190쪽.

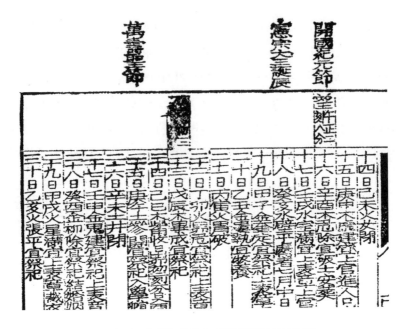

〈그림 7〉 명시력 상단의 개국기원절(부분확대)

과 같은 국경일에는 신문이 휴간하기도 했고 학생들이 축하 행사에
동원되기도 했다.[38]

　1898년부터 1908년까지 역서에 기재된 국기일 및 국가경축일의 종
류와 명칭은 국기일의 종류가 대폭 증가한 것 외에는 변화 없이 지속
되었다. 그러다가 1908년(순종 2년) 7월 15일 황제와 황후의 탄신일을
각각 건원절과 곤원절로 개정하면서, 1909년부터 건원절과 곤원절이
역서에 기재되었다.[39] 이와 아울러 1908년에 포달(布達) 178호로 황제
와 황후 그리고 황태자의 탄신 및 국가경축일을 음력이 아닌 양력으

---

38) 정근식, 앞의 글, 191~192쪽.
39) 《한말근대법령자료집》 Ⅶ, 1908년 7월 15일자.

로 정하게 되었는데, 이를 소개하면 다음과 같다.[40]

건원절(乾元節, 3월 25일)
만수성절(萬壽聖節, 9월 8일)
곤원절(坤元節, 9월 19일)
천추경절(千秋慶節, 10월 20일)
개국기원절(開國紀元節, 8월 14일)
계천기원절(繼天紀元節, 10월 12일)
즉위예식일(卽位禮式日, 8월 27일)
묘사서고일(廟社誓告日, 11월 18일)

포달 178호에 게재된 국가기념일은 단지 경축일의 날짜를 음력에서 양력으로 바꾸었다는 의미만 지니는 것이 아니다. 이는 그 이전의 잡다한 왕실의례를 일소하고, 여덟 개의 공식적인 국가기념일만을 지정한 것이었다. 이에 따라 역서에 나타나는 국가기념일은 1909년부터 확연히 달라진다. 1896년부터 1908년까지 대한제국기에 발행된 명시력에는 앞에서 언급한 바와 같이 새로 제정된 국가기념일 및 기존의 국기일이 혼합되어 기재되었지만, 1909년의 대한융희3년력과 1910년의 대한융희4년력에는 포달 178호로 지정된 여덟 개의 국가경축일만 간략하게 기재되어 있다. 왕실의 국기일이 역서에서 완전히 사라진 것이다. 이는 왕실의 국기일을 역서에 기재함으로써 왕실의 권위를 높이려던 목적이 이 시기에 이르러 일제의 영향 아래 의도적으로 퇴색된 탓이 아닌가 추정된다.

---

40)《한말근대법령자료집》VII, 1908년 7월 22일자.

一月大三十一日　舊曆

四方拜
元始祭
新年宴會

一　日　月　辛癸　二十三日丙子水畢建
二　日　火
三　日　水　○望午後九時二十分　十四日丁丑水觜除
四　日　木　十五日戊寅水參滿宜裁衣動土棟辰時用開市納財栽種
五　日　金　十六日己卯土井平
六　日　土　十七日庚辰金鬼定
七　日　日　十八日辛巳金柳執
　　　　　　十九日壬午木星執小寒十二月節宜伐木畋獵

八　日　月　小寒午前一時○分　二十日癸未木張破宜破屋
九　日　火　　　　　　　　　　二十一日甲申水翼危宜豎柱上梁栽種動土棟辰時用開市納財栽種安葬
十　日　水　　　　　　　　　　二十二日乙酉水軫成宜上官入學嫁娶移徙動土上梁宜時用安葬
十一日　木　○下弦午後三時四十分　二十三日丙戌土角收
十二日　金　　　　　　　　　　二十四日丁亥土亢開
十三日　土　　　　　　　　　　二十五日戊子火氐閉
十四日　日　　　　　　　　　　二十六日己丑火房建

舊十二月節
日出七時十五分　日入四時四十五分
晝九時三十分　夜十四時三十分

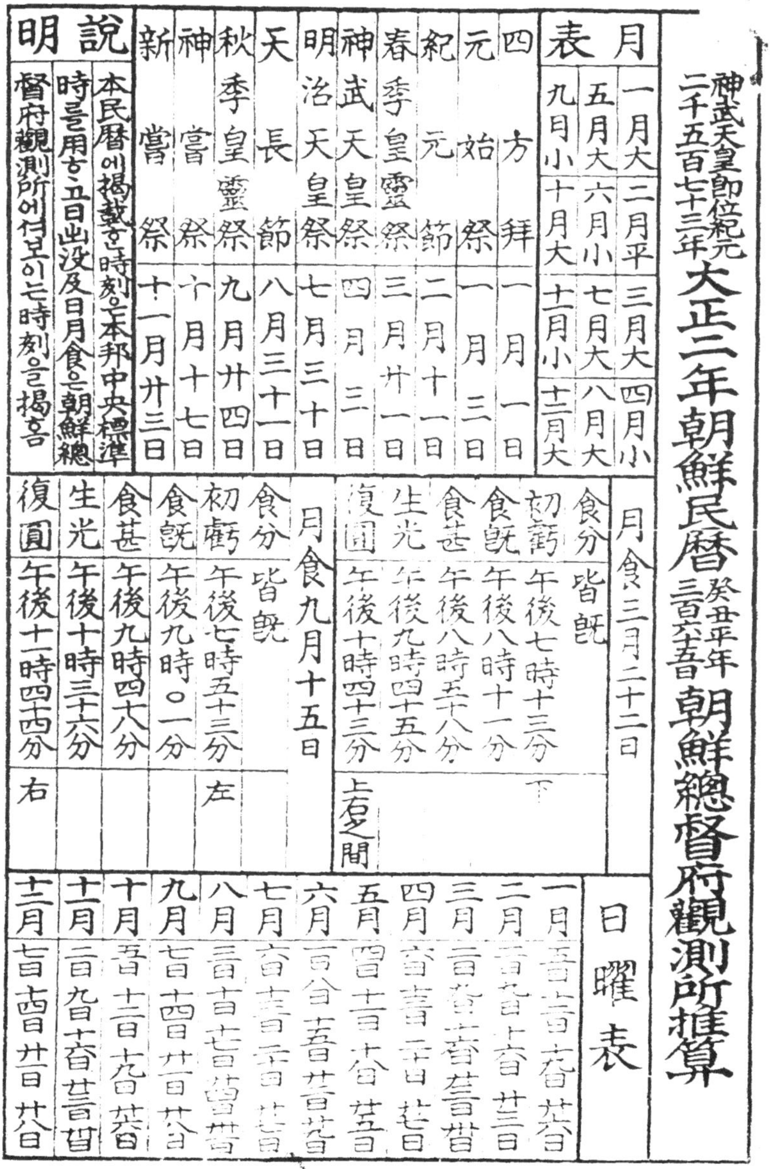

神武天皇卽位紀元
二千五百七十三年
大正二年朝鮮民曆 癸丑平年 三百五十五日
朝鮮總督府觀測所推算

月表

月			
一月大	二月平	三月大	四月小
五月大	六月小	七月大	八月大
九月小	十月大	十一月小	十二月大

四方拜 一月一日
元始祭 一月三日
紀元節 二月十一日
春季皇靈祭 三月廿一日
神武天皇祭 四月三日
明治天皇祭 七月三十日
天長節 八月三十一日
秋季皇靈祭 九月廿四日
神嘗祭 十月十七日
新嘗祭 十一月廿三日

明 說
本民曆에揭載혼時刻은本邦中央標準時를用ᄒᆞ고且日出沒及日月食은朝鮮總督府觀測所에서보이는時刻을揭홈

月食 三月二十二日
食分 皆旣
初虧 午後七時十三分
食旣 午後八時十一分
食甚 午後九時○分
生光 午後九時四五分
復圓 午後十時四三分 上亥間

月食 九月十五日
食分 皆旣
初虧 午後七時五三分 左
食旣 午後九時○一分
食甚 午後九時四六分
生光 午後十時三六分
復圓 午後十一時四四分 右

日曜表

一月	五十二十九廿六
二月	二九十六十三
三月	二九十六十三三十
四月	六十三十廿十七
五月	四十一十八廿五
六月	一八十五廿二廿九
七月	六十三十廿十七
八月	三十十七廿四卅一
九月	七十四廿一廿八
十月	五十二十九廿六
十一月	二九十六廿三三十
十二月	七十四廿一廿八

〈그림 9〉 조선민력에 등장하는 일본축제일

1910년의 병합과 함께 역서에 등장하는 국가기념일은 큰 변화를
겪게 된다. 우선 역서의 발행기관이 조선총독부로 이관되면서 역서에
기재된 국가기념일도 일본의 축제일(祝祭日)로 모두 대체되었다(〈그
림 8〉의 윗부분 참조). 1913년 역서인 대정2년조선민력(大正二年朝鮮民
曆)을 보면, 사방배(四方拜, 1월 1일)·원시제(元始祭, 1월 3일)·기원절
(紀元節, 2월 11일)·춘계황령제(春季皇靈祭, 3월 21일)·신무천황제(神武
天皇祭, 4월 3일)·명치천황제(明治天皇祭, 7월 30일)·천장절(天長節, 8월
31일)·추계황령제(秋季皇靈祭, 9월 24일)·신상제(神嘗祭, 10월 17일)·신
상제(新嘗祭, 11월 23일) 등 일본의 축제일만 고스란히 기재되어 있다.
그런데 1912년 조선총독부 칙령 19호로 지정된 축제일은 원시제(1월
3일)·신년연회(新年宴會, 1월 5일)·기원절(2월 11일)·춘계황령제(3월
21일)·신무천황제(4월 3일)·명치천황제(7월 30일)·천장절(8월 31일)·
천장절축일(天長節祝日, 10월 31일)·신상제(神嘗祭, 10월 17일)·신상제
(新嘗祭, 11월 23일)·춘계황령제(춘분)·추계황령제(추분) 등으로, 역서
와는 약간의 차이가 있다(〈그림 9〉 참조).[41]

이상과 같은 축제일이 국가기념일의 의미를 넘어 국정공휴일로 공
식 지정된 것은 1927년 3월 3일부터로 보인다. 조선총독부 칙령 제25
호에 "제일(祭日) 및 축일(祝日), 일요일을 공휴일로 지정한다"고 한
것으로 보아, 이때부터 비로소 국가경축일에 공휴일의 의미가 더해진
것으로 보인다.[42] 다만, 국가기념일이 국정공휴일이 아닌 관청의 휴가
일로 지정된 것은 1895년부터이다. 1895년에 5월 10일에 조선정부는
개국기원절과 고종의 탄신일 그리고 서고일을 각각 휴가일로 정했

41) 《조선총독부법령》 9-396.
42) 《조선총독부법령》 72-670.

다.[43] 이때 일요일도 관청의 전일 휴가일로 지정되었는데, 오늘날의 국정공휴일의 개념은 아니었던 듯하다. 앞에서 살펴본 국가경축일 외에도 대한제국기에 발행된 역서에는 그 이전의 역서에서는 전혀 찾아볼 수 없는 왕실의례가 국가경축일과 함께 기재되었다. 이 시기에 이르러 왕실의 국기일이 역서에 기재되기 시작한 것은 왕실의 권위를 높이려는 의도가 반영된 것으로 보인다.

대한제국의 등장과 고종의 황제 등극으로 말미암아 종래의 국가의례는 제국의 지위에 맞는 의례로 바뀌었으며, 이에 따른 조치로 4조(四祖)의 추숭이 추진되었다. 고종은 1897년 10월에 환구단에서 하늘에 제사를 지내고 황제의 자리에 올랐다. 여기서 고종은 대한제국이 중국에 예속되지 않고 다른 나라들과 동등한 자주독립국임을 대내외에 공포했다. 그러나 이것으로 즉위의식이 끝난 것은 아니었다. 황제, 곧 천자(天子)는 환구·사직·산천·종묘에 제사를 지내는 존재였으며, 조상에 대한 제사의식도 황제의 지위에 걸맞는 것이어야 했다. 그러자면 자연히 4조의 추존(追尊)이 이루어져야 했던 것이다.

대한제국기에 고종의 4조에 대한 추존의식은 1899년에 이루어졌다. 당시 고종은 "황제에 오른 지 3년이 지나도록 하늘에 함께 제사지냈지만 조상을 소급하여 높이는 의식을 아직 거행하지 않았다"[44]며 황제 지위에 걸맞는 절차와 규례가 부족하다는 뜻을 명시하고, 4조의 추존의식을 거행했다. 이에 따라 고조(高祖)인 장헌세자(莊獻世子)가 가장 먼저 추숭되었다. 이처럼 고종의 4조가 추숭된 것은 1899년이지만, 4조에 대한 추숭 논의는 이미 광무 원년부터 제기되어왔다. 이 당

---

43)《官報》, 개국 504년 윤5월 10일자 참조.

44)《高宗實錄》光武 3년 12월 3일.

시 선왕의 묘호를 높이자는 상소가 거듭 올라왔는데, 중추원주사 백
남규의 다음과 같은 상소는 그 같은 분위기를 잘 드러내준다.

삼가 생각건대 우리 폐하는 나라가 밝고 화평할 운수를 지니고 하늘
이 황제로 임명하는 지시를 받아서 3황 5제(三皇 五帝)의 전통을 이어
억조 백성들의 뜻을 좇아 황제의 자리에 올랐습니다.…… 그러나 큰 규
례와 큰 제도에서 아직도 거행하지 못한 것이 두 가지 있습니다. 그 하
나는 조상을 추가로 높이는 의식이고, 하나는 신하에게 작위를 반포하
는 제도입니다. 가만히 생각하건대 이 의식과 이 제도는 예로부터 왕업
을 창건하고 왕통을 계승해온 나라가 중요하게 여기고 급하게 여기었
으며 여기에서 근원을 거슬러 올라가 선조들의 아름다움을 찬양하고
은혜로운 시택을 넓히어 나라의 체면을 존중하고 전해오면서 미담으로
삼았던 것입니다. 어찌 당당한 황제국(皇帝國)으로서 그 빛이 천하에
미치는데 이것만은 소홀하십니까.…… 경서(經書)를 상고해보건대 태
왕(太王)·왕계(王季)·문왕(文王)을 왕으로 추숭했다는 글이 있으며,
당(唐)·하(夏)·송(宋)·명(明)에 내려와서는 모두 선대를 높이는 것을
영예로 삼았습니다.[45]

이 밖에 국가의례인 길례의 대사·중사·소사 역시 제국에 걸맞는
제사 체재로 바뀌었다. 1896년 8월 14일 궁내부대신 이재순이 제출한
국가제사 개편에 대한 내용을 보면 천자만이 지낼 수 있는 환구사를
필두로 대사·중사·소사를 설치했음을 알 수 있는데, 구체적으로 소개
하면 다음과 같다.

---

45) 《高宗實錄》光武 2년 1월 3일.

대사(大祀) : 환구단(圜丘壇)·종묘(宗廟)·영녕전(永寧殿)·사직단(社
稷壇)·대보단(大報壇)

중사(中祀) : 경모궁(景慕宮)·문묘(文廟)·미기성(尾箕星)·선농(先農)·
선잠(先蠶)·우사(雩祀)·관왕묘(關王廟)

소사(小祀) : 삼각산(三角山)·목멱산(木覓山)·한강(漢江)·사한(司寒)·
중류(中霤)·계성사(啓聖祠)·사현사(四賢祠)·선무사(宣
武祠)·정무사(靖武祠)·둑제(纛祭)·여제(厲祭)·성황제(城
隍祭)·마조(馬祖)·기우(祈雨)·영제(榮祭)·기설(祈雪)

개편된 국가제사에는 선원전(璿源殿)을 비롯한 속례(俗禮)와 만동
묘(萬東廟), 역대시조, 기자릉과 같은 외도사전(外道祀典)이 규정되었
다. 이러한 제사 체재는 기존의 길례가 사직과 종묘만을 대사로 규정
한 것과 달리 조선 초기에는 빠졌던 환구단과 같은 천자례가 추가되
었다는 점이 중요한 특징이다. 이 밖에도 장헌세자(莊獻世子, 사도세
자)에 대한 제사인 경모궁의 제사가 더 격이 높은 중사로 승격되었다.
경모궁을 중사로 승격한 것은 장헌세자가 고종의 고조이기 때문이다.
이는 4조의 추숭 과정에서 가장 먼저 이루어졌다. 영조의 2남인 장헌
세자는 당쟁과 궁중 분규의 와중에 비명횡사의 비운을 당한 왕세자
이다. 장헌세자에 대한 추모는 정조의 즉위와 함께 일차적으로 이루
어졌다. 정조는 장헌(莊獻)의 시호(諡號)를 올리고 수은묘(垂恩廟)를
경모궁으로 고쳐 추모의 정성을 다했다. 장헌세자와 경모궁에 대한
추숭은 광무 3년(1899년) 8월에 황제의 선왕이라는 취지에 맞추어
다시 이루어졌다. 고종은 장헌세자를 장종(莊宗)으로 추앙하고 정종
대왕의 존호를 정조대왕으로 추상(追上)하기 위해 추숭도감(追崇都監)
과 진상존호도감(進上尊號都監)을 설치했다. 이어서 의정부 의정 윤

용선(尹容善)을 양도감(兩都監)의 도제조로, 특진관 김성근(金聲根)·이승순(李承純)과 장례원경 이유승(李裕承)을 제조로 임명하고 모든 의식 절차를 진행하게 했다. 뒤이어 경모궁(景慕宮)의 신위(神位)를 종묘에 부제(祔祭)하게 하니 경모궁의 위상은 이전과 달라졌다. 이는 고종의 황제권 강화 차원에서 이루어진 일이었다.

대한제국기 국가제사와 관련해 주목할 만한 것은 중사로 미기성(尾箕星)이 올랐다는 점이다. 기존의 길례에서 영성(靈星)은 소사로서 겨우 명맥만 유지했는데, 미성(尾星)과 기성(箕星)에 대한 제사가 새롭게 중사로 제정되었다. 사실 영성에 대한 제사는 한나라의 제도로, 우리 역사와는 무관하게 중국의 5례가 편입된 것이었다. 이것이 대한제국기에 국가제사에서 빠지고 미기성으로 대체되었는데, 미성과 기성은 우리나라 분야에 해당하는 별을 가리킨다.

미기성은 환구단보다 앞서 그 중요성이 제기되었다. 고종 2년(1865)에 이미 예조판서 김병국(金炳國)이 "환구단에 제사를 지내지 못한다면, 자기 분야에 해당하는 별에 대해서라도 제사를 지낼 수 있다"[46]고 하여 해당 별에 대한 제사를 주장한 것이다. 이에 따라 동방을 가리키는 별, 곧 기성과 미성 그리고 남두성(南斗星) 가운데 기성이 가장 조선 분야에 합당하다는 견해에 따라 미기성에 대한 제사가 이루어지게 되었으며, 결국 대한제국의 성립과 함께 중사로 승격되기에 이른 것이다.

미기성에 대한 제사는 환구단의 부활과 더불어 제천의례(祭天儀禮)의 부활이라고 할 수 있다. 이는 그동안 제후국에서는 자기 분야에 해당하는 별에 제사를 지낼 수 없다는 규정을 깬 것이므로, 환구단의

---

46)《고종실록》고종 2년 11월 11일(壬申).

부활 못지않게 중요한 의미를 지닌다. 그러나 1896년 역서에서 보다시피 관왕묘(關王廟) 제사가 여전히 남아 있는 것으로 볼 때, 중국의 례에서 완벽하게 독립했다고는 할 수 없다. 관왕묘 제사는 관우에 대한 제사로 임진왜란 이후 명나라의 요청에 따라 설치된 것인데, 다소 도교적 색채가 강하다. 이것이 대한제국기에도 여전히 민간신앙과 국가신앙으로 남아 있었던 것이다.

맺으며

　필자는 이 책에서 서양 천문학의 전래에 따른 조선시대의 우주관과 역(曆)의 변화에 대해 살펴보고, 그것이 한국사에서 어떤 의미를 지니는지 밝혀보려고 했다. 책을 마무리하며 여기서는 지금까지 논의한 내용을 요약하고 그 한계를 지적해보려고 한다.

　전통시대 한국에서 천문학(天文學)은 제왕지학(帝王之學)으로 정치·사회·사상 면에서 매우 중요시한 분야였다. 특히 고대 중국의 천문사상인 이른바 천인합일사상(天人合一思想)의 영향을 받아, 천상(天象)의 변화는 단순한 자연현상의 차원을 넘어 인격적 속성을 지닌 하나의 실체로 인식되었다. 이런 이유 때문에 우주와 천지자연에 대한 관심은 지대했지만, 우주의 실체를 정확히 파악할 수 없었던 만큼 전통시대의 우주관은 형이상학적 구조론이라는 한계를 지니고 있었다. 그러나 17세기 초 서학(西學)의 전래로 조선 후기 우주관은 형이상학적인 틀을 벗고 한층 근대적인 모습으로 탈바꿈하게 되었다.

　17세기에 전래된 서학은 조선의 정치·사상·종교·과학 등 다방면에 걸쳐 영향을 미쳤으며, 그 영향력은 우주관과 역법에서도 예외가 아니었다. 조선시대 우주관은 17세기에 전래된 서양 천문학의 영향으로 그 이전 시대와는 다른 특징을 띠게 된 것이다. 요컨대, 서양 천문학이 유입되기 이전의 전통시대 우주관은 개천설(蓋天說)과 혼천설(渾天說)로 대표되는 형이상학적 구조론의 한계에 머물렀지만, 12중천설(十二重天說)과 지원설(地圓說)로 대표되는 서양의 우주관은 보다 더 근대적인 우주관을 형성하는 데 영향을 주었다. 물론, 조선 후기에 전래된 서양의 우주관이 비록 가톨릭의 종교관을 바탕으로 했다는 한계가 있었으나, 천원지방(天圓地方)과 같은 전통적인 우주관에서 탈피하는 데 큰 기여를 했다.

조선 후기에 서양 천문학이 직접적으로 전래된 통로는 한역서학서(漢譯西學書)였다. 이들 한역서학서 가운데 천문학과 관련된 대표적인 저작으로는 《역상고성(曆象考成)》·《역상고성후편(曆象考成後篇)》·《의상고성(儀象考成)》 등이 있다. 《역상고성》은 1645년 아담 샬(湯若望, Adam Shall Von Bell, 1592~1666)의 지도 아래 간행된 《서양신법역서(西洋新法曆書)》의 결점을 보완한 것으로, 중국 역학자 하국종(何國琮)과 매곡성(梅穀成) 등이 1723년에 완성한 것이다. 이 《역상고성》은 전체 42권으로서, 음률(音律)·역법수학(曆法數學)에 관한 3부작인 《율력연원(律曆淵源)》 100권 가운데 역법 분야의 총서라고 할 수 있다. 그러나 이 역서(曆書)는 《서양신법역서》를 체계 있게 정리한 정도에 지나지 않았고, 서양의 낡은 관측이나 역법이 전통적인 중국력(中國曆)의 형식으로 재편집되었다는 한계를 지니고 있었다. 독일 출신의 예수회 선교사인 쾨글러(戴進賢, I. Kögler, 1680~1746)의 《역상고성후편(曆象考成後編)》은 《역상고성》이 지닌 이러한 문제를 바로잡기 위해 편찬된 것이다.

《역상고성후편》은 1742년에 완성된 것으로, 모두 10권으로 되어 있다. 이 책의 특징은 케플러의 타원궤도설(橢圓軌道說)에 입각한 카시니(Jean Dominique Cassini, 1625~1712)의 관측법을 도입했다는 점이다. 일월오성(日月五星)의 본천(本天), 곧 태양계의 운행과 관련해 원궤도설(圓軌道說) 대신 케플러의 타원궤도설을 채용한 점, 태양의 지반경차(地半經差)와 청몽기차(淸蒙氣差) 등을 근대 천문학의 새로운 관측치로 개정한 점 등, 《역상고성후편》은 당시로서는 최신의 천문학을 담고 있었다. 《역상고성후편》이 조선 후기에 정확히 언제 들어왔는지는 알 수 없으나, 1744년에 역관(曆官) 안국빈(安國賓)과 김태서(金兌瑞)가 흠천감원(欽天監員) 쾨글러로부터 추보법(推步法)을 배워 왔다는 것으로 보아, 아마도 간행과 거의 동시에 조선에 들어왔을 것으로 추정된다.

《역상고성후편》과 더불어 18세기의 조선 천문학에 영향을 끼친 또 하나의 한역서학서는 전체 32권에 달하는 《의상고성》이다. 《의상고성》은 쾨글러가 1757년에 간행한 책이다. 이는 1674년 페르비스트(南懷仁, F. Verbiest, 1623~1688)가 간행한 《영대의상지(靈臺儀象志)》를 수정한 것으로, 세차(歲差)에 따른 항성의 위치 변화와 함께 황적대거(黃赤大距) 역시 수정할 필요가 있어 편찬된 것이다. 《의상고성》의 천문학적 의의는 1744년(건륭[乾隆] 9년)의 춘분점(春分點)을 지점으로 한 항성표(恒星表)를 제작했다는 데 있다. 또한 《의상고성》은 성좌(星座) 및 성수(星數)를 명기한 성표(星表)로는 역대 최대의 것이며, 이 밖에 별의 황경(黃經)·황위(黃緯)·적위(赤緯)를 비롯해 광도등급(光度等級)과 세차의 수치 등을 기록함으로써 서양의 근대적 항성표에 비견되는 것으로 평가받고 있다.

근대 항성표에 비견되는 《의상고성》이 조선 천문학에 영향을 준 사실은 《증보문헌비고(增補文獻備考)》〈상위고(象緯考)〉와 황윤석(黃胤錫, 1729~1791)의 성좌 연구에서 잘 드러난다. 예컨대, 〈상위고〉 '항성'편에서는 《의상고성》에 따라 항성을 측정했으며, 황윤석은 "건륭 갑자년의 새 측정치와 숭정년간의 옛 측정치가 서로 같지 않다[乾隆甲子新測與崇禎舊不同]"고 했다. 황윤석은 지금까지 사용되던 페르비스트의 《영대의상지》를 기준으로 하는 측정치의 부정확성을 인식하고, 이러한 결점을 보완한 《의상고성》의 정밀한 측정치에 주목했다. 다시 말해서, 〈상위고〉와 황윤석에 따르면 《의상고성》의 성좌와 성수는 그 이전의 것과 일치하지 않는다. 《한서(漢書)》〈천문지(天文志)〉에는 118좌 783성, 《진서(晉書)》〈천문지〉에는 283좌 1,464성, 페르비스트의 《의상지》에는 259좌 1,129성이 나오는 반면, 《의상고성》에는 300좌 3,083성이 나온다. 《의상고성》의 이 성수는 중국에서 보이지 않는 것까지 포함한 것이라고 한다.

이와 같이 18세기 《증보문헌비고》〈상위고〉와 황윤석의 성좌 연구는 1725년에 쾨글러(Kögler, 1680~1746)가 간행한 《의상고성》이라는 최신의 한역서학서를 바탕으로 하고 있다. 그리고 이러한 사실은 17세기 한역서학서의 전래와 함께 전파된 서양 천문학이 18세기 무렵에 와서는 한층 적극적으로 수용되고 이해되었다는 것을 의미한다.

한역서학서와 더불어 조선 후기 서양 천문학의 수용에서 인물성동론(人物性同論) 또한 그 사상적 배경이 되었다. 지금까지 인물성동론은 북학파(北學派)의 사상적 배경으로만 연결되어 설명되었으나, 필자는 이것이 북학파 계열이 아닌 황윤석 같은 실학자들에게도 서양 문물을 받아들이는 데 사상적 배경으로 작용했음을 구명해보고자 했다. 사상사적 관점에서 볼 때 18세기는 기존의 성리학적 질서 속에서 유포된 천주교(天主敎)와 서양 과학사상의 영향, 인물성동이론(人物

性同異論)으로 대표되는 호락논쟁(湖洛論爭)의 전개와 그에 따른 대외 인식의 변화, 고증학을 비롯한 실학사상의 발전 등으로 특징지을 수 있을 것이다. 특히, 성리학 위주의 학문적 풍토 속에서 청(淸)을 통한 서학의 전래는 이 시기 실학자로 일컬어지는 일군의 진보적 학자들에게 영향을 끼쳤다. 이처럼 18세기는 사상적으로 노론계 성리학 안에서 인물성론(人物性論)이 학설상의 쟁점으로 떠오르고 기존의 성리학이 양명학과 실학을 비롯해 서학 등 다양한 학풍의 도전을 받던 시기였다.

이러한 사상적·정치적 배경 아래 17~18세기에 전개된 유래 없는 사상논쟁이었던 인물성동이론은 그야말로 다양한 의미로 이해될 수 있을 것이다. 특히 인물성동이론은 북학파의 서학 수용논리와 연결하여 주목해볼 필요가 있다고 생각한다. 인물성이론(人物性異論)에서는 대청명분론(大淸名分論, 화이론[華夷論])과 심성론(心性論)이 하나의 논리 체계 위에서 인(人)과 물(物)의 동질성을 부인한 반면, 인물성동론에서는 청과 중화(中華) 사이에 문화적 차이가 있음에도 인과 물의 동질성을 인정한다는 차이점이 드러나기 때문이다. 이 가운데 인물성동론은 북학론(北學論)의 사상적 바탕이 되었음은 물론이고, 조선 후기 서양 과학의 수용에서도 사상적 바탕이 된 것으로 보인다. 예컨대, 홍대용(洪大容, 1731~1783)은 《의산문답(毉山問答)》에서 "사람으로서 물을 보면 사람이 귀하고 물이 천하지만, 물로서 사람을 보면 물이 귀하고 사람이 천하다. 그러나 하늘의 처지에서 보면, 사람이나 물이나 마찬가지이다"라고 하여, 인물성동론을 기초로 인물균(人物均)의 논리를 끌어내고 여기서 다시 이용 대상물로서 물이라는 새로운 물론(物論)으로까지 나아감으로써 획기적인 사고의 전환을 보여주었다. 그러나 홍대용의 인물균 사상은 인물성동론의 논리적 전개 속에서 탄생한 것은 아니며, 조선 후기 서양 과학의 영향 속에서 탄생한 것이었다. 홍대용이 "하늘이 보면 사람이나 물은 마찬가지이다"와 "하늘의 처지에서 물을 보지 않고 오히려 사람의 처지에서 물을 보느냐"고 한 말은 인물성동론보다는 그의 새로운 우주관 속에서 비롯된 것이라고 해석할 수 있을 것이다. 하늘의 처지에서 물과 인간을 본다는 것은 인간중심주의적인 사고의 탈피를 의미한다. 이와 같은 견해는 지구가 우주의 중심이 아니라는 그의 우주관에서 비롯된 사상이다. 한마디로, 홍대용의 인물균 사상은 인물성동론의 사상적 발전에서 나왔다기보다는 인물성동론과 서양 천문학의 접목 속에서 탄생한 것이라고 할 수 있다.

청에 연행(燕行)한 북학파 계열은 아니지만, 홍대용과 더불어 같은 시대에 인물성동론 계열로서 서양 천문학을 수용한 대표적인 인물로 황윤석을 꼽을 수 있다. 조선 후기에 서양 천문학을 적극적으로 수용하고자 했던 황윤석에게 인물성동론은 서양 과학을 받아들이는 사상적 배경이 되었다. 이러한 사실은 황윤석의 저술 대부분이 인물성동이론에 대한 논변과 인물성동론에 대한 동조를 드러낸다는 점에서 알 수 있으며, 서양 과학에 대한 관심과 고증학의 영향을 받은 듯한 실증적인 백과전서식 편저 등의 특징을 통해 그의 북학적인 측면을 찾아볼 수 있다.

이 밖에 서양 천문학의 전래 배경으로서 서양 천문학이 중국에서 기원했다는 중국기원설(中國起源說)에 대해서도 주목했다. 역법은 과학적인 수치를 바탕으로 한 것이기 때문에 과학적인 측면에서 쉽게 수긍할 수 있으나, 우주론과 같이 증명할 수 없는 부분에 대해서는 받아들이기 어려운 점이 있다. 여기서 서양의 우주관을 수용하는 데 일정한 기여를 한 것이 서양 천문학의 중국기원설이었다. 서양 천문학의 중국기원설 가운데 대표적인 것은 지원설과 중천설이었는데, 청대(淸代)의 고증학자 매문정(梅文鼎)은 이 두 가지 설이 《주비산경(周髀算經)》과 같은 중국 고대 서적에 이미 나타나 있으므로 서양에서 처음 언급한 것은 아니라고 했다. 서양 천문학에 대한 매문정의 이 같은 중국기원설은 조선에도 영향을 주어, 이익(李瀷, 1681~1762)·황윤석·서명응(徐命膺, 1716~1787)·홍대용과 같은 인물들이 서양 천문학을 수용하는 데 영향을 주었다.

조선 후기 우주관의 대표적인 변화라고 할 수 있는 것은 서양의 우주관인 12중천설과 지원설이었다. 사실 땅의 방형(方形)을 믿어 의심치 않았던 종래의 우주관에서 비추어볼 때 지원설과 같은 땅의 형태는 기존의 우주론을 부정하지 않고서는 수용하기 힘든 것이었다. 이 시기에 마테오 리치(利瑪竇, Matteo Ricci, 1552~1610)의 중천설과 지원설로 대표되는 서양의 우주관은 코페르니쿠스(Copernicus, 1473~1543)의 우주관이 아니라, 프톨레마이오스(Ptolemy, 2세기)와 티코 브라헤(Tycho Brahe, 1546~1601)로 대표되는 서양의 중세 우주관이었다. 서양의 12중천설은 1615년 서양 선교사 디아즈(Diaz)가 지은 《천문략(天文畧)》으로 말미암아 본격적으로 조선에 소개되었다. 12중천설 외에도 서양 선교사를 따라 전파된 중천설로는 11중천설이 있었다. 11중천설은 마테오 리치가 지은 《건곤체의(乾坤體義)》에 나오는 중천설로, 일명 건곤체도(乾坤體圖)라고 불리는 것이다. 이 가운데 《천문략》에 등장하는 12중천설은 《증보문헌비고》〈상위고〉에 실릴 정도로 공식적인 우주관으로 자리 잡았다. 그러나 18세기에 접어들면서 12중천설 같은 중세 우주관은 점차 사라지고 티코 브라헤로 대표되는 더 발전된 천체관이 수용되면서 조선 후기 천문학은 한층 발전하게 되었다.

'하늘[天]은 둥글고[圓] 땅[地]은 네모[方]'라는 이른바 천원지방의 소박한 우주관은 주대(周代) 이래의 천체관을 바탕으로 유교논리와 결부되어 오랜 기간 전통적인 천체관으로서 신봉되었다. 주대 이래의 천체관은 하늘은 북극을 중심으로 회전하고, 태양(太陽)은 계절에 따라 각각 다른 반경으로 원운동을 하며, 하지(夏至)에는 그 반경이 가장 작게 되었다가 이를 전후로 다시 점차 커져 동지(冬至)에는 반원운동의 반경이 가장 커진다는 등의 내용을 담고 있었다.

이렇듯 동양 전통의 인식 속에 자리하고 있던 땅의 형태(방형)가 구형으로 확실하게 변화한 데는 서양 선교사인 마테오 리치의 영향이 가장 컸다고 할 수 있다. 그는 방형이라는 것은 형체를 말하는 것이 아니라 "덕정(德靜)하여 옮겨다니지 않는 성질을 말하는 것이다"라고 하면서, "땅과 바다는 본래 원형으로 이 둘이 합하여 일구(一球)를 이루며 일구는 천구(天球)의 한가운데에 있다"고 주장하여 땅의 구형을 입증하고자 했다. 그런데 12중천설이 주희(朱熹)의 9천설(九天說)을 바탕으로 이해되고 지구 자전설이 4유설(四遊說)이라는 종래의 지구 운동설을 바탕으로 이해된 것에 견주자면, 지원설은 조선 지식인들에게 납득되기 힘든 점이 있었다. 왜냐하면, 개천설과 혼천설은 모두 천원지방이라는 기존의 우주 형체론을 바탕으로 한 것이고, 이후 등장한 성리학의 우주론도 땅의 형태가 방형이라는 데 별다른 의문을 갖지 않았기 때문이다. 더욱이 서양의 지원설에서 이해되기 어려웠던 점은 둥근 모습의 지구 아래와 좌우에도 사람이 산다는 사실이었다. 논란에도 불구하고 이러한 지원설을 매우 잘 이해한 인물도 있었으니, 그가 바로 이익이었다. 이익은 "지구 아래위에 사람이 살고 있다는 말을 서양 사람들로 말미암아 비로소 자세히 알게 되었다"고 하면서 땅의 구형설을 인정했다. 이익에 이어 황윤석도 지원설을 따랐다. 지원설에 대한 황윤석의 한결같은 신념은 그 설이 지닌 과학적 타당성에 대한 신뢰에서 비롯된 것이었다. 실제로도 지원설은 천문학에 관심이 있는 일부 소수 학자들만이 받아들인 것은 아니었다. 《증보문헌비고》〈상위고〉에서는 "지구는 하늘 가운데 있으며 그 형체는 혼원(渾圓)하여 하늘의 도수(度數)와 상응한다"라며 땅이 원형을 이루고 있음을 분명히 말하고 있다.

서양 천문학의 영향으로 전래된 지원설은 고대 우주론 논쟁 이후 방형으로 굳어졌던 땅 모양의 실체를 확인할 수 있게 해주었다. 나아가 땅의 형체에 대한 관심의 환기와 인식은 중국 중심의 세계관에서 벗어날 수 있도록 해주었으며, 조선시대인들이 알지 못했던 서양 각국과 아시아 여러 나라에 대한 지식을 급속히 확장하는 데 적지않은 공헌을 했다.

조선 후기 우주관에 대해서는 김석문(金錫文)의 지전설을 빼놓을 수 없다. 여기서 한 가지 주목해야 할 점은 조선 후기에 와서야 서양의 천문학적 성과에 자극을 받아 비로소 송대(宋代)의 성리학적(性理學的) 우주론이 새롭게 이해되고 조명되었다는 사실이다. 다시 말해서, 서양 천문학의 도입은 그 과학적 우수성 덕에 그동안 도외시했던 우주관에 대한 관심을 환기시켰고, 난해한 송대 우주론은 조선 후기에 이르러서야 비로소 서양 천문학으로 말미암아 이해되고 심화되었다고 보는 것이다. 조선 후기에 서양 천문학을 수용한 인물들이 지원설 및 지전설의 원류를 주돈이(周敦頤)나 장재(張載) 등 송대 우주론의 창시자들에게서 찾는 것도 이러한 이유 때문이었을 것이다. 이들은 공통적으로 송대 우주론에 관심과 조예를 가지고 있으면서, 당시 전래된 한역서학서를 바탕으로 더욱 구체적으로 우주론에 대한 논의를 전개시켜나갔다. 김석문이 처음으로 지전설을 내세우고 홍대용이 무한우주론을 주장했다고는 하지만, 김석문은 자신이 내세운 지원설의 기원을 주돈이에게서 찾고 있으며, 우주무한론 또한 장재가 하늘을 가리켜 '기(氣)로 가득 찬 무한의 공간'이라고 정의한 데서 그 논거의 원류를 찾을 수 있다. 이러한 사실에 비추어볼 때, 조선의 우주관은 서양 천문학의 도입으로 그동안 논의되었던 전통 우주관의 한계를 극복하면서 이를 더욱 심화시킨 양면성을 지녔다고 할 수 있다. 이러한 측면에서 본다면, 김석문의 우주관은 상수학적(象數學的) 인식 체계 속에서 서양 천문학을 용해한 조선 후기 우주관의 특징을 드러내고 있다.

서양 천문학의 전래는 효종년간 시헌력(時憲曆)으로 대표되는 서양 역법의 수용을 가져왔다. 시헌력은 그 역법이 지닌 정확성으로 말미암아 서양 천문학에 큰 신뢰를 가지게끔 했다. 특히 시헌력의 도입은 관상감 관원들의 눈물겨운 노력으로 이루어졌다. 하지만 관상감 관원들의 노력에도 불구하고 시헌력은 대통력(大統曆)에 견주어 절기 계산법에 큰 차이를 보였으므로, 초기에는 시헌력에 대한 반감이 컸다. 이 밖에 시헌력이 서양력을 근간으로 했다는 점, 그리고 병자호란 이후 청에 대한 반감이 채 사라지지 않은 상태에서 청력(淸曆)인 시헌력을 사용한다는 데 대한 반감 등도 개력에 큰 장벽이었다. 그럼에도 시헌력은 대통력에 견주어 그 우수성이 점차 입증되어, 숙종대 이후에는 시헌력의 사용과 관련한 갈등이 사라졌다.

시헌력 사용에 따른 갈등이 사라진 뒤, 시헌력의 수용은 이제 정확한 이해를 위한 노력으로 이어졌다. 당시 청에서는 《역상고성》에 따른 추보 오류를 개선하기 위해 《역상고성후편》을 편찬하도록 했다. 《역상고성후편》은 1742년에 쾨글러와 페레이라(徐懋德, A. Pereira)가 카시니(噶西尼, Cassini)의 관측치와 케플러의 타원궤도론을 도입해 만든 역법서였다. 《역상고성후편》의 출현으로 시헌력은 탕법(湯法)에서 매법(梅法)으로, 다시 대법(戴法, 또는 갈법[噶法])으로 변했고, 조선에서도 이에 따라 대법을 도입해야 했다. 이때 대법의 도입에 공로를 세운 관상감 관원은 안국빈(安國賓)과 김태서(金兌瑞)였다. 관상감 관원 안국빈과 김태서의 노력으로 1744년에 일전(日躔)·월리(月離)와 교식(交食)이 대법에 따라 시행되었는데, 오성법(五星法)만은 준비가 미흡해 매법을 그대로 준용했다. 때문에 대법에 따른 시헌력의 완전한 소화는 이루어지지 못했다. 이 대법이 언제 완전히 소화되었는지는 정확한 기록이 없어 알 수가 없다. 다만, 1782년(정조 6년)에 시헌법에 따라 천세력이 처음으로 편집·간행된 것을 볼 때, 늦어도 이때까지는 완전히 소화되었을 것으로 추측하고 있다. 향후 100여 년 동안의 절기일을 예측해놓은 천세력은 시헌력의 소화 없이는 편찬하기 힘든 역서였다. 따라서 천세력의 간행은 시헌력의 완전한 소화를 의미한다. 하지만 1791년(정조 15년)에 팔도의 일출·일몰시각과 절기를 북경의 시각과 혼동해 쓰는 것에 대한 지적이 있었고 그 이듬해 이를 역서에 반영했다는 내용이 있는 것으로 보아, 조선의 실정에 맞는 일출·일몰시각과 절기 등을 토대로 한 역서의 제작은 1792년 무렵부터 시작되지 않았을까 싶다.

관상감 관원들의 적극적인 연구와는 달리, 시헌력에 대한 관상감의 교육은 전반적으로 이루어지지 못했다. 1791년에 관상감에서 삼학(三學)을 개정하는 절목을 올리면서 "천문학에서 지금 시헌력을 쓰는데도 태초력과 대연력을 여전히 강론하고 있으며, 시헌력의 신법을 쓰면 대통력법은 당연히 익히지 말아야 하는데 관청을 설치하고 대통추보관(大統推步官)을 두는 것은 맞지 않는다"고 지적한 것으로 볼 때,[1] 18세기 말까지 관상감은 여전히 시대에 맞지 않는 교육을 실시하고 있었음을 알 수 있다.

시헌력이 도입된 뒤로는 시헌력법을 바탕으로 한 역서 제작이 이루어졌다. 조선 후기의 역서는 수록된 기간과 용도에 따라 크게 세 종류로 분류할 수 있다. 즉, 내용삼서·시헌서처럼 매년 발행해 사용하는 1년 단위의 역서와 천세력·백중력처럼 10년마다 한번씩 개정하는 100여 년 단위의 역서 그리고 칠정력과 같은 천체력이 그것이다. 이 가운데 1년 단위의 역서, 즉 내용삼서와 시헌서는 대개 한 해의 일상생활과 관련된 내용을 담은 일과력이다.

조선 후기 역서를 대표하는 시헌서는 일반인들이 일상생활에서 사용한 상용력으로, 1년의 기간이 수록된 연력(年曆)에 해당한다. 시헌서는 조선 후기의 시헌력법을 바탕으로 만든 역서이며, 그 이전에 대통력법이 사용될 때는 대통력(大統曆)이라고 불렀다. 시헌서와 대통력은 절기의 계산법이 다른 탓에 절기가 들어가는 날짜에 대략 하루의 차이가 있었다. 또 하루를 100각(刻)에서 96각으로 정했다는 역법상의 큰 차이점이 있으나, 역서의 체재와 내용에는 큰 변동이 없었다.

조선 후기 연력의 명칭은 흔히 시헌서로 대표되지만, 사용하는 신분층 및 수록 내용과 크기에 따라 각기 여러 종류의 역서가 만들어졌다.《서운관지》를 보면, 삼서(三書)·백장일과(白粧日課)·첩장일과(貼粧日課)·청장일과(青粧日課)·중일과(中日課)·상일과(常日課)·무거일과(貿去日課)·중력(中曆)·장력(粧曆) 등 역서를 지칭하는 이름이 매우 다양하게 보이는데, 삼서는 내용삼서를 말하며 그 나머지 역서들은 모두 시헌서를 가리킨다. 이들 역서들은 대통력에 견주어 역서의 체재나 내용이 거의 동일하지만, 시헌법을 바탕으로 절기일이 계산되

1)《正祖實錄》卷33, 정조 15년 10월 27일(戊辰), 46冊, 255쪽.

었기 때문에 역법상으로는 다르다. 이와 아울러 시헌력의 수용과 관련해 특히 주목되는 점은 천세력처럼 100여 년 동안의 향후 절기일을 적어놓은 장기적인 역서가 편찬되었다는 것이다. 정조년간에 천세력이 편찬된 사실은 시헌력이 완전히 소화되었음을 의미하는 것이라고 하겠다.

내용삼서나 시헌서 등 조선 후기의 연력들은 서양의 태양력이 들어오기 전까지 대표적인 상용 역서로 사용되었다. 내용삼서의 간행이 중단된 시기는 정확히 알 수 없으나, 시헌서라는 이름은 양력의 사용과 함께 1897년(고종 31년)에 명시력(明時曆)으로 개칭되면서 역서에서 사라졌다. 1897년은 국호를 대한제국으로 하고 연호를 광무(光武)로 고친 해이다. 이에 따라 독립국가로 쇄신하기 위한 일환으로서 역서의 이름도 바꾼 것이다.

한편, 시헌력에 이어 1896년부터 태양력이 공식적으로 사용되었다. 그러나 이에 앞서 개항 이후 국제질서의 재편과 맞물려 개항장을 중심으로는 이미 태양력이 사용되었다. 특히 일본의 영향력이 커지면서, 1896년 이전에 대일(對日) 외교문서에는 태양력이 사용되고 있었다. 이렇듯 태양력은 공식적으로 사용되기 이전에도 새로운 역으로서 서서히 사용되기 시작했던 것이다.

태양력의 사용으로 한국은 중국을 중심의 시간질서에서 벗어나 서구를 중심으로 하는 시간질서로 재편되었다. 하지만 태양력의 시행은 동아시아 국제질서를 주도한 청 세력의 퇴색이라는 점도 있으나, 한국보다 앞서서 태양력을 사용한 일본의 입김이 작용한 면도 있었다. 따라서 태양력의 시행은 청력(淸曆)에서 벗어난 자주적인 개력의 의미도 있지만, 다른 한편으로는 한국이 새로운 강자로 등장한 일본과 서양 세력에 다시 귀속될 수밖에 없었던 시대 상황을 동시에 보여준다고 하겠다.

이 시기 한국의 정치 상황은 태양력을 원활히 시행하는 데 여러 가지 변수로 작용했다. 예컨대, 태양력을 시행한 이후 또다시 시헌력으로 회귀한 것은 당시의 정치적 변동과도 관련이 있어 보인다. 1895년 3월의 삼국간섭과 그해 10월의 명성황후 시해 사건 이후 일본의 영향력은 점차 줄어들고 있었다. 이어서 1896년 2월에 아관파천이 단행된 이후 베베르-고무라 각서를 통해 러·일 양국의 동등한 권리를 상호 승인하면서 개력을 추진했던 이른바 친일개화 세력은 위축되었고, 이에 따라 태양력 사용에 대한 회의론이 고개를 들기 시작했다. 이 밖에도 시헌력인 음력과 그레고리력인 양력이 날짜에서 한 달 보름이라는 큰 격차를 보인다는 점도 개력에 갈등 요인이 되었다. 이러한 갈등에도 불구하고 태양력 사용이라는 대세를 어길 수는 없었다.

필자는 태양력 사용에 대한 문제를 이 시기 역서의 변화와 결부해 주목해보았다. 1897년은 국호를 대한, 연호를 광무로 고친 해였으며, 독립국가로 쇄신하기 위한 일환으로 역서의 이름도 바꾸었는데, 그것이 곧 명시력이다. 시헌서에 이어 등장한 명시력은 시헌력에서 태양력으로 넘어가는 단계에 출현한 과도기적인 역서라고 할 수 있다. 명시력은 시헌서와 마찬가지로 음력, 즉 시헌력을 채택했을 뿐만 아니라, 연신방위지도(年神方位之圖)와 주당도(周堂圖)가 여전히 그려져 있는 등 체재와 내용이 시헌서와 동일했다. 차이점이 있다면 음력 날짜 하단에 양력의 날짜와 요일을 병기해 음력을 주로 하되 양력을 참조할 수 있도록 만들었다는 점인데, 이는 명시력의 특징이기도 하다. 비록 하단이기는 하지만 역서에 양력이 등장한 것은 1896년 1월 1일자로 시헌력에서 태양력으로 개력했기 때문이다.

양력 사용에 따른 역서의 변화와 관련해 필자는 이 시기 새롭게 제정된 국가기념일에도 주목해보았다. 대한제국의 등장과 고종의 황제 등극으로 말미암아 종래의 국가의례는 제국의 지위에 걸맞는 것으로 바뀌었으며, 이와 함께 국가기념일이 제정되었다. 이 시기 역서에 기재된 의례일들은 대체적으로 전통적인 5례 가운데 길례에 해당하는 의례일과 왕·왕세자·왕비의 탄신일 그리고 국기일 등이다. 이 밖에 예전에는 찾아볼 수 없는 환구단대제와 조선개국기원절 및 서고일이 추가된 것도 특징 가운데 하나이다. 서고일은 1894년 청으로부터 독립을 서고한 독립경일을 의미하는 것으로 보이며, 왕의 탄신일을 황제의 탄신일을 지칭하는 만수성절로 개칭한 것도 주목할 만한 변화이다. 국가기념일 외에도 왕실의례가 역서에 함께 기재되었는데, 이는 왕실의 권위를 높이려는 의도에서 비롯되었을 것이다. 또한 고종이 황제에 등극해 사직에 서고한 날을 기념한 경흥절(慶興節)과 고종이 황제에 오른 것을 기념한 계천기원절 등이 국가기념일로 제정되어 역서에 기재되었다. 그러나 역서 상단에 항상 기입했던 왕실의 행사일이 1909년부터는 모두 사라지고, 여덟 개의 국가기념일, 즉 건원절·만수성절·곤원절·천추경절·개국기원절·계천기원절·즉위예식일·묘사경고일만 간단하게 기입되었다. 그러나 이후 조선총독부에서 역서 발행을 주관하면서 역서에 기재된 기념일은 일본의 축제일로 모두 대체되었다.

대한제국기에 양력의 사용과 더불어 처음으로 국가경축일을 제정하고 역서에 기재한 일은 일본을 그대로 따른 것이다. 일본은 1872년에 태양력의 반행(頒行)과 함께 신무천황즉위년(神武天皇卽位元年)을 기원절(紀元節)로 정했으며, 종래의 5절(五節, 인일[人日]·상사[上巳]·단오[端午]·칠석[七夕]·중양[重陽])을 폐지했다. 또한 기원절과 천장절(天長節)을 축일로 정하고 그 밖에 대제(大祭)와 소제(小祭) 등을 정했다.

일본의 축일 제정은 명치유신 이후 천황제를 중심으로 근대국가를 확립하고자 했던 당시의 시대 상황을 반영한다. 특히 원시제(元始祭)·춘계황령제(春季皇靈祭)·신무천황제(神武天皇祭)·추계황령제(秋季皇靈祭)·대정천황제(大正天皇祭) 등은 근대 천황제의 확립과 함께 새롭게 제정된 축일이다. 양력의 사용과 더불어 최초로 제정된 국경일에는 한국과 일본 모두 근대 이전 민간에서 널리 행하던 세시풍속일이 반영되지 않았다. 실제 달력에 기재되어 있는 국경일은 대부분 황실가(皇室家)와 관련된 날이다. 이처럼 근대 양력은 국경일을 기재함으로써 국민통합의 뜻과 새로운 시간 틀을 제시했다. 또한 기존의 길흉일 내용을 삭제하는 등 전근대적 시간 관념에서 근대적 시간 관념으로 이행하는 데 결정적인 구실을 했다.

필자는 이 책에서 전통시대 천문학에 대한 관심으로부터 출발해 서양 천문학이 전래 된 뒤 변화한 조선의 우주관과 역에 대해 살펴보았다. 그런데 전통시대의 천문학이란 사실 천문·역법 외에도 천문도(天文圖)와 천문기기류(天文器機類) 등을 모두 포괄하고 있으므로, 이러한 부분도 함께 살펴보아야 한다. 그러나 과문한 탓에 이 모든 분야를 포괄하기에는 어려움이 있었고, 우주관과 역법에 국한해 살펴볼 수밖에 없었다. 때문에 이 시기의 여타 천문학 분야에 대해서는 파고들지 못한 아쉬움이 있다. 이러한 점이 이 책의 한계가 되겠으나, 여러 학자들의 잇단 연구로 보완이 되기를 바라는 마음과 아울러 필자의 후속 연구에 이 한계들이 채찍이 되어주리라 믿으며 일단의 매듭을 짓는다.

[부록] 천문학 용어 해설

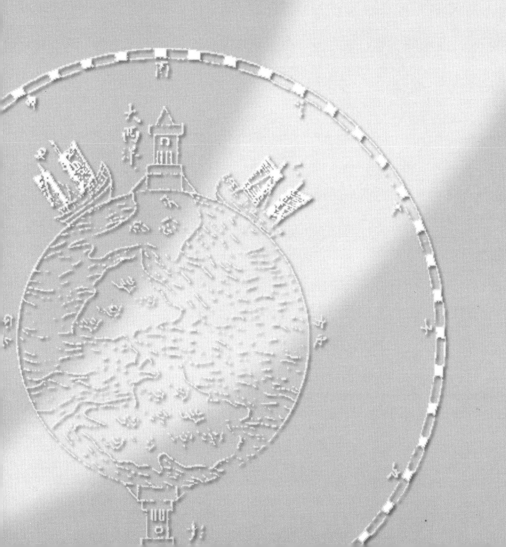

천문학 관련 용어를 정리하는 데는 이면우 외 2인이 작업한 국역 《서운관지》의 주석이 많은 참조가 되었다. 이 밖에 용어 해설을 작성하는 데 참고한 문헌은 다음과 같다.

국역 《세종장헌대왕실록》 26, 《칠정산내편》, 세종대왕기념사업회, 1973.
국역 《세종장헌대왕실록》 27, 《칠정산외편》, 세종대왕기념사업회, 1973.
국역 《증보문헌비고》〈상위고〉, 세종대왕기념사업회, 1980.
이은성, 《曆法의 原理分析》, 정음사, 1988.
국역 《書雲觀志》, 세종대왕기념사업회, 2000.

가령(假令) ·
일정한 조건을 주고, 그 조건 아래 천문 현상을 계산하게 하는 것.

각궁월일(各宮月日) · · · · · · · · · · · · · · · ·
각 궁(宮)의 초점(初點)에 태양이 드는 때의 회회력(回回曆)으로서 월일(月日). 각 궁이란 황도(黃道)를 12등분한 별자리인 황도 12궁을 말함.

감동관(監董官) · · · · · · · · · · · · · · · · · ·
조선시대 역서(曆書)를 편찬할 때 인쇄 과정의 감독을 담당한 직임.

갑자항성황적경위도표(甲子恒星黃赤經緯度表) · · · ·
항성의 황도좌표(黃道座標)와 적도좌표(赤道座標)를 기록한
표로, 영조 20년(1744년)에 만들어짐.

개천설(蓋天說) ·
천지(天地) 구조에 대한 고대 중국의 우주론 가운데 하나. 천
원지방(天圓地方)을 기본 골격으로 하고 있으며, 우산과 같은
뚜껑이 방형의 땅을 뒤덮고 있다는 학설. 혼천설(渾天說)과 함
께 고대 우주구조론에 가장 큰 영향을 끼쳤음.

객성(客星) ·
형체가 항성과 다른 것.

거극도(去極度) ·
하늘의 북극(北極)에서부터 해당 별까지의 각거리(角距離). 입
수도(入宿度)를 황도좌표로 표시한 데 반해 위도는 적도에 해
당하는 북극거리를 사용했음.

거극도수(距極度數) · · · · · · · · · · · · · · · · · ·
북극에서 해당 별까지의 각거리(角距離)의 값.

거도(距度) ·
28수의 표준 별[星]의 황경(黃經).

거등권(距等圈) ·
적도(赤道)에서 같은 지점을 지나는 거리.

거산(距算) ·
역원(曆元)으로부터 경과 연수. 역원 또는 원(元)은 역(曆) 계
산의 기점. 칠정산의 경우는 수시력에 따라 지원(至元) 17년
(1280년) 동지로 역원을 삼았음.

거성(距星) ·
28수의 기준이 되는 별.

검찰관(檢察官)

관상감 천문학의 직임 가운데 하나. 매년 관상감에서 시헌력법(時憲曆法)을 써서 만들던 일과력(日課曆) 가운데 각 관서에 나누어줄 것과 민간에 반행할 것의 인쇄 과정을 전체적으로 감독하는 일을 맡았음.

경도(經度)

그날 평균정오(平均正午)의 진태양(眞太陽)의 황경, 즉 행성의 황경.

경삭현망(經朔弦望)

경(經)은 달의 평균 운동으로, 경삭현망이란 평균 운동에서 삭(朔)·현(弦)·망(望)의 각각을 일컫는 말.

경세지장(經世指掌)

조선 후기의 문신 홍계희(洪啓禧)가 지은 상수학적(象數學的) 역사도해서로, 1758년에 2권 1책으로 간행되었음.

고려극고(高麗極高)

고려 북극고도. 현재 개성(開城)의 위도를 의미하며, 당시 측정한 값은 38도 25분인데, 서양도(西洋度)로 고치면 37도 41분 76초임. 현재 개성의 위도는 38도 1분이므로 약간의 관측 오차가 있음.

고준관(考准官)

인쇄된 원고의 교정·검토를 담당하는 관원.

곽수경(郭守敬)

1231~1316. 중국 원나라 때의 천문학자로 왕순(王恂) 등과 함께 수시력법을 만들었고, 간의(簡儀)·규표(圭表) 같은 천문기구 제작에 탁월한 기술을 가지고 있었음.

관상완점(觀象玩占) · · · · · · · · · · · · · · · ·
중국 당나라 때 이순풍(李淳風)이 지은 점성술 서적. 천상(天象)에 나타난 변화로 인사의 길흉을 점치는 데 썼음.

교각(交角) ·
황도와 백도(白道)가 가장 멀리 떨어졌을 때, 대원(大圓)이 교차하는 각도.

교궁수도(交宮宿度) · · · · · · · · · · · · · · · · ·
12궁 별자리의 각도.

교식(交食) ·
일식과 월식의 계산법.

교행(交行) ·
달의 운행이 황도와 교차되는 것을 말함.

구도(九道) ·
천구에서 달의 길, 즉 백도를 말하는 것으로, 달이 운행하는 길을 아홉 개로 나눈 것임. 현대 천문학에서 이들 구도는 모두 백도를 뜻함.

구진대성(句陳大星) · · · · · · · · · · · · · · · · · ·
지금의 북극성.

궁윤(宮閏) ·
1년의 주천도수(周天度數) 시간을 365일로 나누고, 나머지 소수를 처리하기 위해 윤일(閏日)을 넣어 계산하는 것을 말함.

규형(窺衡) ·
각도와 축척(縮尺)의 원리를 이용하여 땅이나 천체의 방위와 고도를 측정하는 데 사용한 기구.

금루(禁漏) · · · · · · · · · · · · · · · · · · ·

금중(禁中), 즉 궐내에 설치된 물시계[漏].

금루관(禁漏官) · · · · · · · · · · · · · · · ·

삼학(三學)의 관원들 이외에 별도로 관상감에 속해 있던 관
원들 가운데 하나로, 물시계를 써서 시각을 측정하는 일을 맡
았음.

김상범(金尙範) · · · · · · · · · · · · · · · ·

?~1655년 무렵. 인조·효종대에 활동한 관상감 천문학 관원으
로, 조선에 처음 시헌력법을 들여오는 과정에서 큰 역할을 했
음. 1640~1650년대에 북경을 오가며 당시 중국에서 새로 시행
하던 시헌력법을 공부하고, 1653년부터는 조선에서도 그 법에
따라 역서를 만들 수 있게 했으며, 1655년에 오성법(五星法)
등 아직 미진한 부분을 배워 오기 위해 다시 북경으로 파견되
었으나 도중에 사망함.

김영(金泳) · · · · · · · · · · · · · · · · · · ·

?~1815. 관상감의 천문학 관원. 원래 관상감의 관원은 아니었
으나 역상(曆象)에 관한 지식이 탁월했으며, 1789년에 물시계
의 시각을 바로잡을 때 관상감에 전격 발탁되어 《신법중성기
(新法中星記)》, 《신법누주통의(新法漏籌通義)》를 편찬했음.
《국조역상고(國朝曆象考)》의 편찬에 참여했으며, 그 밖에 《역
상계몽(曆象啓蒙)》·《기삼백해(朞三百解)》·《도교전의(道敎全
議)》·《관물유약(觀物牖鑰)》·《팔괘착종지도(八卦錯綜之圖)》
·《삼대손익지설(三代損益之說)》 같은 글들을 썼다고 함.

나아곡(羅雅谷) · · · · · · · · · · · · · · · ·

1593~1638. 명말에 중국에서 활동한 예수회 선교사로 등옥함
(鄧玉函)의 뒤를 이어 탕약망과 함께 서양 역법서들을 한역하
여 《숭정력서》를 편찬하는 일에 참여했음. 원래 이름은 로
(Jacques Rho).

내용삼서(內用三書)

관상감에서 매년 편찬·간행하던 연력 가운데 하나로, 다른 일
반 역서들과는 달리 대전·내전·세자궁 등 왕실의 고위층에서
만 썼을 뿐 대량 인쇄해 널리 반행하지는 않았음. 내용삼력
(內用三曆)이라고도 했으며, 간단히 삼서 또는 삼력이라고도
부름.

내편(內篇)

《칠정산내편(七政算內篇)》. 세종대에 편찬한 한국 최초의 독
자적인 역법서로, 수시력법(授時曆法)과 대통력법(大統曆法)
을 바탕으로 두 역법의 장점을 취하여 만들었으며, 천문상수를
북경이 아닌 한양에 맞게 보정하여 제시했음.

노인성(老人星)

수성(壽星)·남극성(南極星)이라고도 하며, 사람의 수명을 맡아
보는 별이라고 인식되었음.

대명력(大明曆)

1127년에 금(金)의 양급(楊級)이 만들고 후에 조지미(趙知微)
가 중수해서 1281년에 수시력이 나오기 전까지 시행된 대명력
법을 담고 있는 책. 조선에서도 세종대에 역법을 정비하는 과
정에서 도입·소화해 이후 일식·월식을 예측하기 위한 계산에
다른 역법서들과 함께 썼음.

대명력법(大明曆法)

1127년에 금의 양급이 만들고 조지미가 중수해서 1281년 수시
력이 나오기 전까지 시행했던 역법.

대배양심차각(對培兩甚差角)

지구 중심과 태양의 본천(本天) 사이의 거리를 두 배한 지점과
본천 타원상의 어느 지점이 이루는 각.

대법(戴法) • • • • • • • • • •
대진현의 《역상고성후편(曆象考成後篇)》에 바탕을 둔 시헌력
법을 대법이라 불렀음.

대연력(大衍曆)
중국 당(唐)나라 현종(玄宗) 때 일행(一行)·장설(張說)·진현
경(陳玄景)이 만들어 729년부터 시행한 역법으로, 당대(唐代)
의 대표적인 역법임.

대진(大盡) • • • • • • • • • • •
큰 달, 즉 한 달이 30일인 달.

대진현(戴進賢) • • • • • • • • • •
1680~1722. 독일 출신의 예수회 선교사로 강희제 때인 1716년
에 중국에 들어와 천문학자로 활동함. 《역상고성》이 지닌 문제
들을 해결하기 위해 《역상고성후편》을 지었으며, 이 밖에 《흠
정의상고성(欽定儀象考成)》 등을 편찬했음. 원래 이름은 쾨글
러(Ignatius Kögler).

대통력법(大統曆法) • • • • • • • • •
중국 명대의 역법. 수시력을 약간 수정한 역법으로, 세실소장법
(歲實消長法)을 없애고 역원(曆元)을 옮겼음.

대통통궤(大統通軌) • • • • • • • • •
중국 명대 초에 원통(元統)이 편찬한 《대통력법통궤(大統曆法
通軌)》.

동서편도(東西偏度) • • • • • • • • •
중국 북경을 기준으로 한 경도차(經度差).

동지일전(冬至日躔) • • • • • • • • •
동지 때 태양의 위치, 즉 동지점의 위치.

매곡성(梅穀成) · · · · · · · · · · · · · ·

중국 청나라 때의 역산가(曆算家). 자는 옥여(玉汝), 호는 순재
(循齋). 역산으로 이름이 높았던 문정(文鼎)의 손자. 《명사(明
史)》〈천문지(天文志)〉·《율력연원》·《협기변방》의 편찬에 참
여했으며, 그 밖에 《증산산법통종(增刪算法統宗)》·《적수유주
(赤水遺珠)》,《조만치언(操縵巵言)》 등을 지음.

매법(梅法) · · · · · · · · · · · · · · · · · · ·

아담 샬 등이 편찬한 《서양신법역서(西洋新法曆書)》를 바탕으
로 하여 만들어진 초기의 시헌력법을 탕법(湯法)이라고 부르
고, 매곡성·하국종 등이 이를 개정해서 편찬한 《역상고성전편
(曆象考成前篇)》을 바탕으로 하여 만들어진 시헌력법을 매법
이라고 부름.

문헌비고(文獻備考) · · · · · · · · · · · · · ·

국정 참고자료로 사용하기 위해 조선의 문물제도를 정리해놓은
조선 후기의 관찬 유서(類書). 영조대인 1770년에 《동국문헌비
고(東國文獻備考)》로 처음 편찬·간행되었고, 정조대와 고·순
종대에 각각 《증정문헌비고(增訂文獻備考)》와 《증보문헌비
고》로 증보되었음.

발렴(發斂) ·

태양의 적유 변화에 따라 계절의 변화가 생기는 것. 발(發)은
동지에서 하지로, 염(斂)은 하지에서 동지로 변화하는 것을 의
미함.

백중력(百中曆) · · · · · · · · · · · · · · · · ·

천세력(千歲曆)과 마찬가지로 100년 정도의 장기간의 역을 담
고 있던 역서였으며, 보통 10년에 한 번씩 고쳐 펴냈음. 다가올
미래의 역을 미리 계산해놓은 천세력과는 달리 백중력은 이미
지나간 이전 100년 동안의 역을 모아놓은 역서였음.

보루각(報漏閣)

1434년 만든 도성 시보체계의 기준 시계인 자격루(自擊漏)를 설치해놓았던 대궐 안의 전각.

보천가(步天歌)

하늘을 크게 3원 28수로 나누어 각 성수(星宿)마다 별의 배치를 설명하는 칠언시가를 적고 별자리 그림을 그린 항성표(恒星表). 지은이는 분명치 않으나 당의 단원자(丹元子) 왕희명(王希明)이 지었다고 전하며, 조선시대 관상감 천문학의 기본적인 시강서(試講書)였음.

본륜설(本輪說)

태양의 본천과 지구의 중심은 같으나 본천의 둘레에 또 하나의 본륜이 있는데, 본륜의 중심은 본천의 둘레를 따라 동쪽을 향해 움직이고 태양은 본륜의 둘레에서 서쪽을 향해 움직이며 두 행도는 서로 같다는 설임.

본천(本天)

태양이 운행하는 하늘.

부동심천설(不同心天說)

하늘은 지구 밖을 둘러싸고 지구를 중심으로 삼지만, 태양의 본천은 지구 밖을 둘러싸고는 있으나 지구를 중심으로 삼지 않기 때문에 양심차(兩心差)가 있어서 멀고 가까운 것이 달라진다는 설.

부연관(赴燕官)

중국 사행 때 북경에 파견하던 관원. 조선 후기에 역법에 관한 의문점들을 물어 배워 오거나 관상감에 필요한 여러 서적·기구들을 사오도록 관상감 관원들이 부연관으로 북경에 파견되기도 했음.

북극고도(北極高度) · · · · · · · · · · · · · · ·
천구 북극의 지평에 대한 앙각(仰角). 한양에서 측정했을 때
그 값을 한양 북극고 또는 한양 북극고도라고 하며, 북극고도
는 관측지의 위도(緯度)와 일치함.

분야(分野) · · · · · · · · · · · · · · · · · · ·
중국을 중심으로 한 지상(地上)의 영역을 하늘의 28수(二十八
宿)에 배당하여 나눈 칭호로, 천문학에서 쓰는 용어임.

분후적도(分後赤道) · · · · · · · · · · · · · ·
춘분점(春分點) 또는 추분점(秋分點) 이후의 적도경도(赤道
經度).

비부분(比敷分) · · · · · · · · · · · · · · · ·
도수(度數) 아래의 부분.

비성(飛星) · · · · · · · · · · · · · · · · · ·
아래에서 위로 올라가는 별.

사계중기(四季中氣) · · · · · · · · · · · · · ·
각 계절의 마지막 중기(中氣). 절기(節氣)와 중기 사이는 대략
15일 간격이며, 1년을 24기(氣)로 나누어 절기와 중기가 각각
교대로 배열되어 있는데, 한 달에 대개 절기와 중기가 하나씩
들어 있음.

사립지절(四立之節) · · · · · · · · · · · · · ·
입춘(立春)·입하(立夏)·입추(立秋)·입동(立冬)의 네 절기.

사여(四餘) · · · · · · · · · · · · · · · · · ·
사여성(四餘星). 자기(紫氣)·월패(月孛)·나후(羅睺)·계도(計
都)의 총칭으로, 실재하는 천체인 일·월·5성과는 달리 어떤 특
정한 위치의 규칙적인 움직임을 나타내기 위해 설정한 가상적
인 천체를 가리킴.

사여성(四餘星) · · · · · · · · · · · · · · · · · ·
자기·월패·나후·계도의 4성. 실제 존재하는 별은 아니며, 어떤
특정한 위치에서 규칙적으로 운행한다고 보는 가상적인 천체의
위치 변동에 착안하여 마치 별이 운행하는 것처럼 본 것. 복술
가(卜術家)의 추산(推算) 근거로 쓰임.

사유환(四遊環) · · · · · · · · · · · · · · · · · ·
천문기기(天文機器)인 간의(簡儀)를 구성하는 구조물 가운데
하나. 적도환(赤道環)과 직교하며 남북극을 축으로 하여 동서
로 회전하게 되어 있고, 그 안에 규형(窺衡)이 있어서 상하로
움직일 수 있게 되어 있음.

사일(社日) ·
풍년을 기도하기 위하여 토신(土神)에게 지내는 제삿날.

삭실(朔實) ·
삭망월(朔望月). 29일 5305분 88초에 해당하며, 단위는 1일을
1만으로 한 것임.

삭책(朔策) ·
삭망월(朔望月).

삭허(朔虛) ·
30일에서 삭실(朔實)값을 뺀 것. 30일−5305분 93초＝4694분
07초.

삼력관(三曆官) · · · · · · · · · · · · · · · · · ·
천문학 분과의 실관(實官). 시헌력법을 사용하는 여러 역서의
편찬을 주로 담당했는데, 이를 위해 정원 30명 가운데 매년 25
명이 차출되었음. 직임이나 주어지는 녹봉 등의 면에서 관상감
천문학 관원들 가운데 가장 핵심적인 위치에 있었음.

삼력수술관(三曆修述官)
관상감 천문학의 직임들 가운데 하나. 관상감에서 매년 시헌력
법으로 만들던 역서 가운데 일과력을 편찬하는 일을 맡았음.

삼력청(三曆廳)
삼력관을 통칭해서 부를 때 쓰는 말. '~청(~廳)'은 같은 자격
을 가진 일군의 관원들 모두를 통칭할 때 붙이는 말임.

삼력청임관(三曆廳任官)
관상감의 보직 가운데 하나. 삼력관들 가운데서 임명하며, 삼력
청의 사무를 총괄 담당함.

삼원(三垣)
자미원(紫微垣)·태미원(太微垣)·천시원(天市垣)의 세 별자리
를 일컬음.

상규(上規)
주극성(周極星, circumpolar stars), 즉 일주운동을 하는 별 가운
데 지평선 밑으로 들어가지 않아 항상 관측할 수 있는 별을 일
컬음.

상원(上元)
연도는 흔히 간지(干支)를 써서 표시했는데, 이 간지는 60년이
라는 비교적 짧은 기간을 주기로 하기 때문에 때로는 그것이
나타내는 해를 분명히 파악하기 어려운 경우도 있었으므로, 이
런 불편함을 없애고 연도를 좀더 분명하게 나타내기 위해 60갑
자(六十甲子)를 확대해 180년을 주기로 사용하기도 했는데, 그
가운데 첫번째 60년을 상원(上元)이라고 하고, 두번째와 세번
째 60년을 각각 중원(中元)과 하원(下元)이라고 했음.

상위고(象緯考)
《증보문헌비고》의 첫번째 고(考). '상(象)'은 천상을, '위(緯)'
는 5위, 곧 5성을 의미하며, 천문·역법·이변(異變) 등에 관한
역대의 기록을 실었음.

서광계(徐光啓) · · · · · · · · · · · · ·
1562~1633. 중국 명말의 정치가·학자. 예수회 선교사 마테오
리치로부터 서양의 과학과 기술을 배웠고, 그와 더불어 에우클
레이데스의 《기하원본(幾何原本)》을 번역했으며, 아담 샬 등
과는 함께 서양 역법을 번역·정리하여 《숭정력서(崇禎曆書)》
를 편찬했음.

서기(書器) · · · · · · · · · · · · · · · · · · ·
천문역법에 관한 서적과 기구.

서성(瑞星) · · · · · · · · · · · · · · · · · · ·
상서로운 일이 생길 징조로 나타나는 별.

서호수(徐浩修) · · · · · · · · · · · · · · ·
1736~?. 자는 양직(養直), 익호는 문민(文敏), 본관은 대구(大
邱). 생부는 문정공(文靖公) 보만제(保晚薺)이고, 할아버지는
문민공(文敏公) 종옥(宗玉).

석복신현(夕伏晨見) · · · · · · · · · · · ·
행성이 합(合, conjunction)이 되는 저녁에는 보이지 않다가 새벽
에 다시 나타나는 현상.

선길(選吉) · · · · · · · · · · · · · · · · · · ·
길한 날짜·시간·방위를 가리는 일.

설호정(挈壺正) · · · · · · · · · · · · · · ·
흠천감의 관직의 하나로, 물시계를 써서 시각을 측정하는 일을
관장.

성경감인관(星經監印官) · · · · · · · · ·
조선시대 역서 인쇄 과정을 감독하던 직임들 가운데 하나.

성주덕(成周悳) • • • • • • • • •
1759~?. 정조·순조대에 활동한 관상감의 천문학 관원. 1783년
계묘 식년시를 거쳤으며, 관상감 정(正) 등을 거쳐 1786년에
삼력관(三曆官)이 됨. 서호수·김영 등과 함께 《국조역상고(國
朝曆象考)》를 편찬했음. 《서운관지(書雲觀志)》의 편자임.

세실(歲實) • • • • • • • • • • • • • • •
회귀년(回歸年)의 날수를 1일=1만 분으로 환산한 값. 회귀년
은 지구 공전주기의 하나로, 태양이 춘분점을 출발해 다시 춘
분점으로 돌아오는 데 걸리는 시간.

세여(歲餘) • • • • • • • • • • • • • • •
1태양년의 일수(日數)에서 360일을 감한 값.

세진지차(歲進之差) • • • • • • • • •
세차(歲差)에 따라 항성의 좌표가 변하여 그전 값과 차가 생기
는 것.

세차역이(歲差亦異) • • • • • • • • •
항성의 위치를 나타낼 때, 적도좌표를 기준으로 세차 값이 적
경(赤經)과 적위(赤緯)에 따라 다르다는 의미임.

소륜(小輪) • • • • • • • • • • • • • •
본천에 중심을 두고 움직이는 작은 원으로, 일월오성이 이것에
따라 운행한다고 설명함. 주전원(周轉圓, epicycle). 실제로는 타
원인 일월오성의 운행궤도를 원으로 설정한 데서 빚어지는, 계
산 결과와 관측 결과 사이의 차이를 해소하기 위해 도입됨.

소륜심도(小輪心度) • • • • • • • • •
소륜심의 원지점(遠地點) 이각(離角).

소장(消長) • • • • • • • • • • • • • •
주천(周天)·세실(世實), 즉 1년의 길이가 길어지고 짧아지는
것을 말함.

소진(小盡)
작은 달, 즉 한 달이 29일인 달.

수도(宿度)
별의 위치를 도수로 표기한 것.

수리정온(數理精薀)
청(淸)의 수학서. 총 53권으로 1722년에 완성. 《율력연원(律曆淵源)》에서 수학에 관계된 부분을 모두 수록한 책으로, 전통적인 중국수학과 유럽계의 수학이 공존하는 형식으로 되어 있음. 유럽의 대수학·삼각법 등에 관한 내용이 실려 있으며, 중국 고유의 천원술을 이 책에서는 차근방(借根方)이라는 유럽식의 방정식으로 다루었음.

수시력법(授時曆法)
중국 원나라 세조 때인 1281년부터 시행된 역법. 허형(許衡)·왕순(王恂)·곽수경(郭守敬) 등이 만들었으며, 서양 역법이 들어오기 전까지 400년 동안 가장 우수한 역법으로 평가받음.

숭정역지(崇禎曆指)
중국 명대 말에 서광계 등 중국 학자들과 탕약망 등 예수회 선교사들이 번역·편찬한 《숭정력서(崇禎曆書)》. 청대 초에 시헌력법을 시행하는 데 바탕이 됨.

시고(視高)
겉보기 고도.

시위(視緯)
겉보기 적위. 즉 천구의 적도에서 태양이나 달까지 적위값.

시행(視行)
달의 겉보기 운동, 또는 그 위치.

시헌력법(時憲曆法) ・・・・・・・・・・・・
중국 명대 말에 서광계(徐光啓)·이지조(李之藻)·이천경 등 중
국 학자들과 등옥함(鄧玉函)·아담 샬·로 등의 예수회 선교사
들이 도입한 서양 역법. 청대 초부터 시행되었으며, 청대 250여
년 동안 공식역법이었음. 조선에서도 바로 도입하여 17세기 중
엽 이후 역 계산에서 가장 중요한 역법으로 사용했음.

신법보천가(新法步天歌) ・・・・・・・・・・
왕희명의 옛《보천가》를 개정한 책. 칠언시가는 왕희명의 것을
쓰고, 별자리 그림은 명대의 서양인 선교사 페르비스트(南懷
仁, Ferdinand Verbiest)의 것을 썼음.

신해이정절목(辛亥釐正節目) ・・・・・・・・・
정조대인 1791년 10월에 관상감에서 작성한 절목으로 원래 이
름은 《신해계하관상감리정절목(辛亥啓下觀象監釐正節目)》.
관직·녹봉·취재 등 관상감 운영에 관계되는 제반 사항에 대해
열두 개의 새 규정을 담고 있음.

실위(實緯) ・・・・・・・・・・・・・・・
실제 적위. 즉, 천구의 적도에서 실제 태양이나 달이 있는 곳까
지 적위값.

실행(實行) ・・・・・・・・・・・・・・・
실제 운행도수. 즉, 해나 달이 실제로 움직인 각거리.

십이차(十二次) ・・・・・・・・・・・・・
황도에 따라 별자리를 열두 개로 나눈 것. 12궁에 해당함.

십일월야반삭조동지(十一月夜半朔朝冬至) ・・・・・
동지가 11월 초하룻날 자시에 있는 경우. 즉, 한 해가 시작되는
첫날 0시와 동지점이 정확하게 일치하는 경우를 일컬음. 태초
력은 이런 해를 찾아 이 시각을 역원으로 삼았음.

양심차(兩心差) ⸱⸱⸱⸱⸱⸱⸱⸱⸱⸱

태양이 있는 본천 중심과 지구 중심 사이의 차이를 일컬음.

역상고성(曆象考成) ⸱⸱⸱⸱⸱⸱

아담 샬(湯若望) 등이 만든 초기의 시헌력법서인 《서양신법역서》를 개정한 역법서. 전편과 후편이 있는데, 전편은 하국종·매곡성 등이 1721년에 편찬한 《율력연원》의 역법 관련 부분이고, 후편은 대진현(戴進賢)·서무덕(徐懋德) 등이 1742년에 편찬한 역법서임. 이전의 티코 브라헤의 관측치 대신 카시니의 새로운 관측치를 채용했고, 달과 행성의 궤도 계산에 케플러의 타원궤도설을 도입했음.

역원(曆元) ⸱⸱⸱⸱⸱⸱⸱⸱⸱⸱

역법 계산의 기준점.

연근(年根) ⸱⸱⸱⸱⸱⸱⸱⸱⸱

구하려는 해의 천정동지(天正冬至) 다음날 자정초각(子正初刻)에 하늘이 동지점에서 떨어진 평균행도(平均行度)를 말함.

영축·지질(盈縮·遲疾) ⸱⸱⸱⸱⸱⸱⸱

해나 달의 운동에서 각속도는 1년의 반 동안은 점점 느려지고 나머지 반 동안은 점점 빨라지는데, 이를 지·질(遲·疾)이라고 했음. 그리고 1년을 네 시기로 나누어 동지-춘분과 춘분-하지 사이를 각각 영초(盈初)·영말(盈末), 하지-추분과 추분-동지 사이를 각각 축초(縮初)·축말(縮末)이라고 했음. 《역상고성전편》이 편찬되던 즈음에는 근일점(近日點)과 동지점이 지금보다 가까웠으므로(지금은 약 12일 떨어져 있음), 대체로 영초·영말은 운행 각속도가 점점 느려지는 시기, 축초·축말은 운행 각속도가 점점 빨라지는 시기에 해당함.

오관사력(五官司曆) ⸱⸱⸱⸱⸱⸱⸱⸱

중국 천문관서에서 역서 제작을 담당하던 관원으로 추정됨.

오성(五星) ·
당시에 알려져 있던 다섯 행성. 즉, 수성·금성·화성·목성·토성
을 일컬음.

오성능범잡좌(五星凌犯雜座) · · · · · · · · · · · · · · · ·
5성이 가리는 여러 별자리를 말함.

요성(妖星) ·
재앙이 발생할 징조로 나타나는 별.

운대관(雲臺官) ·
관상감 관원. 운대(雲臺)는 관상감의 다른 이름.

원술일(遠戌日) ·
해당하는 달의 일진(日辰) 가운데 가장 늦게 든 술일(戌日)을
일컬음.

월거일(月距日) ·
달과 태양 사이의 각거리(角距離).

월력장(月曆張) ·
일과력의 첫머리에 나오는, 월력(月曆)으로만 구성된 달력으로
추정됨.

월리(月離) ·
달의 운행.

월식(月食) ·
지구의 그림자가 달을 가림으로써 달의 전부 또는 일부가 보이
지 않게 되는 현상. 월식으로는 개기식(皆旣食)과 부분식(部分
食)의 두 가지가 있으며, 월식의 조건으로는 달이 망(望), 즉
태양의 반대 방향에 있어야 하고, 또한 교점(交點) 근처에 있
어야 함.

월식세성(月食歲星) · · · · · · · · · · · · · ·
달이 세성을 가렸다는 의미.

월엄범오위(月掩犯五緯) · · · · · · · · · ·
달이 5성을 가리는 현상. 엄(掩)은 한 천체가 다른 천체를 가리
는 현상을 말하는 것이고, 범(犯)은 한 천체가 다른 천체에 가
까이 다가오면서 황경이 같아지는 경우를 말하는 것임.

월영심(月影心) · · · · · · · · · · · · · · · ·
태양 때문에 생긴 달 그림자의 중심.

월탄세성(月呑歲星) · · · · · · · · · · · · · ·
달이 세성을 가렸다는 의미.

월훈(月暈) · · · · · · · · · · · · · · · · · ·
달 전체를 둘러싸는 모양의 달무리.

유기차(游氣差) · · · · · · · · · · · · · · · ·
지구의 대기로 말미암아 별빛이 굴절되어 꺾이는 각도로, 청몽
기차(淸蒙氣差)라고도 했음.

유성(流星) · · · · · · · · · · · · · · · · · ·
위에서 아래로 떨어지는 별.

육임(六壬) · · · · · · · · · · · · · · · · · ·
당(唐)나라의 불욕자(不欲子) 서원도부(徐元道符)가 지었다는
명리학 서적.

의기(宜忌) · · · · · · · · · · · · · · · · · ·
역서에 수록하는 역주(曆註) 가운데 날짜별로 '그날 하기에 적
당한 일들'과 '그날 하면 안 좋은 일들'을 적어놓은 것.

이수(理數) · · · · · · · · · · · · · · · · · ·
천문·역법에 관한 이론과 각종 상수(象數, 수치).

이순지(李純之) • • • • • • • •

?~1465. 조선 초기의 문신·천문학자. 《제가역상집(諸家曆象集)》·《천문류초(天文類抄)》 등 천문학서들을 편찬했으며, 김담(金淡)·김조(金釣)·이천(李蕆)·장영실(蔣英實) 등과 여러 의상(儀象)을 교정하고 해시계·물시계 등을 제작함. 그리고 《칠정산외편》을 엮은 것 외에 《칠정산내편》의 편찬에도 깊숙이 관여함.

이십사기(二十四氣) • • • • • • •

음력(陰曆)에서 계절의 변화를 알기 위해 정한 12절기와 12중기를 통칭한 말.

이차(里差) • • • • • • • • • • • • • •

동서(東西) 사이의 거리 차, 즉 경도차(經度差).

인력소(印曆所) • • • • • • • • • •

관상감 안의 직소(直所) 가운데 하나. 일과청이 진헌·반사하는 역서에 관한 일을 맡아보는 곳이었던 반면, 인력소는 각 관서에 나누어줄 것과 관상감의 사건(私件), 즉 관상감에서 자체 처분하는 것들의 인쇄를 관장했음.

인수(引數) • • • • • • • • • • • • •

행성의 평균 운행 도수에서 그 행성의 원일점(遠日點)의 평균 운행 도수를 감(減)하여 얻은 값.

일과(日課) • • • • • • • • • • • • • •

역서의 다른 이름. 일과력을 지칭함.

일과감인관(日課監印官) • • • • • • •

조선시대 역서의 인쇄 과정에서 감독을 담당하던 직임 가운데 하나.

일과청(日課廳)
관상감 안의 직소(直所) 가운데 하나. 매년 관상감에서 찍어
내던 일과력들 가운데 진헌·반사하는 것들에 관한 일을 맡아
보던 곳.

일관(日官)
관상감의 천문학관이나 명과학관을 흔히 일관(日官)이라고
부름.

일등성(一等星)
육안으로 관찰할 수 있는 가장 밝은 별. 철종(哲宗) 때 관상감
제조(觀象監 提調) 남병길(南秉吉)이 편찬한 《성경(星鏡)》에
따르면, 1등성이 16성, 2등성이 51성, 3등성이 159성, 4등성이
349성, 5등성이 399성, 6등성이 343성이라고 함.

일세(一歲)
1회귀년, 즉 1태양년(365.2422일)에서 정수 부분만 취하여 1년
으로 삼은 것.

일월식수술자(日月食述者)
관상감 천문학 안의 직임 가운데 하나. 일식과 월식을 계산하
는 업무를 담당했으며, 정원은 1명임.

일전(日躔)
해의 운행.

일주(一周)
1태음년, 즉 달의 삭망월을 주기로 12달이 되는 기간인, 1삭망
월(29.53059일/달)×12달=354.36708일에서 정수 부분만을 취
해 1년으로 삼은 것.

일주(日周)
1일을 10,000분이라는 시간으로 둔 것.

일진(日辰) ·
역일(曆日)의 날짜 순서에 따라서 한 간지(干支)씩 배당하는
것. 예컨대 0을 갑자(甲子),…… 59를 계해(癸亥)로 표시함.

일출분(日出分) · · · · · · · · · · · · · · · ·
일출시각을 일컫는 것으로 자정(子正)을 시간의 기점으로 함.

입교(入交) ·
일월교식(日月交食)에 드는 때. 즉, 일식과 월식이 있는 때.

입성(立成) ·
역법 계산에 필요한 여러 천문상수들을 모아놓은 수표.

입수도(入宿度) · · · · · · · · · · · · · · · ·
황도 위의 한 점, 즉 허숙(虛宿) 6도를 기준으로 28수의 거성
(距星), 즉 28수의 대표로서 기준이 되는 별까지 황경을 측정
해 정한 다음 이 거성으로부터 그 별까지 황경을 재는 것을 말
함. 고대 중국에서는 별의 위치를 표시하는 방법으로 입수도와
거극도(去極度)를 썼는데, 입수도는 오늘날의 황경에 해당하
고, 거극도는 북극거리로서 오늘날의 90도~적도에 해당함.

자격장(自擊匠) · · · · · · · · · · · · · · · ·
관상감에 소속되어 있던 여러 부류의 공장(工匠)들 가운데 하
나로, 물시계를 수리·관리하는 일을 맡았던 것으로 추정.

자오(子午) ·
남북.

적극(赤極) ·
적도의 극, 즉 천구의 극을 말함. 위도가 낮은 지역일수록 천구
의 북극은 낮아지고, 위도가 높은 지역일수록 천구의 북극은
높아짐.

적년일법(積年日法)
새해 첫날의 자시와 동지가 일치하는 날을 찾아 역원으로 삼고, 이후의 연수와 일수를 모두 누적해서 나타내는 방식.

적도(赤道)
적도경위의(赤道經緯儀)를 말함. ① 지구의 중심을 통하는 지축(地軸)에 직각인 평면이 지표(地表)와 맞닿는 가상선(假想線). 곧 남북 양극에서 90도의 거리에 있는 대권(大圈). ② 지구의 적도면과 천구(天球)의 교선(交線). 천구의 남북 양극에서 같은 거리에 있는 대권.

적도고도(赤道高度)
관측지와 적도 사이의 각도. 90도에서 관측지의 위도, 즉 북극고도(北極高度) 값을 빼서 얻음.

적도도(赤道度)
적도좌표(赤道座標).

적도위도(赤道緯度)
적위. 즉, 천구의 적도에서 별이 있는 위치까지의 위도.

전차(躔次)
운행궤도.

절기(節氣)
태양의 일주를 계절의 변화와 관련지어 입춘·대한 등 24기로 지정한 것을 말함. 24기는 다시 12절기와 12중기로 구분됨. 5일을 후(候), 3후(候)를 1기(氣)로 하여 1년을 24기로 나누고, 월(月) 앞에 있는 것을 절기, 월 중간에 있는 것을 중기라고 함.

정삭(正朔)
한 해가 시작되는 기점, 또는 역서. '정(正)'은 일년의 처음인 정월을, '삭(朔)'은 한 달의 처음인 초하루를 뜻함.

종동천(宗動天) · · · · · · · · · · · · · ·
12중천(十二重天)의 하나. 지구의 자전으로 형성되는 남극·북
극·적도를 싣는 하늘.

주세(周歲) · · · · · · · · · · · · · · · · ·
주천도(周天度)와 세실(歲實).

주세지일(周歲之日) · · · · · · · · · · · ·
1년을 날짜로 따진 일수. 즉 회귀년(回歸年)인 365.2422일을
말함.

주천(周天) · · · · · · · · · · · · · · · · ·
하늘의 한바퀴를 뜻함.

주천도(周天度) · · · · · · · · · · · · · · ·
항성년(恒星年)의 날수를 도수로 나타낸 값. 항성년은 항성을
기준으로 한 지구의 공전주기.

중력(中曆) · · · · · · · · · · · · · · · · ·
겉장을 잘 꾸미지 않은 역서로, 종이를 접어 풀로 붙이기만
했음.

중성(中星) · · · · · · · · · · · · · · · · ·
① 28수 가운데 해가 질 때나 해가 뜰 때 하늘 정남쪽에 보이
는 별. ② 동짓날 태양의 수도로부터 행성이 머물고 있는 곳까
지의 도수.

중심행도(中心行度) · · · · · · · · · · · ·
달의 평균운동에 따른 춘분점으로부터 현재 위치까지의 각도.
즉, 황경을 일컬음. 항성월(恒星月)을 주기로 변화하며, 13도
10분 35초/일로 증가함.

지반경차(地半徑差) · · · · · · · · · · · ·
땅에서 보았을 때 태양과 달의 반경 차이.

지평(地平) · · · · · · · · · · · · ·
지평일귀(地平日晷)를 말함.

진고(眞高) · · · · · · · · · · · · · ·
실제 고도.

천문류초(天文類抄) · · · · · · · ·
세종대에 이순지가 편찬한 천문학 서적. 상하 2권으로 구성됨. 상권에서는 하늘을 사방 28수와 중궁(中宮)으로 나눈 뒤 그 각각에 《보천가》의 구절을 옮겨 적고 점성학적인 주를 달았으며, 하권에서는 천지·일월·5성에서 기상 현상에 이르는 여러 항목들에 대해 종합적으로 해설했음.

천세력(千歲曆) · · · · · · · · · · ·
조선 후기에 관상감에서 편찬·간행하던 역서들 가운데 하나. 1년 동안의 역을 담아 매년 발행하던 역서들과는 달리, 그것을 만드는 해 이후 100년 또는 95년 동안의 장기간에 이르는 역을 담고 있음.

천정동지(天正冬至) · · · · · · · · ·
동지. 동지를 천정동지라고 한 것은 동지를 새해의 시작으로 하던 시대의 유습인 것으로 추정됨.

천추성(天樞星) · · · · · · · · · · · ·
북극의 다섯 별 가운데 다섯번째 별로, 북극성이라고 불리기도 함.

청몽기차(淸蒙氣差) · · · · · · · · ·
지구의 대기 때문에 태양빛이나 별빛이 굴절되어 꺾이는 각도를 말함.

최석정(崔錫鼎) • • • • • • • • • • • • • • • • •
1642~1715. 조선 후기의 문신. 자는 여시(汝時) 또는 여화(汝和), 호는 존와(存窩) 또는 명곡(明谷). 본관은 전주. 1671년에 문과에 급제.《전록통고(典錄通考)》를 편찬했고, 저서로 《예기유편(禮記類篇)》·《명곡집(明谷集)》 등이 있으며, 수학서인 《구수략(九數略)》을 지은 것으로도 유명함.

최성지(崔誠之) • • • • • • • • • • • • • • • • •
1265~1330. 고려 후기의 문신. 충선왕의 명으로 원나라의 시력(時曆)을 배워 와 고려에 전했음.

추길관(諏吉官) • • • • • • • • • • • • • • • • •
조선시대 천문학 분과의 삼력관에 상응하는 명과학 분과의 실관. 길일·길시 등을 가리는 일을 맡았음.

추보(推步) • • • • • • • • • • • • • • • • •
역법 계산. 추산(推算).

추보관(推步官) • • • • • • • • • • • • • • • • •
천문학 분과 안의 여러 관원집단들 가운데 하나로, 조선 후기에 보조역법으로 쓰이던 대통력법, 즉 칠정산내편법(七政算內篇法)을 써서 역서를 편찬하는 일을 맡았음.

추책(推策) • • • • • • • • • • • • • • • • •
계산하고 관측함

치우기(蚩尤旗) • • • • • • • • • • • • • • • • •
혜성과 거의 같으나, 꼬리 뒤쪽이 구부러져 깃발 모양을 한 것.

칠요(七曜) • • • • • • • • • • • • • • • • •
일(日)·월(月)·5성(五星). 칠정(七政).

칠정(七政) • • • • • • • • • • • • • • • • •
태양과 태음(달) 및 5행성(수성, 금성, 화성, 목성, 토성)을 말함.

외편(外篇)

《칠정산외편(七政算外篇)》. 《칠정산내편》과 함께 세종대에 편찬된 역법서로, 중국에서 한역(漢譯)한 아랍 지역의 역법, 곧 회회력법(回回曆法)을 조선에서 연구·정리해 만들었음. 《칠정산외편》의 편찬은 이순지와 김담이 맡았음.

칠정추보관(七政推步官)

관상감 천문학의 직임들 가운데 하나. 관상감에서 매년 시헌력법을 써서 만들던 역서들 가운데 칠정력(七政曆)을 편찬하는 일을 맡음.

타원면적(橢圓面積)

태양이 운행하는 본천의 면적.

타원지법(橢圓之法)

행성의 타원궤도(橢圓軌道) 운행을 말함.

타원차각(橢圓差角)

항성의 타원궤도(橢圓軌道)와 평원(平圓) 사이의 각도 차.

탕약망(湯若望)

1591~1666. 독일 쾰른 출신의 예수회 선교사로, 명말 청초에 서양의 역법을 중국에 도입하는 과정에서 큰 역할을 함. 원래 이름은 아담 샬(Johann Adam Schall von Bell). 《숭정력서》를 편찬하는 데 참여했으며, 1645년 무렵부터 흠천감의 책임자가 되어 신법인 시헌력의 시행을 이끌었음.

태백관월(太白貫月)

태백, 즉 금성이 달을 가리는 현상을 가리킴.

태백성(太白星)

금성(金星). 흔히 태백이라고 함.

태세(太歲) · · · · · · · · · · · · · · · · ·
그해의 간지(干支).

태양지반경차(太陽地半徑差) · · · · · · ·
태양이 지구의 반경을 대하는 각.

태초력(太初曆) · · · · · · · · · · · · ·
중국 전한(前漢) 무제(武帝) 때인 기원전 104년부터 시행된 역
법. 이후 증보되어 이름도 삼통력(三統曆)으로 바뀌었지만, 그
기본적인 내용은 서기 85년에 사분력(四分曆)으로 개력될 때
까지 계속 시행되었음. 태초력 이전에도 여러 역법이 시행되었
으나, 태음태양력이며 천체력(ephemeris)이라는 중국 전통 역법
의 성격이 처음으로 완전하게 갖추어진 것은 태초력에 이르러
서였음.

팔절(八節) ·
여덟 절기, 즉 춘분·추분·동지·하지·입춘·입하·입추·입동을
일컫는 말.

패성(孛星) ·
빛이 사방으로 뻗어나가는 별.

편오도(偏午度) · · · · · · · · · · · · · · · · ·
달이 천구상에서 움직이는 길(원형)이 어긋난 정도를 말함. 즉,
위도가 낮은 지역에서 지평면을 기준으로 달의 천구상 운동을
보면 거의 원형에 가깝게 나타나므로 편오도가 작지만, 위도가
높은 지역(북쪽으로 이동)에서 지평면을 기준으로 달의 천구상
운동을 보면 찌그러진 타원형으로 나타나므로 편오도가 큼.

평행(平行) ·
평균 운행도수.

한양북극고도(漢陽北極高度) ·

우리나라 서울의 북극고도로서 서울의 위도(緯度)와 동일하며, 서울에서 보이는 항성은 이 위도에 따라 결정됨. 즉, 북극에서는 북반구만 보이지만, 적도에서는 양반구가 전부 보이고, 중간 위도에서는 중간 정도까지만 관찰됨.

항성(恒星) ·

스스로 빛을 내며, 지구에서 볼 때 천구상 위치가 변하지 않는 별. 태양이나 28수가 이에 속함.

행도(行度) ·

천구상을 움직이는 도수(각거리).

황도(黃道) ·

태양이 운행하는 천구상의 길.

황적수도(黃赤宿度) ·

황도수도와 적도수도를 일컫는 말. 각각 28수의 거성(距星)과 거성 사이의 간격을 각도로 표시한 것으로, 모두 합치면 360도가 됨.

허원(許遠) ·

1662~?. 관상감의 천문학 관원. 본관은 양천(陽川). 삼력관. 1705년과 1708년에 북경에 가서 시헌력 오성법을 비롯해 역법에 관한 의문점들을 물어 배우고, 시헌칠정표(時憲七政表)를 사왔으며, 이로써 오성법을 포함한 시헌력법 전반을 제대로 쓸 수 있게 되었음. 북경을 오가며 문답하고 적어둔 것들을 정리한 《현상신법세초유휘(玄象新法細草類彙)》를 편찬했음.

회회력법(回回曆法) ·

아랍 지역의 역법을 중국에서 한역해놓은 것. 아랍 지역의 역법은 고대 그리스의 프톨레마이오스가 저술한 《알마게스트》에 바탕을 둔 것으로, 일식·월식 계산에서는 수시력보다 더 정확했다고 함.

흠경각(欽敬閣) · · · · · · · · · · · · · · ·
움직이는 인형 등 복잡한 시보 장치를 지닌 자동시계 옥루(玉
漏)를 설치해놓았던 대궐 안의 전각. 세종대인 1438년에 처음
설치되었으며, 임진왜란 이후 복구되지 못했음.

흠천감(欽天監) · · · · · · · · · · · · · · ·
중국 명·청대에 천문·역법·시각측정 등에 관한 일을 맡아보던
관서.

참고문헌

1차 문헌과 국역서

《高麗史》(天文志), 경인문화사, 1974.

《湛軒書》上·下(洪大容), 경인문화사, 1969.

《唐六典》, 《文淵閣四庫全書》595冊, 史部 353, 職官類, 臺灣商務印書館, 1984.

《大戴禮記》(王聘珍 撰), 中華書局, 1983.

《大明律直解》, 경인문화사, 1974.

《旅菴全書》(申景濬), 경인문화사, 1974.

《史記》(司馬遷), 中華書局, 1982.

《三國史記》(金富軾), 한길사, 1998.

《星湖僿說》上·下(李瀷), 경희출판사, 1982.

《細草類彙》(許遠), 《韓國科學技術史資料大系》天文學篇 9, 여강출판사, 1986.

《御製曆象考成上篇》(何國宗 等), 《文淵閣四庫全書》子部 96, 天文算法類, 臺灣商務印書館, 1984.

《易學二十五圖解》(金錫文), 《동방학지》23, 1981.

《五緯曆指》(羅雅谷), 한국학중앙연구원 장서각소장, K3-404.

《五洲衍文長箋散稿》(李圭景), 古典刊行會, 明文堂, 1982.

《六典條例》 上·下, 景文社, 1979.

《儀象考成》(戴進賢), 《文淵閣四庫全書》 子部 96, 天文算法類, 臺灣商務印書館.

《理藪新編》 上·下(黃胤錫), 아세아문화사, 1975.

《頤齋亂藁》 1–6(黃胤錫), 한국정신문화연구원, 1994~2004.

《頤齋全書》上·中·下(黃胤錫) 경인문화사, 1975.

《雜同散異》(安鼎福), 아세아문화사, 1981.

《朝鮮王朝實錄》, 국사편찬위원회, 1968.

《朱子語類》(黎靖德 編), 中華書局.

《中國天文曆法史料》 1–5, 鼎文書局, 1978.

《增補文獻備考》, 이문사, 1978.

《芝峰類說》(李睟光), 을유문화사, 1994.

《楚辭》, 上海古籍出版社, 1989.

《韓國科學技術史資料大系》 天文學篇, 驪江出版社, 1986.

《文淵閣四庫全書》, 子部, 天文曆算類, 臺灣商務印書館, 1984.

(국역)《湛軒書》, 민족문화추진회, 1974.

(국역)《삼국사기》(이재호 옮김), 솔출판사, 1997.

《三國史記의 原典檢討》, 정신문화연구원, 1995.

(국역)《書雲觀志》, 세종대왕기념사업회, 2000.

(국역)《星湖僿說》, 민족문화추진위원회, 1977.

(국역)《朝鮮王朝實錄》(CD–ROM), 서울시스템, 1995.

(국역)《增補文獻備考》, 세종대왕기념사업회, 1994.

유경로·이은성·현정준 역주,《세종장헌대왕실록 26 칠정산(내편) I》, 세종대왕기념사업회, 1973.

_____,《세종장헌대왕실록 27 칠정산(외편)》II, 세종대왕기념사업회, 1973.

허탁·이요성 역주, 《朱子語類》(黎靖德 編), 청계출판사, 1998.

홍인표 역주, 《西浦漫筆》, 일지사, 1987.

2차 문헌

(1) 연구서

〈국내서〉

김용운·김용국, 《東洋의 科學과 思想》, 일지사, 1990.

金泰俊, 《洪大容과 그의 時代》, 일지사, 1982.

나일성, 《한국천문학사》, 서울대출판부, 2000.

孟天述, 《易理의 새로운 解釋》, 화영문화사, 1987.

박성래, 《科學史 序說》, 한국외국어대학교 출판부, 1995.

유봉학, 《燕巖一派 北學思想 研究》, 일지사, 1995.

이문규, 《고대 중국인이 바라본 하늘의 세계》, 문학과지성사, 2000.

이병도, 《韓國儒學史》, 아세아문화사, 1987.

이원순, 《朝鮮西學史研究》, 일지사, 1986.

_____, 《韓國天主教會史研究》, 교회사연구소, 1986.

이은성, 《曆法의 原理分析》, 정음사, 1988.

차기진, 《조선후기의 西學과 斥邪論 연구》, 한국교회사연구소, 2002.

최소자, 《東西文化交流史研究》, 동서문화사, 1987.

한국사상사연구회, 《圖說로 보는 한국 유학》, 예문서원, 2000.

최삼룡 외, 《이재 황윤석》, 민음사, 1994.

〈외국서 및 번역서〉

金祖孟, 《中國古宇宙論》, 華東師範大學出版社, 1991.

徐宗澤,《明淸間耶蘇會士譯著提要》, 中華書局, 1959.

楊家駱,《中國天文曆法史料》, 鼎文書局, 1978.

梁啓超,《中國近三百年學術史》, 中華書店, 1985.

鄭文光·席澤宗,《中國歷史的宇宙理論》, 人民出版社, 1975.

周桂鈿,《中國古人論天》, 新華出版社, 1991.

朱文鑫,《曆法通志》, 商務印書館, 1934.

陳遵嬀,《中國天文學史》1-6, 明文書局, 1984~1990.

楠本正繼,《宋明時代儒學思想の研究》, 廣池學園事業部, 1972.

能田忠亮,〈漢代論天攷〉《東洋天文學論叢》, 恒星社, 1943.

大崎正次,《中國の星座の歴史》, 雄山閣, 1987.

山田慶兒,《授時曆の道》, みすず書房, 1980.

_____, 김석근 옮김,《朱子의 自然學》, 통나무, 1990.

藪內淸,《中國の天文曆法》, 平凡社, 1969.

藪內淸 篇, 유경로 편역,《中國의 天文學》, 전파과학사, 1985.

中山茂,《天の科學史》, 朝日新聞社, 1984.

Owen, Gingerich, *Eye of heaven : Ptolemy, Copernicus, Kepler*, New York : American Institute of Physics, 1993.

(2) 논문

구만옥,〈朝鮮後期 朱子學的 宇宙論의 變動〉, 연세대학교 대학원 박사 학위논문, 2001.

권오영,〈18세기 湖洛論辯의 爭點과 그 性格〉,《朝鮮時代의 社會와 思想》, 조선사회연구회, 1998.

김옥희,〈西學의 受用과 그 의식구조〉,《韓國史論》 1, 서울대학교 한 국사학회, 1973.

김용헌, 〈서양과학에 대한 洪大容의 이해와 그 철학적 기반〉,《철학》 43, 한국철학회, 1995년 봄.

金仁圭, 〈北學思想 硏究-學問的 基盤과 近代的 性格을 中心으로〉, 성균관대학교 대학원 박사학위논문, 1998.

김일권, 〈고구려 고분벽화의 북극성 별자리에 관한 연구〉,《고구려연구》 5, 고구려연구회, 1998.

_____, 〈신법천문도 方星圖의 자료 발굴과 국내 소장본 비교 고찰-해남 녹우당과 국립민속박물관 및 서울역사박물관 소장본을 대상으로〉,《조선의 과학문화재》, 서울역사박물관, 2004.

나일성 외, 〈17·8세기 한국의 천문관-曆算에 기초가 되는 자료를 중심하여〉,《동방학지》 21, 연세대학교 국학연구원, 1979.

문석윤, 〈朝鮮後期 湖洛論辯의 成立史 硏究〉, 서울대학교 대학원 박사학위논문, 1995.

_____, 〈巍巖 李柬과 南塘 韓元震의 人物性同異論辨에 관한 연구〉,《東方學志》, 연세대 국학연구원, 2002.

문중량, 〈조선후기 자연지식의 변화패턴-실학 속의 자연지식, 과학성과 근대성에 대한 시론적 고찰〉,《대동문화연구》 38, 성균관대 대동문화연구소, 2001.

민영규, 〈十七世紀 李朝學人의 地動說〉,《東方學志》 23, 연세대학교 국학연구원, 1981.

박권수, 〈徐命膺(1716~1787)의 易學的 天文觀〉, 서울대학교 대학원 석사학위논문, 1996.

박성래, 〈마테오 릿치와 한국의 西洋科學 受容〉,《東亞硏究》 3, 서강대학교 동아연구소, 1983.

_____, 〈星湖僿說 속의 西洋科學〉,《震檀學報》 59, 진단학회, 1985.

_____, 〈韓國近世의 西歐科學 受容〉,《東方學志》 20, 연세대학교 국학연구원, 1978.

304

_____, 〈洪大容의 科學思想〉, 《韓國學報》 23, 일지사, 1981.

배종호, 〈湖洛學派의 人物性同異論〉, 《韓國哲學硏究》 中, 동명사, 1978.

배현숙, 〈七政算內外篇의 字句異同〉, 《書誌學硏究》 3, 서지학회, 1988.

小川晴久, 〈十八世紀의 哲學과 科學의 사이 – 洪大容과 三浦梅園〉, 《東方學志》 23, 연세대학교 국학연구원, 1981.

_____, 〈地轉說에서 宇宙無限論으로 – 金錫文과 洪大容의 世界〉, 《東方學志》 21, 연세대학교 국학연구원, 1979.

송두종·안영숙, 〈한국천문력 및 고천문학 – 태양력 시행 백주년 기념 워크샵 논문집〉, 천문대, 1997.

유경로·이인규, 〈洪大容의 天文思想과 地轉論〉, 《科學敎育硏究論叢》 4-1, 서울대학교 사범대학 과학교육연구소, 1979.

_____, 〈朝鮮時代의 中國曆法 導入에 關하여〉, 《傳統科學 – 韓·日 科學史 세미나 特輯號》, 한양대학교 한국전통과학연구소, 1981년 10월.

유봉학, 〈18·9세기 연암일파 북학사상의 연구〉, 서울대학교 대학원 박사학위논문, 1992.

_____, 〈北學思想의 形成과 그 性格〉, 《韓國史論》 8, 서울대학교 인문대학 국사학과, 1982.

윤사순, 〈人性物性의 同異論辯에 대한 연구〉, 《철학》 18, 한국철학회, 1982.

이남영, 〈湖洛論爭의 哲學史的 意義〉, 《제2회동양문화국제학술회의논문집》, 성균관대학교 대동문화연구원, 1980.

이면우, 〈李純之와 金淡 撰 大統曆日通軌 등 6편 通軌本에 대한 연구〉, 《한국과학사학회지》 10, 한국과학사학회, 1988.

李文揆, 〈고대 중국인의 하늘에 대한 천문학적 이해〉, 서울대학교 대학원 박사학위논문, 1997.

_____, 〈漢代의 天體構造에 관한 논의-蓋天說과 渾天說을 중심으로〉, 《한국과학사학회지》, 한국과학사학회, 1996년 6월.

이문현, 〈英祖代 천문도의 제작과 서양 천문도에 대한 수용태도-국립민속박물관 소장 新·舊法天文圖를 중심으로〉, 《생활문물연구》, 국립민속박물관, 2001.

이애희, 〈朝鮮後期 人性과 物性에 대한 論爭硏究〉, 고려대학교 대학원 박사학위논문, 1990.

이용범, 〈金錫文의 地轉論과 그 思想的 背景〉, 《진단학보》 41, 진단학회, 1976.

_____, 〈李瀷의 地動論과 그 論據〉, 《진단학보》 34, 진단학회, 1972.

_____, 〈李朝實學派의 西洋科學受容과 그 限界〉, 《東方學志》 58, 연세대학교 국학연구소, 1988.

이원순, 〈朝鮮後期 實學知性의 西洋敎育論〉, 《敎會史硏究》 1, 한국교회사연구소, 1973.

_____, 〈明淸末 漢譯西學書의 韓國思想史的 意義〉, 《한국천주교회사연구》, 한국교회사연구소, 1986.

_____, 〈星湖 李瀷의 西學世界〉, 《교회사연구》 1, 한국교회사연구소, 1977.

_____, 〈朝鮮後期 實學者의 西學 意識〉, 《역사교육》 17, 역사교육학회, 1975.

이은성, 〈천상열차분야지도의 분석〉, 《세종학연구》 1, 세종대왕기념사업회, 1986.

이은희, 〈칠정산 내편의 연구〉, 연세대학교 대학원 박사학위논문, 1996.

임종태, 〈17·18세기 서양 과학의 유입과 분야설의 변화-"星湖僿說" 分野의 사상사적 위치를 중심으로〉, 《韓國思想史學》 21, 한국사상사학회, 2003.

_____, 〈'道理'의 형이상학과 '形氣'의 기술−19세기 중반 한 주자학자의 눈에 비친 서양 과학 기술과 세계 : 李恒老(1792∼1868)〉, 《한국과학사학회지》 21, 한국과학사학회, 1999.

전용훈, 〈朝鮮中期 儒學者의 天體와 宇宙에 대한 이해−旅軒 張顯光의 "易學圖說"과 "宇宙說"〉, 《한국과학사학회지》 18-2, 한국과학사학회, 1996.

_____, 〈조선후기 서양천문학과 전통천문학의 갈등과 융화〉, 서울대학교 대학원 박사학위논문, 2004.

정성희, 〈頤齋 黃胤錫의 科學思想〉, 《淸溪史學》 9, 淸溪史學會, 1992.

_____, 〈朝鮮後期 時憲曆의 도입과 영향〉, 《한국학대학원논문집》 10, 한국학대학원, 1995.

_____, 〈朝鮮後期 時憲曆 도입의 정치적 배경〉, 《朝鮮時代의 社會와 思想》, 조선사회연구회, 1998.

_____, 〈西學이 儒敎的 天文觀에 미친 影響〉, 《國史館論叢》 90, 국사편찬위원회, 2000.

_____, 〈조선후기 曆書의 간행과 반포〉, 《朝鮮時代史學報》 23, 朝鮮時代史學會, 2002.

_____, 〈17·8세기 西洋天文學 受容論과 宇宙觀의 변화〉, 《韓國思想과 文化》 18, 韓國思想文化學會, 2002년 12월.

_____, 〈대한제국기 太陽曆의 시행과 曆書의 변화〉, 《國史館論叢》 103, 국사편찬위원회, 2003.

조동일, 〈조선 후기 인성론과 문학사상〉, 《한국문화》 11, 서울대학교 한국문화연구소, 1990.

_____, 〈조선 후기 인성론의 혁신에 대한 문학의 반응〉, 《한국문화》 12, 서울대학교 한국문화연구소, 1991.

조승구, 〈朝鮮初期 書雲觀의 機能과 變遷〉, 연세대학교 대학원 석사학위논문, 1998.

최소자, 〈18세기 후반 조선 지식인 박지원의 대외인식〉, 《한국문화연 구원논총》 61, 이화여자대학교 한국문화연구원, 1992.

한국사상사연구회 편, 《인성물성론》, 한길사, 1994.

한영호, 〈서양 기하학의 조선 전래와 홍대용의 "籌解需用"〉, 《역사학 보》 170, 역사학회, 2001.

허남진, 《朝鮮後期 氣哲學 研究》, 서울대학교 대학원 박사학위논문, 1994.

허윤섭, 〈朝鮮初期 觀象監 부문의 조직과 업무―18세기 후반 이후를 중심으로〉, 서울대학교 대학원 석사학위논문, 1999.

허종은, 〈金錫文의 宇宙論과 그 思想史的 位置〉, 《동서철학연구》 11, 동서철학연구회, 1994.

홍정근, 〈人物性同異論爭의 요인〉, 《韓國思想史學》, 韓國思想史學會, 2002년.

橋本敬造, 〈ひらかれた宇宙論―解說にかえて〉, 《中國天文學·數學集》, 朝日出版社, 1980.

찾아보기

ㄴ

314

318

ㅋ

ㅍ

ㅌ

ㅎ

320